自閉症を語りなおす

当事者・支援者・研究者の対話

大内雅登・山本登志哉・渡辺忠温［編著］

新曜社

目次

装幀＝新曜社デザイン室

序章　当事者視点を踏まえた自閉症理解と支援にむけて
――この本で考えたいこと

山本登志哉

1　大内さんとの出会い

まずはじめに、この本が出来上がるまでの経緯をご紹介する形で、本書で何を考えていきたいのか、そのためにどのような構成になっているのかをご説明させていただきます。

今から7年ほど前のことです。私は（株）クラ・ゼミが全国展開を始めていた発達障がい児の支援事業「こどもサポート教室きらり」のスタッフに対する研修を担当することとなり、全国を回りました。その中で岡山で行った研修のときのことです。

会場となった教室には中国四国地域の支援スタッフの方たちが、日々相手にしている子どもたちの療育支援への悩みや不安を抱いて集まられ、ほぼ一日がかりの研修を受けられました。その中にひときわ体が大きく、質問にもにこにこしながら答えられる方がいて何となく印象に残りました。

研修後にはみなさんにレポートを出してもらっていましたが、その中に「研修を受けて、四国への帰りの自動車の中で振り返りながら、自分は今までどれほどひどい支援をしていたのかということに思い至って、大変にショックを受けた」といった趣旨の長い「反省文」のようなものがありました。そこまで深刻に自分の支援を振り返ってくださる感想はめったにないので、うれしくてそのレポートは強く印象に残りました。その時は研修の場で印象に残ったその方と、しばらくして読ませていただいた「反省文」の著者が私の中で結びつくことはありませんでしたが、実はそれがこの本の主な著者でもある大内雅登さんでした。でも何がそこまでのショックを与えたのでしょうか。

2　能動的な主体として子どもを見ること

私が研修で大事に訴えてきたことが三つあります。ひとつは、子ども理解のあり方です。大人の都合で子どもをどうしたいか、ではなく、子どもがどういう発達段階にいて、その子自身が何に困難を感じているのか、そしてその子がどういうふうにその困難を乗り越えようと頑張っているのか、子ども自身に視点を置いて支援の仕方を考えるということでした。これはその障がいの特性やその強さにかかわらず、子ども自身が自分の人生をその子なりに主体的に切り開いて生きていく主人公であり、支援は側面からその手伝いをすることなのだという支援観でもあります。言い換えれば子どもは支援の「受動的な対象」なのではなく、支援という場でも自分の困難に主体的に向き合う「能動的な主体」なのです。この視点はその後「当事者視点を踏まえた支援」という考えにつながっていきます。

改めて今、当時のことを大内さんにお尋ねしたところ、「研修で、ガーンと頭を殴られたようなショックがありました。自分の支援態度が当事者ファーストになっていないことに気がつきました。」とのことで、大事なポイントは「当事者ファースト」ではなかったこと、逆に言えば「支援者ファースト」とか「保護者ファースト」「教師ファースト」のような「子ども自身の外側から与えられる基準」にそった支援になってしまっていたと思われたようです。その意味で、研修におけるこの一つめの強調点が大内さんに正面から受け止められたのだろうと思います。

3　障がいを柔軟に見る視点

しかし、大内さんがこのようなショックを受けられた理由はそれだけではなかったと思います。そこに関係するのが二つめのポイントで、発達障がいを含む障がいの概念それ自体について、柔軟に考えることを重視する点です。

概念としての障がいは、素朴に事実を見れば時代や社会、あるいは文化によって枠づけられ、それらの変化に伴って揺れ動き続けているものです。特性の生理学的・身体的な基盤自体は、文化にかかわらず人類が昔から持ち続けてきたものと考えられるわけですが、その特性が社会の中でどういう意味に受け止められるかは様々です。フランスの救国の英雄ジャンヌ・ダルクの不思議な行動は今の観点では精神障がいの症状としても解釈されたりしているようですし、邪馬台国の卑弥呼の「鬼道に事《つか》え、能く衆を惑わす」もおそらくそうでしょう。アメリカ精神医学会の診断基準を示すＤＳＭでも、精神障がいと文化の関係については繰り返し微妙な問題として言及されているように見えます。

発達障がいがアメリカで「障がい」の一類型として括られて社会的に対処されるようになりはじめてからせいぜい半世紀くらい、日本社会の中である程度認知されて法的に支援の枠組み（発達障害者支援法）ができたのが２００５年ですから、まだ「成人式」も迎えていません。そのわずかな期間でさえ、法の中には今も名前が出ている「アスペルガー症候群」の概念がＤＳＭ－５から消えてしまう、というくらい、発達障がいの理解あるいは概念自体が常に揺れ動いています。

以前は障がいと扱われなかったものが障がいとされることはあちこちで見られますし、逆に今障がいと扱われるものが将来は障がいと見られなくなる、ということも、たとえば学習障がい（限局性学習症）ひとつをとってもほぼ確実です。少なくともディスレクシア（読字障がい）やディスグラフィア（書字障がい）などは、それを補うツールが社会に一般化すれば、別にとりたてて問題にすることもなくなります。眼鏡があることで、視力の弱さが必ずしも障がいとはみなされないのと同じです。かつては障がいのようにも扱われたＬＧＢＴｓの社会的意味づけも今大きな変動期にあります。そんな風にその社会の中で何が障がいとして扱われるかは常に変動しており、これからも変化していきます。

結局のところ、障がいというのはその時々の社会の中で成立しているいろいろな役割を身に着けて「一人前の大人」としてある程度自立して生きていくこと、そこで不可欠なものと重視されている力の獲得・行使がむつかしい状態にあることを言うわけですから、社会が変われば何を障がいと考えるかが変わるのは、素朴に考えれば当たり前です。けれども「今」だけを基準に障がいを考えてしまうと、そういう柔軟な見方ができなくなり、なにかその人の中に運命的に固定的に存在しているもののように見なされてしまいます。

そのように見方が固まってしまうと、とにかく「今の社会に合わせる」ために訓練する、という形の支援の発想しか生まれなくなります。そして今の社会は定型基準の社会なわけですから、それに合わせるということは往々にして「発達障がい」としての特性を持つこと自体が否定的なこととして見られることになります。その特性を「克服する」こと、あるいは少なくとも「覆い隠すこと」が支援の重要な目標にならざるを得なくなるわけです。

実際、発達障がい児が現実に苦しんでいる問題、たとえば引きこもりになったり、鬱になったり、自傷行為が激しくなったり、他者への激しい攻撃、他害が著しくなったりといった問題は、その背景を探っていけば、しばしばその子が周囲から常に否定的に見られ、自己肯定感を持てず、自尊心を傷つけられることで生じ、したがってさまざまな困難はあってもそこを調整することができればかなり改善することは経験上明らかに思えます。

4　お互いの関係調整としての支援

その視点から見れば、特性を否定されて無理やり「今の社会に合わせる」ことを要求され続け、自分自身を肯定的に見られなくなることによって生まれる二次障がいに発達障がい児・者は苦しんでいるわけです。就労移行支援の事業所の事例検討をやっていると、その問題に子どものうちに配慮されない環境にあったために、二次障がいがこじれて大人になって深刻な状態を生んでいると考えられる事例に繰り返し出会います。残念なことに、ある意味それはどこにでもある普通のことに見えます。

それゆえ支援では定型基準の見方と同時に、当事者の見方、感じ方に注目し、それを尊重しつつお互いの間に生まれる困難な関係を「お互いに」調整していくことが重要です。そのように考えるので、発達障がい者の特性は、その人が主体的に生きていくためには否定するべきものではなく、それを踏まえ、さらに可能であれば活かして生きる道を探ることが必要で、その意味で「肯定」こそが基盤となるという視点から研修を行うのです。

この発想は単なる理想ではなく、多様化し、流動化する現代社会の中ではかなり現実的なものでしょう。たとえば障がい者の就労に関する世界的な最新の動向を見れば、特に先進的な国際的企業では発達障がいの特性を重要な人的「資源」として活用する展開がめずらしくなくなり始めており、そのための人材発掘や紹介を業務とする企業も展開しています。IT関係などで自閉系の方が多く活躍していることも比較的よく知られていることでしょう。この方向性はさらに進んでいくことが十分に予測できます。

おそらくそういう姿勢で研修をしていることがひとつのきっかけだったのではないかと思うのですが、それからしばらくして大内さんは「僕もアスペルガーなんです」と教えてくださいました。大内さんに確かめると、その時私は「そうですか。では、色々聞かせて、勉強させてください。まずは、今日の研修の感想にでも、当事者の思いみたいなものを簡単に書いてお送りください」と答えています。そうやって当事者視点の重視に向かう私たち発達支援研究所の活動にも大内さんは強い関心を持たれ、それ以降さまざまに協力関係を作って今に至ります。もちろんこの本もその延長上にあります。

5 支援者間の相互支援の大切さ

研修で強調することの三つめは、支援者間の交流がとても大事であるということです。これにはいくつかの意味があるのですが、まず極めて現実的な問題としては、あまりに急速に拡大する発達障がい児支援の事業所の展開への対応という課題がありました。厚労省調べでは２０１４年で２５８９カ所だった事業所が２０１９年には２万１６３３カ所へ８・４倍の激増になっています。一事業所に仮に５人のスタッフがいるとすれば、支援者の数は10万人を超え、その数も５年間で９万人以上増えたことになります。当然そこに働くスタッフの多くはいわゆる「専門家」でも支援の経験者でもありません。しかしどの事業所も収入には決して余裕があるわけではないので、事前に丁寧な研修を導入することも困難です。

私も全国の事業所の研修に関わるようになってこの問題に直面することになり、経験と知識が足りないことに不安を抱え続けるスタッフの皆さんを横につなぎ、小さくともそれぞれが多様に持つ経験や知識を交流することで、ネットも活用しつつ「支援しあって支援する」という考え方で支え合い、柔軟に子どもを支援するシステム作りを心掛けました。

そういう極めて「現実的」な問題がベースにあるとはいえ、このシステムに私が可能性を感じた理由は別にあります。それは狭い専門性では見切れない子どもの生きた姿を大事にし、現在の専門的知識や技術では見落とされてしまいがちな大切な要素にしっかり目を向けながら子どもをサポートすることが欠かせないという判断です。

実際、小児科学・小児神経学・発達小児科学を専門とされていて、私たちの研究所の客員研究員にもなっていただいている榊原洋一さんは『発達障害のある子のサポートブック――教育・保育の現場から寄せられた不適応行動・学習困難への対応策3300』[1]という本を出されていますが、これも特定の理論や技法に縛られずに、現場の先生たちが素朴に実践している支援の知恵を集めたもので、榊原さんが「大事な知恵は現場にある」という意味のことを言われたときにはわが意を得たりの思いでした。

研究者として実感することですが、専門性が深まれば深まるほど、全体に対する視点が弱くなり、部分にしか目がいかなくなることも多くなる、というのはどの学問でもありがちなことです。けれども支援では子どもの「部分」ではなく、子どもひとりひとりを包括的に見る視点が欠かせません。子どもが実際に抱えている困難は、成育歴や家庭環境、地域学校の受け入れ方など、その子が生きてきている場の全体の中で生まれ、複雑な要因が絡み合って問題となって表れているものなので、子どもの内面や、ましてやその特定の技能などの一部だけに目を向けても十分ではないわけです。

ですから、よい支援をしようとすれば、特定の視点だけで子どもを理解して対処することは不可能であるということ、「この方法でだれでもよくなる」といった安直なやりかたはないことは、真剣に子どもに向き合って経験をつめば誰でもわかることです。同じ障がい名を持っていても本当にひとりひとりがさまざまで、「障がいの特徴」と言われているものは、そういう千差万別の多様性の中で多少共通して見いだされるところを引っ張り出してきているにすぎません。「××障がいの○○ちゃん」ではなく、「○○ちゃん」という個性的な一人の子どもがいて、その子の性格の中に、たとえばその子が男の子だったり女の子だったり、髪の毛がストレートだったり縮れていたり、といった特性の一つとして「××障がいにしばしばみられる傾向」が一部あるだけのことです。

6　「素人的総合性」を大切にする支援

ですから個別の専門的な知識や技法なども、その子の状態や困難に合っていることもあれば合っていないこともあります。その見方で見られる部分もあれば見られない部分もあります。その意味で、子どもに接するときには可能な限り多様な視点から柔軟に子どもを見て、さまざまな可能性を考えながら付き合った方がいいということになります。いわゆる専門家の中には、残念ながらその狭い専門性でしか子どもを見られなくなる方もいますので、そういう場合はむしろ素朴に子ども全体を見る「素人」の方のほうが的確な対応ができていることが少なくないというのが、全国の支援スタッフの支援を見ていて感じることです。

その意味で特定の専門性の範囲のみに縛られずに子どもを見る「素人的総合性」が大事だと私は考

え、研修ではそのことを強調しています。ただしそうはいっても一人の経験や知識や視点には限界があるので、多様な観点を持っているいろいろな人たちをつないでいくことが大事で、「支援者が支援しあって子どもを支援する」という柔軟なシステム作りが重要になるわけです。実際、たとえば支援場面を撮影した動画を見てその子への理解を交流してもらうと、「自分が気付かなかったところに目を向けている方がたくさんいて驚きました。」「捉え方によって、その子にとってプラスになっているのかマイナスになっているのかが違ってくることも考えさせられました。これからも、広い視野を持って取り組んでいきたいと思います。」といった「発見」とそれを通した成長実感が語られるのは普通のことです。

そして本書をお読みいただくことで実感していただけると思うのですが、現在の専門的とみなされている発達障がい児・者支援の視点から往々に零れ落ちやすいもの、あるいは発達心理学の専門的な理論や研究の中でもまだうまく扱いきれず、これから追求すべき課題であるものとして、当事者の視点を踏まえた障がい理解があると私たちは考えています。その意味で「専門家」も今一度「素人的総合性」に立ち戻って、その中で改めて既存の専門的視点の意味を捉え直す作業が大事になると思うのですが、そのことに私がある程度の確信を持てているのも、本書にも縷々具体的に説明される、大内さんをはじめ、当事者の方たちのものの見方、考え方、そしてそれを踏まえた障がい児支援の素晴らしい実践に触れる経験を積み重ねているからです。

大内さんが「ショック」を受けられた三つめの理由も、旧来の「専門的」な枠組みには縛られない、その意味では「素人的」でごく素朴な視点に立ち戻った研修が行われたことにあるのではないかと想像します。実際すでに様々に専門的な理論や手法を学ばれていた大内さんは、ショックを受けたという研修の前に二回ほど私の別の研修を受けた際は、まだその意味がよくわからなかったそうで、三回めの岡山での研修からの帰路に反芻する中でジワジワと見えてきて大きなショックを受け、そして夜中までそのことを同僚と深刻に語り合われたのだそうです。

7　当事者視点から生まれる支援の形

そういった「ショック」の体験をひとつのきっかけに、大内さんは療育実践の中でも改めて当事者としての自分の感覚を大事にしながら子どもたちを支援するスタイルを本格的に追求され始めます。そして通常は定型の支援者では全く支援が可能と思えないような、例えば自閉傾向が強く言葉も獲得されていないカナータイプの自閉症児とすっと意思を通じ合うチャンネルを見いだしたり、自閉的な青年との間に「自分の気持ちをわかってくれるのはあんただけだ」と言われる関係をいくつも作ったり、といった貴重な成果を上げ続け、地域の医師や専門家からも注目され、家裁の調査官から自閉系の触法青年への対応に関するアドバイスを求められたりするようにもなっています。

そのような展開を聞いて、今度は研究所の同僚で本書の共編者の渡辺忠温さんや私がいい意味での「ショック」を受け続けてきました。少なくとも私には到底生み出せないような新たな支援の可能性を大内さんは現実に切り開いていかれていることを感じます。さらには大内さんの活躍は、子どもに対する支援だけではなく、より強い自閉傾向を持つことで通常の職場では仕事に困難をきたしていた当事者スタッフを支えて、保護者や子どもに信頼される支援の形を作り上げていくといった広がりも見せてきています。

大内さんの目には、それが支援者であるにせよ研究者であるにせよ、これまでの「専門家」には見えにくかったものが、彼が当事者であるからこそ見えているのだと思えます。しかもそのことを鋭く言語化され、また支援でも具体的な形で示し続けられています。私たちが日々それからどれほど学び続けているか、言い尽くせないほどです。そんな形で大内さんが私たちに提示し続けてくれている大事な問題を、私たちだけが享受するべきではなく、いろいろな方に広く知っていただいて自閉症理解や自閉と定型のこれからの共生関係に新しい展開が生まれるきっかけになってほしいと思ったことが、本書を企画するに至った中心的な理由ということになります。

8　大内さんからの問題提起

そこで本書ではまず大内さんに三つの章でその経験やそこから考えていること、訴えたいことを述べてもらいました。1章は「お気楽と迷惑の間――当事者の体験」と題し、大内さんが大人になるまでの様々な体験談を紹介してくれます。そこでは大内さんのふるまいの思いが如何に周囲からは異なる仕方で理解されるのか、周囲と大内さんの間で「通じ合う」こと、「世界の理解を共有すること」

の困難さについて、具体的な事例にたくさん出会うことができると思います。そしてそのような状況の中で大内さんがその通じなさにどう対処するようになったのか、についても説明されています。これは定型的には一見不思議に思える自閉的な方の言動の一部を理解するうえでもとても重要な手掛りを与えてくれるでしょう。定型が「なんでそんなやり方をするのか」といぶかる振る舞いが、実は自分が理解されない環境の中で何とか生きていくための当事者によるぎりぎりの工夫であったりするわけです。

2章は「当事者と支援者の間――当事者による支援」と題し、当事者が当事者の感覚を活かして発達障がい児を支援するとき、どういう支援の形があり、またそこで何が生まれているのかを紹介してくれます。さらに渡辺さんと大内さんが開発してこられた逆ＳＳＴの経験を踏まえ、お互いに理解が困難になりがちな自閉と定型の間で、相互の理解を調整していく可能性を具体例を通して考えておられます。

3章は「当事者と周辺者の間――当事者からの発信」と題し、自閉症児の周囲の定型的な人とのやりとりで、どのような理解のずれが起こるのか、なぜ自閉的な表現が定型に伝わりにくいのかといった問題について大内さんの考察が展開します。そのうえで定型からはわかりにくい表現に出会ったときに、どのような姿勢で向き合うことで理解に結びつく可能性が生まれるか、ということについても提案を試みられています。

以上のように、ご自身が当事者として周囲に理解されない中で自分なりの工夫で生きてこられた経験と、そういう当事者の感覚で自閉系を中心とする発達障がい児を受け止めながら行ってこられた支援の仕方、そして大内さんの周囲で定型発達者から行われるズレた理解の特徴を述べられつつ、なぜそのようなズレが生じ、そのズレをどのように調整していけるのか、その可能性はどこにあるのかを、大内さんの視点から理論的な整理を含めて検討するものとなっています。

私自身そうであるようにおそらくここにたくさん挙げられた具体的事例を読まれて、定型的特性が強い多くの方は、想像外のことでかなり驚かれるだろうと思います。そしてそれについて大内さんが易しい言葉で試みられている説明を読んで、なおすぐにはその意味がわかりにくいことも多いのではないかとも思います。それらの章を読みながら、読者の皆さんにはわかりきれないたくさんの「なぜ?」という思いを抱いていただければと思います。その「なぜ?」という思いこそが、定型的な視点で固まってしまった自閉理解を柔らかくして当事者視点に近づく大事な契機になると考えるからです。

9　当事者視点に近づく実践＝逆ＳＳＴ

本書に至る以上のような過程の中で、研究所では、当事者視点を踏まえた支援のあり方やその理論を模索するいくつかの試みも続けてきました。その一つがのちに説明される「逆ＳＳＴ（ＳＳＴ－Ｒ）」という新しい試み（290頁以下）で、これは渡辺さんと大内さんが開発してこられたものです。

大内さんはここでも出題者兼解説者として活躍されていますが、そのむつかしさは大内さんなど当事者のふるまいの意味や意図が、定型的な感覚では違う意味や意図に受け止められたり、そもそも「意味不明」と感じられてしまう点にあります。自閉の特性としばしば言われる「こだわり行動」も、実際には当事者には意味があるのですが、それを理解できにくい定型の側が得体のしれないものと見なしてそのように名付け、場合によって「奇異な行動」として単なる矯正の対象としたりしているわけで、自閉的な人が定型を理解できにくいこととその限りでは同じ構造です。

それで一般の参加者を募って行うこのイベントの予行演習をしても、定型的な特性を持つ渡辺さんも私もまず完全に「正解」することがありません。せいぜいがその意図の半分までたどり着く程度で、出題者には「大事なのはその先」とよく言われます。またある時カウンセラー、臨床心理士、発達心理学者などいわゆる「臨床心理の専門家」の皆さんに回答者として挑戦していただきましたが、やはり完全に「正解」した人はなく、全くかけ離れた回答も多く出ていました。その後当事者にその意図を解説していただくと、その都度なんとか理解でき始める気にはなるのですが、そのくらい定型的な感覚では簡単にはたどり着けない世界がそこにはあるわけです。

ここから見えてくるものについては、実践とデータを蓄積して改めて分析検討していくことになると思いますが、定型発達者が如何に発達障がい者を理解できず、あるいはまったく誤解して接しているかがよくわかります。通常は「自閉症の人は人の気持ちがわからない」と見なされることが多いのですが、実は全く裏返して「定型の人も自閉の人の気持ちがわからない」という事実が良く見えてきます。やはりその限りでお互い様です。

逆ＳＳＴはそのような現状に多くの人が気づいて「相互理解」に近づくきっかけを提供しようとするものですが、私も大学の講義で大内さんに出題・解説者をお願いして実施してみました。学生さんの感想は「…自分の価値観に大きな影響を与えてくれそうです。」「…発達障害を持った人に対しての支援をすることは当たり前だと思っていたが、それだけではなく、定型発達者が発達障害を持った人たちの考え方などをどれだけ理解するかも共生には大事であると思いました。」「…自分たちとは違う世界が見えていると思っていた人ともわかり合える可能性を知り、もっと彼らの考えについて知りたいと考えました。」といったものが多く、私たちが意図したことはこの講義で伝わりはじめたようです。

10　共生を目指す支援理論の模索

さらに大内さんとのコラボは理論的な面での自閉症問題理解についても行われるようになりました。右の例でもわかるように、これまでの定型的な自閉症理解や発達障がい理解は、当事者がひとりの人として生きている素朴な体験をうまく表現してくれません。その結果、お互いにズレのある体験世界を尊重しあいながら定型と自閉が関係を調整する道が見えにくくなり、その結果一方が他方に合わせる「矯正」のスタイルになりやすく、相互の主体性を尊重する「共生」に結びつきにくくなります。

そのため定型的な自閉特性についての今の見方の多くがそのような一面的な見方にとどまりやすい

理由について、理論面でもしっかり検討する必要を痛感するようになりました。この問題を考えるには、やはり定型の感覚を持つ者だけの作業では足りません。当事者と共に考えるプロセスが不可欠なのです。そういうことで私たちは「説明・解釈から調整・共生へ――対話的相互理解実践にむけた自閉症をめぐる現象学・当事者視点の理論的検討[2]」という理論論文を大内さんと共同で作成することともなりました。

この論文では医学的な自閉症理解の視点と、その限界に現象学的な視点から挑戦する村上靖彦さんの議論（自閉症の現象学）についてまず検討し、それらとは異なる視点から当事者の世界に迫ろうとする綾屋紗月さんや熊谷晋一郎さんの当事者研究の性格を、國分功一郎さんの中動態論も引き合いに出しながら検討し、さらに自閉症理解に重要な局面を開き、本書にも参加されている浜田寿美男さんの「能動＝受動」に着目した形成論的な自閉症理解を参照しつつ、お互いに異なる主体性を持ちながら生きている自閉症者と定型発達者の対話的な相互理解に基づく関係調整に向かう視点について論じました。

実際にその論文の試みが理論的にどこまで成功しているかはわかりませんが、少なくとも著者である私たちはそこで展開した内容が単なる議論のための議論、理論のための理論ではなく、自閉症者と定型発達者が葛藤しつつ生きている現場に根差したものとなっていると感じています。それはやはり大内さんをはじめとする当事者が生きてこられた現実との対話を離れず、常に大内さん自身の体験世界とつながる形で模索されたものだからです。

11　コミュニケーション障がい?

このように私たちは逆ＳＳＴの試みによって、自閉当事者の世界に定型発達者が対話的に接近するきっかけづくりを行い、また相互の共生的な関係づくりのためには「非ＡＳＤ者による一方的な説明・解釈ではなく、対話的相互理解に基づく関係調整が必要」（前記論文）であることについて、理論的な検討を行ってきたのですが、本書ではさらにもうひとつの大事な問題について考えていきたいと思っています。

自閉症は「コミュニケーション障がい」という性格付けをよくされています。知的障がいを伴うカナータイプの重い自閉症児であれば、そもそも言葉の獲得から困難で、獲得した後も一見して「障がい者」と見られる独特の話し方になり、実際通常の定型的コミュニケーションはスムーズには進みません。他方文法的なレベルで考えたときには言語獲得に基本的には問題がないと考えられるアスペルガータイプの自閉症児・者であれば、一見言語的コミュニケーションは問題ないように見られ、そこに「障がい」があるとは気づかれにくいのですが、しかし付き合いが深まるほどになにか通じ合わないものを感じ、あるいは心外に感じる物言いなどに驚き、やがて両者に深刻な葛藤も起こるようになり、明らかに両者の間のコミュニケーションに障がいが生じます。

言語的なコミュニケーションは人間の社会を成り立たせるためには不可欠なものですから、その成立や活用のプロセスに障がいが生まれるということは、人々が生きていくうえで非常に大きな困難を生むわけですが、ここで大事なことは、自閉症をめぐって生じる困難は決して単純に「言語」の問題ではないということです。

なぜなら、カナータイプの子の場合は、そもそも言語が獲得される以前の段階で、よく「視線が合わない」とか「要求をクレーンで行う（相手の手を持って開けてほしい箱の上に載せたり、鍵のかかったドアノブに置いたりなどの要求のしかた）」など、定型発達児にはほぼ見られないような行動が見られ、そのレベルでお互いの意図の通じ合いにかなり重篤な困難が生じます。それは明らかに言語以前のコミュニケーションの問題です。

またアスペルガータイプの子の場合はそもそも文法レベルでは問題が見いだしにくい言語能力を獲得するわけですから、そのコミュニケーションの障がいは統語論的な側面ではなく、意味論的な、あるいは語用論的な側面での問題だということになります。

ところで言語とは、ある記号（音や文字など）を用いて、なんらかの意味を相手に伝えるという働きを持っています。たとえば「いぬ」と言ったときにそれが言語として働くのは、それを話す側と聞く側が「犬」について、ある程度共通するイメージや概念を思い浮かべるからです。そうやって話し手が注目しているものと同一または類似のものに聞き手も注目することが可能になり、お互いの間に言語を介した意味の共有が生まれます。

また、同じ単語であっても用いられる文脈によってそれが指し示す意味が変わることがあります。たとえば人から何かを提案されて「結構です」という応答があったとき、それが承諾を意味しているのか、婉曲な拒絶を意味しているのかは文脈によって異なります。

私たちが言語的に他者とコミュニケーションを行う場合は、この意味の共有、文脈の共有が可能であることが前提になっています。現象学的な用語を用いれば、志向対象の共有、志向された世界の現れの共有といった言い方もできるかと思いますし、発達心理学的に言えば三項関係の形成や共同注意の成立といった間主観的関係の形成の問題がお互いの間に前提的な力として要求されていることになります。

自閉と定型の間の言語的コミュニケーションのズレは、まさにこの意味論的・語用論的な側面に起こると考えられるわけです。その結果、同じ言葉を用いてもそこでイメージされていること、意図されていることがズレて伝わり、また文脈に合った形でもちいられないということが起こり、お互いの意味世界の共同主観的な共有過程にトラブルが生じます。そして定型優位のこの社会の中では定型の言葉の使い方が正しいとみなされますから、そこからずれる自閉症児・者は「言葉を表面的にしかとらえられない」とか「空気が読めない」などと否定的に評価されることになります。

12　定型と自閉のズレとしての障がい

しかし実際は、定型と自閉とはお互い持って生まれた特性が違うことから、感じ方や着目点、考え方にはかなり重要なズレが生じ、お互いに異なった意味世界を作って世界を体験していて、それに合った言葉の使い方をそれぞれに作り上げているために両者の間でズレが生じてうまくコミュニケーションが成り立たないのだと考えられます。たとえば大内さんにいろいろ教えていただくことで、「言葉の裏の意味を読めない」のは自閉のみの特性ではなく、実は定型はある意味で自閉的な「言葉の裏」を読めていないことが良くあることを知るのです。ですからこれは熊谷さんや綾屋さんも指摘するように自閉症の側に一方的に責任があるのではなく、比喩的に言えばいわば「定型語」と「自閉語」の間に生ずると考えた方がよいと考えています。

共感ということについても、自閉の人は定型が共感し易い定型の話には共感を示しにくいが、自閉の人の話には共感し易い、といった現象が起こることも明らかになってきていますし、すでに紹介したように大内さんは定型の支援スタッフがうまく対応できない自閉的な子との間にすっとコミュニケーションのチャンネルを開いて通じ合うように、そういった現象はこれからも様々に見つかり、注目されていくはずです。

もし定型的な意味世界の共有の仕方と、自閉的な意味世界の共有の仕方に違いがあるのだとすれば、このことはこれまで定型的な発達の中での言語を中心とするコミュニケーションの形成過程を「人間の発達」の問題として研究し、自閉はそこからの「逸脱」として見る傾向の強かった発達心理学にも、そこで見いだされたことの普遍性をめぐって極めて大きな課題を投げかけていることになりますし、またコミュニケーション研究一般から考えても、異質な意味世界を持つ主体同士がどのように通じ合いを作るのか、といった本質的な問題を投げかけていることになります。

そう考えれば、これまで単に「自閉症者の問題」と狭く考えられてきた問題は、実は「人間にとってコミュニケーションとは何か、異なる感覚や思考のスタイルを持つもの同士が世界を共有するとはどういうことなのか」という根本的な問題についての本格的な再考を迫る非常に大きな問題なのだということになります。というわけで、本書ではその問題に多少なりとも迫ることも大事な目的と考えているのです。

13　自閉の問題が研究者に問いかけるもの

この大きな問題に挑戦するために、本書では障がいや自閉の問題などに関わりつつ、コミュニケーションやその発達に関して、それぞれオリジナルな視点からこれまで重要かつ創造的な研究を展開されてこられている5人の研究者の皆さんにご協力いただくこととしました。そしてそれぞれの方の視点から、大内さんの問題提起をどのように受け止め、そこから研究上、あるいは実践上どのような課題が導き出されるのかを論じていただくようにお願いしたのです。いずれの皆さんもその研究はそれぞれの領域で創造的に新しい見方を展開されている方ばかりで、かつその広がりも大きく、以下はその中で本書に直接かかわる内容に関してのみ私の理解できる範囲でごく一部をご紹介するにすぎません。

4章のやまだようこさんは自閉症児の療育などにもかかわってこられた発達心理学者です。ご自身のお子さんの0歳から2歳の丁寧な観察から『ことばの前のことば――うたうコミュニケーション』

『ことばのはじまり――意味と表象』『ものがたりの発生――私のめばえ』という三部作を出版されています[3]。ことばが生まれる前の「三項関係」を見いだされるなどの画期的な研究を展開されました。そのプロセスは次のように説明されています。赤ちゃんは、生まれたときから人に関心をもち共に見つめ微笑み合う共鳴的な「うたう」二項関係をつくります。6か月ころからはモノへの探索をはじめますが、人への関心とモノへの関心は別々に発達します。9か月ころから、指さし、提示、やりとりなど、人と人との関係のなかにモノを媒介に入れる「三項関係」ができるようになります。互いに見つめ合うという二項関係の中に、外部にあるモノを共に見る共同注意の関係が成立し、世界を共同化するコミュニケーションができてくるわけです。

そのように人が他者と世界をどのように共同化するか、という重要な問いについて、やまださんは現在さらに質的心理学の領域でナラティヴ研究からテーマを発展させ、人が生きる物語の文化性の問題にも深い関心を寄せられています。人が形成してそのうちに生きる「意味の世界＝物語」の問題が自閉と定型の意味世界のズレを考えるうえで重要であることは言うまでもありません。そういう世界を共同生成する形成過程の研究を切り開いてこられた立場から、大内さんの議論がどう受け止められ、何を見いだされるのでしょうか。

5章の綾屋紗月さんはすでに何度か言及してきましたが、ご自身が自閉症の診断を受けられ、医学者でご自身も脳性麻痺による身体障がい当事者の熊谷晋一郎さんと共に発達障がい当事者研究を切り開いてこられた方です。現在の定型基準の医学的な自閉概念やその特性記述は、綾屋さんにとっては自分自身の当事者としての体験をうまく語れるものではなく、自閉当事者が自分自身を理解し、他者と共有する言葉を持てていない現実に向き合われています。そして当事者研究の中で、まずは自分たち自身が自分たちを語りなおし、自分たちを語りうる言葉を生み出そうと努力されています。

お二人はコミュニケーション障がいということについても面白い喩え話をされます。問題はコミュニケーションのあり方がずれていることであり、それを障がいというのは、アメリカ人と日本人のやりとりがうまくいかないことを「日本人にはコミュニケーション障害がある」と言うようなものだ、というのです。[4] この発想は、「障がい者としての自閉症者」というものを、「不完全な定型発達者」と見なす視点からは生まれてきません。自閉の人には自閉の人の主体性とその論理がある。その点では定型発達者と全く同じであるわけです。これは両者の関係を真の共生関係として創造していく時には欠かせない視点になり、本書とスタンスを共有するものです。とはいえ、定型にもいろいろな人がいるように、もちろん自閉症者であればみんなが同じわけではありません。私の印象でも綾屋さんと大内さんの個性は相当に異なっているように思えるのですが、そのように違う個性の視点から見て大内さんの議論はどう見えるのでしょうか。

6章の高田明さんは学生時代は発達心理学を専攻されて障がい児の療育現場にも関わられていましたが、その後人類学に移られ、アフリカに飛び出してグイやガナといった狩猟採集民の人たちの間に入り、その子育ての文化的な意味を分析されました。行為の文化的意味づけへの視点は本書でも欠かせません。さらに現在は相互行為論の視角から言葉を含んで成立する他者との対象認識の共有がどのようなやりとりの中でどのような構造をもって成立していくのかについて研究されています。そこではチンパンジーと人のコミュニケーションの在り方の分析も含め、系統発生的な検討も視野に入れられています。

この相互行為論的な意味の共有過程の分析では、これまで単に記号と対象の結びつきの形成としてとらえられがちだった言語の問題を、姿勢や視線、環境の事物ややりとりの文脈など「記号論的資源」と呼ばれるさまざまなものを主体間のやりとりの中でトータルに構造化することによって意味を共有する過程として動的に分析します。そうだとすると、定型と自閉の意味世界の共有の仕方のズレを、この記号論的資源の間主観的な構造化の仕方のズレの問題として考えて分析理解する可能性が出てきますので、その視点を持って大内さんの議論から何が引き出されるのか、ぜひ教えていただきたく思いました。

7章の高木光太郎さんは状況的認知論やヴィゴツキー学派の心理学を中心として、生態心理学、文化人類学、談話分析などの理論や方法を手がかりにして研究を進めてこられている方です。その中で特に人々が過去の体験を想起し説明する「証言」のコミュニケーションと、知識・経験・熟練が違う人々の間で生まれる「学習」のコミュニケーションに焦点を当てた研究をしてこられました。高木さんも次にご紹介する浜田さんとは異なる視点から供述の信用性評価に関わられていて、のちに冤罪として確定した足利事件では、被疑者（当時）の自白供述が、体験が確実な内容についての供述とは明らかに異なる語り口を持っていること、したがって体験供述と考えることは危険であることを明らかにした鑑定を共同で行われています。残念ながらその貴重な分析成果は当時の裁判所に無視されましたが、そこで開発されたスキーマ・アプローチという分析手法は、最近では大崎事件の再審請求でも活用され、その鑑定の有効性を認めて再審決定を出す裁判所も出てきています。

この手法の背後には、冤罪における人の供述というものがその人に固有の形でその環境（自分のいうことを信じてくれない取り調べの中で取調官から与えられる厳しい問いの圧力）に対して抗いもがく姿として成立するものだと考える視点があります。そのもがき方が示すコミュニケーションの形が、すなわちその人の「生きる形」とも言えるわけですが、この視点は定型優位の厳しい環境の中で自分に固有の特性を持ってもがきながら生きている自閉的な方たちの理解にもつながるはずです。冤罪に限らず、人と人のコミュニケーションは多かれ少なかれお互いのズレた視点からのやりとりによって成り立ちます。このことを「ディスコミュニケーションとしてのコミュニケーション」と名付け、高木さんたちと私とで共同研究も行ってきました。そういった様々な研究の中で、高木さんはコミュニケーションの「ズレ」が何を可能にし、生み出し、あるいは阻害しているのかを追求されています。まさに自閉と定型の共生を探るという課題にもつながるスタンスとして、ぜひ大内さんの議論についてご意見をうかがいたく思いました。

8章の浜田寿美男さんは大学院生のころから一方でピアジェやワロンなど発達心理学の古典的著作の翻訳を手掛けながら、他方で障がい児の支援の現場にかかわりを持たれ、定型的な通じ合いが困難な障がい児との関係について考察していく中で、旧来の心理学、とりわけピアジェの理論的観点では自閉の問題は全く理解できないことやその理由を明らかにされました。また大学のゼミでは知的障がいも併せ持つ自閉の青年を「ゼミ生」として受け入れ、また身体に障がいを持つ学生を含めた様々なゼミ生との交流の中で、障がいがその人の「心」の形成に持つ意味、ひいては人間の心理の本質的な仕組みについて重要な議論を展開されています。とりわけ人の心理は他者の働きかけを受け止める受動と、他者に働きかける能動という二つの作用をその不可欠の基盤として持っていることに着目し、その「能動＝受動」の自他間の関係において、定型と自閉の間にかみ合わなさが発生していること、そして自己の視点と他者の視点がうまく調整できないことで「障がい」と言われる状態が生まれることを論じられています。

また知的障がい児の供述が不当に扱われることから発生した冤罪甲山事件について、有罪の根拠とされた園児の供述の質や形成過程を解明することで、被告の無罪を心理学的に証明されたことを手始めに、数々の事件の供述分析を行って日本の供述心理学の領域をほぼ独力で切り開かれました。その方法論的な立場は「渦中の心理学」とも言われるもので、人の供述を外面から分析するのではなく、供述者がその状況（渦中）に置かれたときに、供述者の視点からその供述が本当に生まれうるかどうかを徹底的に分析するもので、まさに本書で重視する「当事者の視点」につらなる視座からその人の体験世界を理解する努力を続けてこられたのです。自閉系の被疑者の供述分析もそこには含まれています。その浜田さんから大内さんの議論がどう理解されるのかをぜひお聞きしたいところでした。

以上の紹介をお読みになってご理解いただけたかと思いますが、いずれの皆さんも既存の議論に対し、オリジナルに新たな視点を追求することで、心理現象あるいは障がいについて今まで誰にも見えていなかった新たな姿を明らかにしてこられた方たちです。自閉症の対話的理解とそれに基づく対話的支援という新しい領域を開こうとしている私たちにとって、そういった多くの研究者の皆さんとこれから多角的に問題を検討する場を持つことは欠かせない作業になりますし、またそういった視点の交差の中から、コミュニケーションと障がいをめぐる新しい視点や実践が生み出されて行ってほしいと切に願っています。その思いを持ちつつ、以上の皆さんからの議論を受け、最後に編者3人で改めてこの問題について座談を行ったものをまとめて出来上がったのがこの本ということになります。

14 自閉当事者が当事者本を語る

本書ではもうひとつ小さな試みを行っています。それは今ではたくさん出版されているいわゆる当事者本について、自閉当事者として大内さんからコメントをしてもらうというものです。それは当たり前と言えば当たり前のことなのですが、ひとつには同じ自閉と言っても人によってほんとうに様々な個性を持って生きていらっしゃる、そういう異なる個性や異なる生きる場の中で他の当事者が語られる言葉を大内さんはどう受け止められるのか、ということを語ってもらうことにきっと意味があるだろうという思いからです。

またもうひとつには、当事者本と言っても、それは場合によって定型向けに〈成形〉された部分もあり、当事者本でありながらどこまで当事者の世界がうまく表現されているかということについては、考えてみるべきことがあるのではないか、という思いも背景にあります。実際、綾屋さんたちが当事者研究で「自分たちのことば」をもう一度再構築する試みを続けられているのも、「定型的に作られたことば」で自分たちを表すことの限界を問題にされたからです。

また関連して私自身かなり強い印象を抱いた体験があります。ご自身が自閉であると言われる方が

「私は感情がありません」とおっしゃるのです。なぜそう言われたのか、これは私の想像ですが、多分その方は繰り返し「なんで人の気持ちがわからないのか」とずっと責められ続けたのだろうと思います。けれどもぴんと来ないものはぴんと来ない。説明されてもよくわからない思いになる。逆SSTで当事者から説明されてもその心の動きが私の定型的感覚ではなかなかぴんと来ない場合がよくあるのと同じです。またその方がその方の感情から自然に発せられた言葉を、相手は全く理解してくれないという事態が繰り返される。

だとすると、自分が感情と思っていたものは感情ではないのだ、あるいは人が感情と言っているものを自分は持っていないのだ、と理解するようになられたとしても不思議はないように思えます。そういうふうに「自分のことばを奪われている」という状態が自閉当事者には少なからずあるように思えます。場合によって当事者本についてもそういう問題が一部ある可能性がある。その点大内さんがどう読まれているのか気になるところでした。

ということで大内さんには6冊の当事者本についてコラムを書いていただき、本書の4章から9章の後ろにそれぞれ挿入してみました。

15　大内さんの文章に施された調整について

以上でこの本が生まれた経緯や構成、その趣旨についての説明は終わりますが、最後に次のことについてご説明を加えさせていただきます。

1章で大内さんが書かれた子ども時代のエピソードを読む時、私にとってはその姿は現在発達障がい児支援の現場に通っている自閉症児の姿によく重なって見えてきます。けれどもそれらを回顧して記述し、また2章、3章で深く考察している現時点での大内さんの自己理解や他者理解のあり方を皆さんが読まれれば、その鋭さにおそらく驚かれる部分もきっと少なくないと思います。自閉は他者理解ができない、といった見方からすると、これだけ理解しているのだからもはや自閉とは言えないのではないか、と考えられる方が仮にあったとしても、特に不思議には思いません。

この点については、自閉をどのように定義するかの問題にもかかわってきますが、しかし大内さんのその鋭い理解や考察の在り方の中に、私自身はやはり私の定型的な感覚や視点とは異なる部分を感じています。大内さんご自身は、学生時代にお世話になった教育学の教授からご自身の状態を自閉と言われて納得され、その後はそういう自覚をもって生きてこられましたし、また今回この本を著すにあたっては、改めて発達障がいを専門とされる精神科医から正式な診断も受けられました。もちろん同じ人に対しても医師によって自閉として診断をしたりしなかったりということもありますので、また違う見方がある可能性は完全には否定できないのですが、私たちが実際に「自閉症」として診断され、またさまざまな困難を抱えられているほかの当事者の方たちとの共通性を考えても、大内さんを自閉当事者としてここで考えることには私自身は疑問を持っていません。

その問題にも関係するのですが、大内さんの文章についてはやはり私が拝見していてやはりわかりにくく感じたところがいくつかあり、そこにも自閉的な方の文章の特徴を感じました。この私にとってのわかりにくさを「文章力」の問題として考えることもありうるでしょう。けれども大内さんは国語の教員免許を取得され、教育実習でも指導教員に模範的な授業とみなされて実習生全体に授業を見てもらう場が作られたりしています。また私たちが日常的にテキストレベルでやりとりをしていても、もちろん文法的な問題は全く感じませんし、逆にその論理性や視点の鋭さにいつも驚かされています。

にもかかわらず、文意がすっと伝わってこないように感じるところに時々出会うのです。それでその部分をどうするかについてはかなり迷いました。というのは、当事者本のコラムについて説明したことにもつながるのですが、そういう定型的にはおそらく読みにくかったり誤解を生むような表現もまた大内さんの在り方をそのまま映し出したものであり、それを定型にわかりやすい、読みやすい形に調整することは、異質さを持つ表現やそこに現れる世界のズレを覆い隠してしまうことで一種の改竄になってしまうのではないかと恐れました。こういう微妙な「違和感」こそが、通常は見過ごされている「異なる質を持った世界表現」に気づき、接近するための大事な手掛かりともなるからです。

このため、この点について大内さんと相談をしたところ、文意が明らかに誤解されてしまうことは最低避ける必要があり、本来の趣旨を曲げない範囲でやはり定型の人にも誤解なくわかってもらえる形にした方がよいだろうということになりました。そこで私の方で読んでみてどこがわかりにくく感じたかを指摘し、そこに書かれているのはこういう意味なのだろうか、という私なりの解釈を提示し、それを参考にしながら改めて本来の趣旨に沿って適宜加筆したり修正していただく形にしました。たとえば以下のようなことです。

【例1】「その3％が…」とか何とかで始まる1文を例にとり、『その』が指す言葉が2通り考えられるが、どちらをとるかで後半の説明が成り立ったり成り立たなくなったりすることを色画用紙の円グラフを使いながら解説をしました。そして、この文章の筆者の結論部分の記述からさかのぼって読み取（からす）ると『その』が指すところが初めてただ一つに絞られ、明らかになるんだ、という他の実習生がスルーするところを取り上げ、

【例2】ですから私は、お子さんに落ち着きがないのは、身体的な課題である場合が多いということを保護者の方にはお伝えしています。

傍線部が新たに挿入された言葉で、（　）の部分は削除された部分です。このような調整が行われている箇所が存在する点についてはあらかじめご了解ください。

以下、1章から始まる大内さんの、定型的な世界の感じ方や見方とは異なる面を持つ、自閉的な見え方の一つに触れていただきます。その一種の異文化体験を経て、皆さんの世界の見え方に一層の拡がりと深まりが生まれていくことが、編者としての楽しみです。定型と自閉、異質さを持って生きる者同士の共生に向けて、ここからもう一度「自閉症を語りなおす」試みが始まります。

【文献】
［1］　榊原洋一・佐藤曉・秋山明美・師岡秀治『発達障害のある子のサポートブック――教育・保育の現場から寄せられた不適応行動・学習困難への対応策3300』Gakken　2020
［2］　山本登志哉・渡辺忠温・大内雅登「説明・解釈から調整・共生へ――対話的相互理解実践にむけた自閉症をめぐる現象学・当事者視点の理論的検討」『質的心理学研究』22号 62-82頁、2023

[3] やまだようこ『ことばの前のことば――うたうコミュニケーション』やまだようこ著作集第1巻、新曜社　2010
やまだようこ『ことばのはじまり――意味と表象』やまだようこ著作集第2巻、新曜社　2019
やまだようこ『ものがたりの発生――私のめばえ』やまだようこ著作集第3巻、新曜社　2019
[4] 綾屋紗月・熊谷晋一郎『発達障害当事者研究――ゆっくりていねいにつながりたい』医学書院　2008

1章 お気楽と迷惑の間——当事者の体験

大内雅登

はじめに——母との思い出

大内和子は料理をするのが大好きだった。幼いころ貧しかった彼女は、学生時代みんなの前でお弁当箱を堂々と開けられずにフタで隠しながら食べた。そうしたみじめな体験から家族に対して、食事だけは事欠かないようにしようと心に決めている。どんなに忙しくても仕事から帰ると食事を作った。朝早い亭主のため、5時には起きて朝食を作る。とにかく和子にとって食事の支度は人生の主軸に据えられていた。

彼女には、料理以上に大切なものがあった。それはたった一人の息子である雅登の存在だ。4人兄妹で育った和子からすれば一人っ子というのはさみしいものだろうと思わないでもない。しかし、雅登は生まれつき体が弱く、保育所時代など預けた日と入院している日のどちらが多いかわからないような有り様であった。さすがに高熱を出したり、けいれんを起こしたりした日には食事を作る気力も生まれないことが多かった。小2となった今ではそこまで心配する状態に陥ることはなくなったが、それでも熱を頻繁に出しては学校を休むことがあり、今も気苦労は絶えなかった。

さて、その日は土曜日で夕方から夕食の支度を始めた。雅登はリビングでテレビアニメの再放送を見ている。いつも口をあんぐりと開けてぼーっとした顔でテレビを見ているので、きっと今もそんな状態であろう。目の前でやられたら思わず注意をするところだが、キッチンとリビングとで空間が分けられていれば無理に小言を言うこともない。私は私で食事の支度をすればいい、そんな風に思える。

キッチンとリビングは間にドアもなく続いている。キッチンとの境目にはビーズ暖簾《のれん》が吊られている。これは、和子の妹、つまり雅登のおばにあたる加奈子が作ってくれたものだ。岐阜から香川に嫁いだ和子にとって、血を分けた兄妹に会うことはそんなに簡単なことではなかった。距離のことも、仕事の休みのことも、そして雅登の体調のこともあり、なかなか会うこともできない。このビーズ暖簾は、手芸やパズルが大好きな妹が昨年の夏香川に来て、作って置いておいたものだ。洋風の家の窓がデザインされ、その窓の下には色とりどりの花が咲く花壇がある。妹が糸に決められた順番でビーズを通し、作ってくれた大作だ。

と、そのとき、雅登が突然そのビーズ暖簾を両手でつかみ、何を思ったか飛び上がる。次の瞬間、糸は切れ、大きな尻もちをつきながら落ちる息子と舞うビーズが和子の目に映る。何が何だかわからないが、『また』雅登が余計なことをしたことだけはわかる。「何やっとんのよ！」大声で叫ばずにはいられなかった。雅登は弾かれたように立ち上がる。和子は料理の手を止め、床にちらばったビーズを拾う。黙って立っている息子にもう一言何か言いたい気もするが、あんまり怒鳴るのもよくない。まずはビーズを拾うことに専念しようと心に決める。こちらを手伝うわけでもなく突っ立っている息子に腹も立ってきたが、何も言うまい。まずは、片付けだ。それから何て言おうか。

全部かどうかわからないが、ビーズを拾い、近くにあった菓子皿にビーズを入れる。そして、雅登に「これは引っ張ったら切れるからね。もう引っ張ったらいかんよ」と注意をした。「わかった」という返事がスッと返ってきたので、「ほら、もうテレビでも見とき」と息子をリビングに帰し、気を取り直して料理を再開した。するとその時、リビングから「あっはっはっは！」と雅登の笑い声が聞こえてきたのである。これには我慢ならなかった。和子はキッチンを飛び出し、リビングに行き、テレビを見ている息子の頬を張った。「何を笑いよんの！」心からの叫びであった。頬を押さえて自分をじっと見る息子に胸を痛めた。何か説明をしなければならない。この頭にきた理由をわかるように説明しなくてはならない。和子はそう考えた。「糸を切って、反省してるかと思ったら大きな声で笑って！　普通はおとなしくしているものでしょう！　それを『あっはっは』って、どういうつもり？反省してないの？」和子の叱責だか説明だかは延々と続いた。ここで雅登がより深く反省を見せれば話を終えることもできただろうに、わかっているのかわかっていないのか、じっとこちらの顔を見ている。叩いてしまった自分の正当性を伝えることができたのか、さっぱりわからない和子は終わり方が見つからずにいた。

大内雅登は小学2年生である。当時は、土曜日も半日学校があり、彼は帰宅してお昼ご飯を食べてのんびりとしていた。彼には兄弟がいない。妹や弟がほしい気持ちがないわけではないが、別段気にしたことはない。保育所時代、目を覚ましたら母親がいなくて誰もいない夕方に泣いた記憶はある。

だが、それだけだ。本を読むのが好きで、ひとりの時間というのはそのまま本を楽しむ時間を意味していた。この冬、サンタさんがラジコンではなくて『トム・ソーヤの冒険』を届けてくれたことにはがっかりしたが、それなりに楽しく読んだ。物語も、マンガも楽しいと思えた。何より本がほしいと言われて断ることのない両親の姿勢がそういう子を育てるのかもしれない。

のんびりと部屋で本を読んだ雅登は、夕方になってリビングでテレビをつけた。キッチンから母親が「あ、雅登降りてきたの」と声をかけてきた。もう夕食の支度をしているらしい。「うん」とだけ返事をしてテレビのチャンネルを変えた。ほっぺたに赤いグルグルのある忍者が映る。「忍者ハットリくん」だ。この作者の作品は数多くあるが、ハットリくんは雅登にとって面白いものではなかった。何を考えているかわからない無表情な主人公も嫌いだったし、他の作品ほどにはキャラクターの個性がわかりにくく、いつも見ている途中で飽きてしまう。ただ、オープニングは大好きだった。

忍者が手裏剣を投げる、同じように花を投げ女の子の頭に髪飾りとしてつける、そうしたわかりやすいアニメーションが流れる。そのオープニングのアニメーションの中に、木の枝に鉤爪とロープでぶら下がるシーンがある。雅登はこれをやりたいと思った。幸いキッチンの入り口にはおばが作ってくれたビーズ暖簾がある。1本ではロープの代わりにはなるまいが、束ねて持てばきっと自分一人ぐらい支えてくれるに違いない。ちなみにさっき読んだ本によれば、人の髪の毛を全部束ねたら車でも持ち上がるそうだ。うん、いける。間違いなく僕はぶら下がれる！

思うが早いか、ビーズ暖簾をひっつかみ足を地から離す。体が支えられるような感覚もなく、糸は切れ、自分とその周りにビーズが降ってくる。やってしまった、と思うが早いか「何やっとんのよ！」という母親の声が響く。急ぎ立ち上がり、母親を見る。母親はそれと入れ替わるようにしゃがみ、ビーズを拾い集める。一瞬手伝おうかとも思ったが、下手に手を出してこれ以上母親の機嫌を損ねてはいけない。まずは、次の指示を待とう。そう考えじっとしていた。途中で母親がビーズを持て余しキョロキョロするが、これまた下手に「あの皿に入れたら？」などと声をかけてはならない。きっと「はぁ？　誰のせいで…」みたいな展開になるのは火を見るより明らかだ。とりあえず、黙って立っておくに限るのだ。暖簾を見ると真ん中の数筋が切れてなくなっている。窓をデザインした暖簾なので、真ん中が開くというのは、それはそれで面白い。どんな切り方をしたら、あの邪魔な花壇をなくせるだろうか。はさみで切ったら上からビーズが全部落ちてくるし。そんなことを考えながら立っていると、母親からテレビを見ろとのお許しが出た。もう用はない。立ち去ろう。でも待てよ、確か最近読んだ本に「怒られた後に子どもが笑っていると親は安心する」みたいなことが書いてあったぞ、と思い出す。あまり子どもが落ち込んでいると叱り方がよくないと心配になるそうだ。叱った内容が伝わっていないときに子どもは落ち込み、何が悪かったかわかったときにはあっけらかんとしているものだ、と。

さあ、今できる親孝行は、「わかったよ」という合図として笑い声を聞かせることである。雅登はさしておもしろくもないアニメの、さしておもしろくもないシーンで「あっはっは！」と高らかに笑って見せた。次の瞬間、よくぞここまで、と思うような速さで母親がキッチンから飛び出し頬を張った。

意味がわからない。何やら笑ったことに対して叱られているのだが、笑うのが子の務めではないのか。こっちだって笑いたくて笑ったのではない。ぶら下がれると思った糸は切れ、尻を打ち、悲しいやら痛いやらを我慢して本で読んだ通りにやって見せただけなのだ。その行為が母親の譲れない部分を刺激したのはわかる。さっきの暖簾と同じだ。まずは黙って立っているに限る。子どもが笑っている方が親は伝わったと思うんでしょ？　と聞いてみたい気もするが、今そんなことを言うほど馬鹿ではない。とりあえず、別のことを考えられる要素を探そう。しかし残念なことに、テレビは今背中側にある。暖簾は母親が邪魔して見えない状態だ。仕方がないので、保育所時代に身につけた怒っている人の瞬きを数えてその場をしのぐ方法を選択した。

さて、いかがでしょうか。大内家に起きたある土曜日の場面をご紹介しました。母親からインタビューをしたわけではないので本当のところはわかりませんが、まあそれほど外れてはいないと思います。今さら聞いても覚えていないと思いますし。

冒頭にこういう書き方をしたのには、理由があります。それは今母の思いを想像して書いてみた前半の部分と、その状況で当時自分がどう思っていたかを説明した後半の部分の対比を見て、感じてほしいことがあるからです。それは、頓珍漢なことをする側にも理由があるんだよということです。私は自閉症スペクトラムの当事者です。ご覧いただいたように、おおよそ他の子が考えないようなことを考え、やってのけます。両親に対しては本当に育てにくかっただろうに、と他人事のように同情します。だって、一生懸命にご飯を作っていたら、突然暖簾の糸を切るんですから。そして注意をしたらその直後に馬鹿笑い。人を怒らせたいとしか思えなかっただろうに、と想像します。

そのあとに私の主観を書かせていただきました。それなりに考えているでしょう？　とは言え、共感されないことだと思うのです。この共感しにくいことが、多くの人と自閉症の人との間に立ちふさがる壁だと思うのです。あまり声高に言うことではないのですが、ご紹介した話では、私は私なりに母を気遣っているんです。でも、それが通じているとは思えませんでした。

これを母親の資質の問題にするのは、きっと間違いだと思います。わかろうにもわかれない思考の違いや、注目している点の違いがありますから。

でも、同じように私を見て社会性の欠如と言うのも同じように間違いだと思うのです。私は今、発達障がい児を支援する仕事をしていますが、私も、そして私が出会った子どもたちも、基本的にはいろんなことを考えています。独特かもしれませんが、社会性を発揮しようとしています。ただ、その在り方が多数派の人たちと違うのです。今回、私のお話を紹介させていただく機会をいただきましたので、普段思っていることや感じていることを遠慮なくぶちまけたいと考えています。

まずは、先のエピソードのような私には私なりの理由があってやったことをお伝えしていきます。ここから先は、私の内省になりますので、想像で相手の心情を書くということもしません。こう思ったのかもしれない、という予測ができるときにはそう書いていきますが、個人大内雅登の主観となります。とりあえず、変わったことを考えるなぁと不思議がってください。間違っても変な同情はしないでください。私は私なりに自分の人生を楽しんでいます。むしろ同情すべきは私に関わった人たちの方だと思いますし。

1　なんでそんなことに?──わからないことだらけの日常

小学校6年生のときの話です。昼休みに1年生と一緒に遊ぼうという日でして、体育館でドッジボールをすることとなりました。体育だけではなく、放課後に友だちとドッジボールをすることもあり、上手ではないものの私にとっては大好きな遊びのひとつでした。さすがに1年生対6年生のような構図にはなりません。それぞれのチームに1年生も6年生も分かれ混合チームが作られました。ゲームの中盤だったでしょうか、私の手元にボールが来ました。さて、これをどうするかです。がんぜない1年生めがけて投げるわけにはいきません。外野にいるチームメイトにパスをすべく、山なりのボールを投げました。ボールは無事に外野に渡り、私の出番は終わりました。終わったはずです。ところが、クラスメイトのある女の子がすごい剣幕で私の名を呼び、怒鳴りちらしているのです。

「小さい子に何てことするのよ」そういうことを言われた記憶があります。見れば、相手コートの中で座り込んで泣いている子がいるのです。怒っている女の子の様子から、どうも私の投げたボールが1年生を強襲したらしく、それについて非難されていることは容易にわかりました。わかりましたが、では私の投げたボールは、あの外野へ渡ったように見えたボールは一体何だったのでしょうか。そっちについてはわかりません。ね？　不思議でしょう。私は夢でも見ていたのでしょうか。

こういうときに多くを語ることはしません。私の手にボールが渡った。投げ終わったときに相手コートに泣いている子がいた。今私は非難されている。こういう状況において、私が犯人であることは明確だと思えるのです。私は、私の記憶よりも目の前の状況証拠から何が起きたかを理解します。そうして、特に反論もせずに、善良なるクラスメイトの非難を聞き続けることを選びました。

さて、私が見た『事実』と、多くの児童の目の前で起こった『事実』に違いが生じていることを知らない専門家なら、この状況をどうとらえるでしょうか。例えば、ローナ・ウイングによると、自閉症スペクトラムの三つ組の特徴として、次のようなことがあげられています。

① 社会的相互交渉の課題。これは相手の立場に立って考えたり、ふるまったりすることが苦手であることなどを指します。5つも学年が離れた子に思いっきりボールを投げることの危なさがわかっていないなんて、まさしくこれにあたりますね。

② 社会的コミュニケーションの欠陥。自分の気持ちや考えを的確に表現することが難しいことなどがこれにあたります。悪かったと思えば、謝ればいいんです。「ごめんなさい」という一言をその子にかけてあげられれば、いくらか関係性は回復するでしょうに、私はその子に謝っていません。悪いことをしたなぁという気持ちはあるのに、ちゃんとそういう気持ちを表現できていませんね。

③ 想像力の限界。これは、急な出来事に対する臨機応変な対応の難しさなどを指します。いきなりクラスメイトに怒られた私は言葉も出ない状況になりました。なるほど、きちんとした対応が浮かばずたちすくんだことになります。

さて、冒頭から私の思い出話をお読みになっている方は、どうお考えになりますか？　私は、この有名な三つ組の障がいを否定しようと思っているわけではありません。ボールをぶつけて謝りもせずに突っ立っている私を説明するには都合がいい考えだとも思えます。しかし、私は確かに外野に投げたのにそこで泣いている子がいるわけです。私が見た事実と、目の前の事実に差があり過ぎて困っているわけです。そして、別段こうした白昼夢のような出来事がそのときだけ起きているわけでもない私にとっては、必死になって私を弁護することもしませんでしたから、私の心の内を知る人はその場にはいません。三つ組の理解によって断じられることも理解できますが、それで私の身に起きたことを説明しきれるのかと言えば、そうでないように思いませんか?

ある専門家は、別の角度で説明をしてくれるかもしれません。外野へ投げたはずのボールが内野へ飛んで行っている。これは運動機能の不全であり、自閉症スペクトラムにはよくある特性だよ、と。また近年は、自閉症スペクトラムは脳機能の異質さとして理解されていますから、多くの人が見失わないボールを、私が見失ってしまったんだと説明してくださる方もおられるでしょう。それはそれで合っていると思います。しかし、それは引っ張ってくる理屈が違うだけで、やはり私の身に起きた不思議な出来事を説明しきれているとは思わないんです。だって、キャッチボールも不自由なく行える私が、どうしてそのときに限って自分の投げたボールを見失うんでしょう。まあ、こういう質問も、普段見えていると思っているものも、本当は見えていないんじゃないの? と返されればそれまでです。私の思いは、私の外にある理論で説明がされていくこととなります。

当事者の体験を聞くということの大事さはいくつもあると思います。その中のひとつは、こういう外の理論だけでわかったような気持ちになることにある種の警鐘を鳴らすことです。私がこうして文章を綴る理由は、そんな目的にとどまらないのですが、まずは、ここから話をさせてください。当事者にとっては不思議な体験で、教科書的な発達障がいの理論で語られてもピンとこないことですが、多くの方にとってはその教科書的な理屈でご納得いただける話です。そして、それと同時に「なんだかそれだけでは説明しきれないよなぁ」というお気持ちになっていただければ幸いです。

ちなみに、私はこの件で先生はおろか他の子からも一切責められていません。確かに私のボールは外野へ渡り、慌てふためいた下級生がコート内の誰かとぶつかり泣いてしまった。その子を見て、女の子は私がボールを強くぶつけたと思い込んで怒鳴りつけた、なんてストーリーだって成り立ちます。こういうことを考え出すことでも、幼い私を外の理屈で語っていいのか不安になりますよね。立場を入れ替えることもできるわけですから。この辺りの立場の入れ替えについては、私がこの文章を綴る大きな目的の一つとなっています。おいおい語らせてください。

遠回りしましたが、思い出話に戻ります。アクシデントはあったもののドッジボールも終わり、6年生から1年生にプレゼントを渡す時間となりました。それぞれが家庭科で作ったワッペンを、ペアとなる1年生に渡すのです。さあ、困りました。こちらはさっきのドッジボールの時よりも困りました。ワッペンがないのです。確かにポケットに入れておいたはずなのに。仕方なくペアの子に「教室に忘れてきたから、後で渡すね。もらったことにしておいて」と頼みました。先生が、1年生に「みんなもらいましたか？　もらってない人いる？」と聞くと、その子がサッと手を上げました。「もらったことにしてって言ったやん」思わず声をあげてしまった私は、先生にこってりと怒られることになりました。あげてもないのに、もらったことにしてって頼むのはおかしいだろうと。別にあげないという意味で話したわけではありませんが、状況的にはあげないという意味にもとれます。ここでも私は特に言い訳もせずに先生のお説教を受けることとなりました。

同じく小学生の頃の話です。私は小学2年生のときに剣道を始めました。不器用で運動が苦手な私はまあ苦労をしました。先ほど運動機能の不全という表現を使いましたが、自閉症スペクトラムの人にしばしば見られる特性のひとつに協調運動が苦手ということがあります。協調運動とは、両手、手と目、手と足などを同時に使う運動のことです。両手で竹刀を持って、相手の様子を目で察知し、手と足を同時に動かしていく剣道なんて大変です。あ、だからといって自閉症スペクトラムの子には剣道をやらせるなという受け取り方はしないでくださいね。確かに不向きな競技で苦労も多いと思いますが、私は全国大会にも出場できています。単に苦手なことを無理にさせるなという論調で剣道から遠ざけられていたら、私の人生において得られた多くのことが得られていなかったわけです。ここら辺も、教科書的な障がい理解だけで接していいわけではないんだなぁと思っていただければ嬉しいです。

剣道の稽古で怒られ続けた記憶のひとつに引き面があります。新型コロナウィルスの影響で、この原稿を書いているときには、試合において引き面は使われなくなっています。相手とすごく接近して、竹刀を立てて小手と小手、鍔と鍔が触れ合った状態を鍔競り合いと呼びます。真剣を使った勝負では相手の刃が自分の体にいつ当たってもおかしくない緊迫した状態です。相手の刀の自由を奪いつつ自分が有利な体勢となるべく押し込まなければなりません。

現代剣道においては、そういう緊迫感とは違っていて、相手との距離がゼロである状態から一気に身を引き、技を出す状況となります。そういう状況で後ろに下がりながら相手の面を打つことを引き面と呼びます。剣道は打突時に発声をします。「メーン」とか「コテー」とか打つところを叫んでいるのをご存知の方も多いと思います。超接近時に大きな声を出して飛沫を飛ばしてしまう引き技は感染リスクを高くするので試合では使わないようになりました。そう考えると、それまで唾を飛ばしながら試合をしていたのかとゾッとしますが、まあ技の説明はこれくらいにしておきましょう。

この引き面、何が大変だったかと言うと、先生から「振りかぶれ！」と怒られ続けたことです。言われた通りに鍔競り合いから大きく振りかぶって面を打ちます。すると「振りかぶれ！」と言われます。やり直しです。これでもか、と大きく振りかぶって面を打ちます。怒られます。これの繰り返しです。他の子をお手本にして見せてくれましたが、どちらかと言うと私の方が振りかぶっているぐらいです。何度も何度もやり直しますが、何が悪いのかもわかりません。他の子はできているようです。私だけができない。剣道をやったことがある方ならどこでつまずいていたかお気づきかもしれません。でも、そうでない読み手の皆さんにお伺いしますね。「振りかぶり」って打つ前の動作ですよね？

先生は実は面を打った「後に」竹刀を上げろと言っていたわけです。これは刀文化に竹刀操作を近づけようとする理屈だと思っています。例えが悪いかもしれませんが、ブロック肉に包丁を入れたとしましょう。下まで刃を下ろし、肉を切り分けるわけでなければ、包丁を上に抜くしかありませんよね。つまり、面を打つということは人体に刃を入れることであり、その動作の後には刀を人体から離す所作が必要なわけです。前に向かって打つ「面打ち」では、竹刀を押し切りのように操作します。これは本来の刀の使い方、つまり引き切りとは異なります。異なるのですが、結果的に面を打った後には竹刀が跳ね返り、人体から刃を抜く動きが自然と入り込みます。ところが、引き面だと腕をそのまま下ろして、まるで相手を断ち割ったかのように動けるわけです。これは実際の刀の動きから考えて不自然です。頭蓋骨から背骨、骨盤までも断ち割ったことになります。刀はそんな薪割りのような使い方はできないんですね。そんなわけで、竹刀を打突「後に」上げるわけです。

その指導で使われた「振りかぶれ！」という言葉を、打突「前の」竹刀の振り上げだと思った私はいつまでたっても合格しなかったわけです。何のことはない、言われた通りになんかできてなかったという話です。

もちろん、その先生の教え方に問題があるように思えますが、他の子は理解しているわけです。自閉症スペクトラムの人は言葉の理解が字義通りだなんて言います。振りかぶり＝打つ前、という意味にしかとれないから起きた問題とされます。お手本で注目するところが違ったという理解もできる事案です。どこがどう違うかを明確に言葉にしないと受け取れないという想像力の限界とも言えそうです〟この話は剣道をしていない人には割とご理解いただけるように期待をしています。振りかぶりって、普通打つ前の動作ですよね？　って。

発達障がいの当事者の本を読んでいるのに、剣道の本を読まされているなぁとお思いの方がおられると思います。そういう方に一言。これくらい理屈で考えないと私は自分の身に起きたことが腑に落ちなかったととらえていただきたいです。実際に刀の操作に近づけるとか何とか先生から指導を受けたことはありません。そう考えると私の中でその所作の意味が矛盾なく受け止められるということです。そして、「だから何度も怒られた」ということに納得ができているのです。逆を言えば、高校生になってそういう理屈が構築できるようになるまでは、引き面を何度も指導してくださった先生に対する嫌悪感というものを持ち続けたということです。

この話、多くの方の好みに合わないように思っています。好みに合わないというのは、先ほども触れた通り発達障がいの話を聞きたいのに、剣道の話なんかを読まされた、というような抵抗感です。途中で読み手である皆さんに問いました。「『振りかぶり』って打つ前の動作ですよね？」と。辞書的に言えば、頭の上に大きく手を振り上げることを指しますから、打ったり投げたりする前の動作だと限定することはできません。ですから私が「『振りかぶり』って打つ前の動作ですよね？」と言ったのは、「慣習的にはそう思いませんか」と言っているだけです。そして、もしここに共感いただけたら、私の度重なる失敗は、文化的な理解によって起こったことだとも言えそうですよね。注目するところが違って、お手本がお手本にならなかったという障がい特性の話ですが、そうした特性がなくとも剣道の文化に明るくなければ、国語的な語彙理解だけにとどまっていたなら、理解が難しい話だと思うのです。障がいの問題を異文化の問題ととらえてみる。こうしたことが可能な感じがします。

ここで、文化という言葉について考えてみます。様々な定義ができそうな言葉ですが、私は、ある社会の構成員である人たちが獲得をする行動や考えの総称みたいに考えています。そう考えると、社会の範囲をどう決めるかで、文化の特徴のまとめ方が変わるはずです。地球規模で考えると、人って「言葉を使う」というまとめ方ができると思いますし、それを日本に限定すると、「日本語を使う」というまとめ方の方がより正確になります。そして、同じ日本語を使うけれども、都道府県という狭い範囲で考えると「ズケズケとモノを言う」とか「言いたいことを裏に隠す」などという比較ができるようになります。

どこの地域なのかは置いといて、このものの言い方に関する評価は、多数派の空気を読んで本音と建て前を使い分ける姿と、自閉系のストレートな物言いをする姿って似ていますよね。こう考えると、障がいの問題は異文化の問題と捉えられませんか、というお話でした。


大学生のときに普通免許を取りました。自動車学校を出るのにもきっかり1年かかりましたが、苦労は一人で運転するようになってからの方が大きかったです。まず、道を覚えられないんです。覚えられないというか、私の感覚をそのまま言葉にしますと、「私が通るたびに道はつなぎ直され、店は移転を繰り返している」という感じですね。この道を曲がるとたどり着けるはずの店がないわけです。町ぐるみ国家ぐるみで私を陥れようとしているとしか思えません。ひどい場合には、大型の店舗で入ってきた入り口がわからずに難儀します。県外から上司が来てくれたときのことです。仕事終わりに食事に行くこととなりました。上司の車は職場に置いて、私の車で移動をしました。行きには20分以上かかり、帰りは10分くらいで戻れました。この差は何かと言うと、静かに迷子になっていた時間です。私は、誰かと食事に行くときに、あまり行き先を言いません。もうおわかりですね、言ったところで着くとは限らないからです。この日の例で言えば、帰り道は迷わなかったということになります。

カーナビによってだいぶん助けられていますが、「300メートル先を左方向です」なんて言われても、300メートルがピンと来ないから、早めに曲がったり、曲がり損ねたりします。しまった！と思ったときに車を停めてUターンをすることもなく、きっとどこかで道がつながっているだろうと信じて走り続けるので大惨事になることもあります。

こういう方向音痴とか道順障がいとか呼ばれる課題を抱えている私に公共交通機関を勧めてくる方もおられます。日本っていい国だなぁと思うのですが、時刻表通りにある地点とある地点を見事に運んでくれるんですよね。本当に便利です。でも、これはこれで大変なんです。何かと言うと、お金の払い方や切符の買い方がわからないんです。

子どものころ、母とバスで出かけました。そう遠くまで出かけたのではなくて、ほんの少しだけのバス利用です。いつも車を使う母がどうしてバスを使ったのかは覚えていませんが、後にも先にも母とのバス旅行はこのときだけだったはずです。降車時に母がお金を払うように私に伝えました。社会勉強のような意味合いでしょう。私は言われたままにお金を運賃箱に入れました。入れたはずです。ところが、小銭がジャラジャラ出てくるではないですか。そう、両替機に入れたようなんです。記憶は曖昧ですが、自動販売機の硬貨の入れ口と、バスの両替機の硬貨の入れ口が似ていたんだと思います。そして運賃箱はとてもお金を入れるようなところには見えなかったんでしょう。お金がたくさん出てきたのも驚きましたが、母の「何やってんの！」という声にも驚きました。バスの運転手さんが「いいですよ、入れておきますから」なんて優しく言ったために私は正解を教わるこ

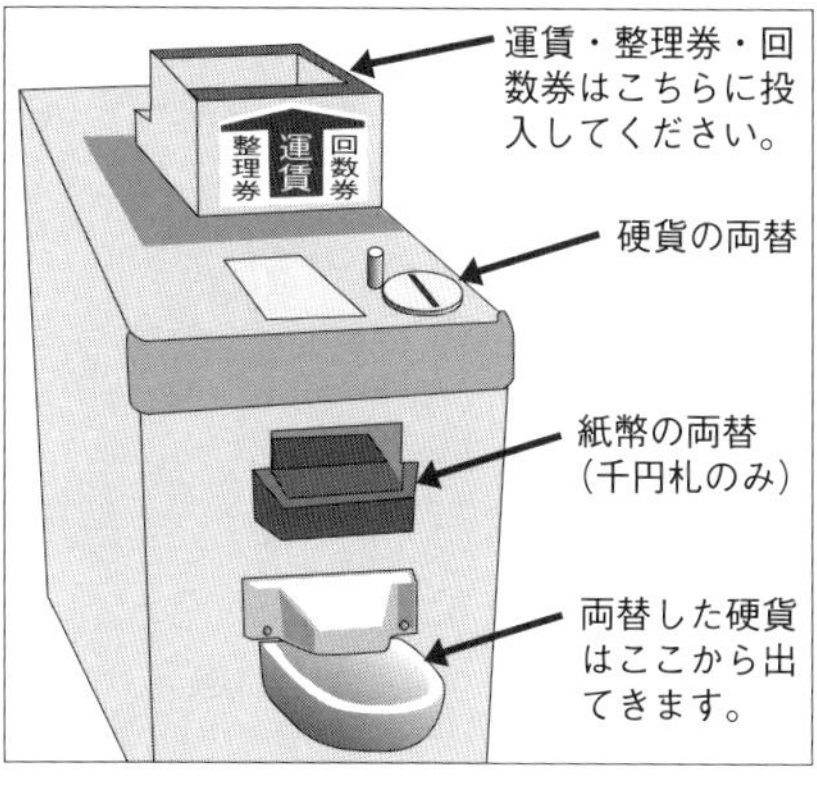

となくバスを降りました。帰りは、母が行きの教訓から私に支払いを任せてくれませんでしたから「なぁんだ、ここだったのかぁ」という経験をしなかったのでバスに乗ると、また失敗するんじゃないだろうかと不安になります。路線バスに乗ると、じ〜っと運賃箱の方を見てお客さん達がどうしているのかを探り続けます。40を過ぎた今となっても、バスは冷や汗をかきながら乗っています。

電車は電車で大変です。大学受験の時に、高知駅までの切符を買いました。ひとつの駅に着くたびに時刻表から抜粋したメモを見返します。本当に合っているのか、何度確かめても不安です。こうした不安をよそに無事に高知駅に着いた私はホテルに荷物を置き、大学までの道を確認することにしました。高知駅から数駅離れた朝倉という駅に行くだけです。安い切符を買って電車に乗り込み、発車してから失敗に気づきました。電車が反対方向、私が来た方へ向かって走り出したのです。幸い普通列車だったので、とんでもない距離を運ばれてしまうことにはなりませんでした。ただ、間違えたと思われるのも嫌なので当たり前の顔をして見知らぬ駅に降り、用事もないのにひと回りしてからその駅に戻りました。

ダイヤは薄く、なかなか電車が来なかったのですが、なんとか朝倉駅まで移動し、受験大学を下見できました。高知駅に戻ったときには指定された夕食の時間が過ぎてしまい、ホテルで用意されているはずの夕食にはありつけませんでした。変に出歩いて戻れなくなる可能性もありますから、高知駅でお菓子を買って夕食としました。その頃の高知には24時間営業のコンビニはなく、駅の売店で売っているもので間に合わせたわけです。ちなみに翌朝、大学へは電車を使わずにタクシーを使いました。反対方向に連れていかれたら大変ですから。

受験が終わり、家に帰ろうとして困ったことになりました。朝倉駅は無人駅で切符の自動販売機には目的地である高松駅のボタンなどないのです。高知駅まで行って、窓口で買わなければならないようです。とりあえず、高知駅までの切符を買いました。しかし、反対方向へ行ったアクシデントを思い出し、高知駅に降りてたまるかという気持ちが湧いてきました。とりあえず、遠くの切符を買えばいいように思いました。高松までの合計になるような切符の買い方をすればいいと考え、切符を何枚か買いました。電車に乗り込んでから、そうだ車内で買えばいいじゃないかと思いつき、車掌さんから切符を買いました。到着した高松駅で払い戻しを頼み、数枚の切符を出した時に、いぶかしい顔をされました。絶対にあんなところの大学に行ってやるもんかと思っていたのですが、残念なことに合格をしてしまい高知駅や朝倉駅とはお付き合いがしばらく続くこととなりました。

自分で運転してもダメ、バスは怖くて、電車は間違える。下手をすれば屋内でも迷子になる。そうそう、思い出しました。私が地区予選を勝ち抜いて全国大会に出たときのことです。大阪府立体育館で試合があったのですが、選手の集合場所がわからないんです。これが団体戦なら部員にくっついて歩けばいいんですけども、個人戦です。しかも私の大学からは私だけの出場で、くっついて歩く相手がいません。試合前からベソをかきながら歩き回りました。どこをどう歩いたのか、ようやっと他の選手と合流することができました。私は第1試合にエントリーされていて、入場行進では先頭を歩くことになっていました。もしこれが後ろの方だったらほったらかされていたかもしれません。そう考えれば幸運なのですが、試合の運営を任されている学生からすればいい迷惑です。遅れてきた私は「何をしていたんですか！　時間を守ってもらわなければ困ります！」と彼から怒りをぶつけられました。「うるせぇ！　運営にまわっているってことは、お前は予選を勝ってないんやろうが！　黙っとけ」と言いたくなりましたが、その頃の私は口げんか風な物言いは幼い頃よりもずいぶん減っていたので、黙ることができました。もちろん、本当の困りごとを言ったところで伝わらない感覚だとは思えます。だって、体育館の中で迷子になっていました、っていうのが理由ですから信じてもらえず、変な言い訳をしてるなぁと思われて終わりのように思います。

2　そんなつもりじゃないのに――伝わらないことだらけの日常

先の体育館の例のように、私の思いは伝わらないことばかりです。伝わらないのが前提で話しているので、伝わりにくさに輪をかけて不親切だったり、不十分だったりします。

小学校1年生のことです。担任の先生が、他の学校の授業を見てきた話をしてくれました。きっと研究授業だったのでしょう。その先生は「大きなかぶ」の授業の様子を話してくれました。「大きなかぶ」とは思いもかけないほど大きく育ったかぶを収穫するためにおじいさんだけではなく、おばあさん、孫娘、犬、猫、ねずみが力を合わせる話です。先生は、その研究授業では、登場人物であるおじいさんやおばあさんなどのイラストにマグネットを貼りつけ、黒板にくっつけて授業がなされていたことを話してくれました。先生は続けます。「授業中におばあさんの絵が落ちちゃったの。そのとき男の子が何て言ったと思う?」先生の口調から、話題となっている男の子が良くないことを言ったと推測できました。

おばあさんのイラストが落ちた。不謹慎なセリフ。すぐにピンときた私は大きな声でこう言いました。「あ、ババアが死んだ！」と。我ながら素早く答えられたと思いました。しかし、早すぎる解答は解答と思われなかったようです。「今大内くんが言ったみたいに『ババアが死んだ』って言ったんです。どう思いますか？」と先生は話しだしました。てっきり「正解」とか「よくわかったわねぇ」とか言われると思っていたんですけども、どうやら話を聞いた私が、他校の生徒と同じ感性で事を捉えたと受け止めたようです。「はい、『ババアが死んだ』と言ったんだと思います」というように言うべきでした。いや、その前に手を上げれば良かったのでしょう。ここら辺が不十分なところなんですよね。ともあれ、私は担任の先生の忌み嫌う不謹慎な冗談を言う子となってしまいました。

弁解とか釈明はしていません。だって通じる気がしませんでしたから。

私は市役所などに提出する書類が大の苦手です。苦手と言うよりも、わからないんですね、色々と。例えば、「住民票の写し」が必要だとします。そういう書類を、ふと自分から欲しがるなんてことはありません。たいていそれを必要とする相手から持参するように頼まれて、役所へ出向くこととなります。ここは伝言ゲームですから、私は「ジュウミンヒョウノウツシがほしい」と申し出ればいいわけです。窓口で確認のために何に使うかを問われることがありますが、これも欲しがった相手を伝えればいいだけです。「妻に頼まれまして」とか「免許センターに持ってくるように言われました」とか伝えればいいんです。では、何がわからないのか。実はお手本通りに書くのがとっても難しいんです。
市役所に限らず、そういう書類に関する話として受け止めてください。例えば、大内雅登と書いてから、「ああ！　この欄は大内だけでよかったのか」と気づくことがままあります。「高松市」と書いて、実は「市・町・村」だけ横にあって、○をつけるタイプだったとか。各種手続きに必要な書類全般について書き間違えそうなんです。さらには、そのハンコじゃないですよというパターンもあります。何度印鑑登録をしなおしたことか。

さて、この話を社内研修でしたことがあります。2章にて触れる「逆ＳＳＴ」が研修テーマでした。私がけがをした際に、保険の手続きをしなかった理由をみんなで考えるという内容です。「保険会社への提出書類を書くのが難しかったから」というのが私の答えです。多くの社員が「めんどくさかったから」と答えていて、私としては確かに書こうとしても書けないレベルではないので「めんどくさいが『ほぼ』正解ですね。正解は『書けない』ということなんですけども」と話しました。研修が終わり感想を見ると、思った以上に「自分と同じ」とか「当たった」とかいう声が上がるわけです。こうした感想を見て、なるほどと思い当たるわけです。「ほぼ」という言葉に重きを置いた私の思いは届いていなかったんだと。

この「めんどくさがりだから出さなかった」という括りは私が私を理解する言葉としては正解ではありません。注意を払っても相手の要求通りに仕上げられる自信に欠けるわけです。この辺りは私の問題でもありますが、多数派にあたる定型発達者の特性なんでしょうね。それを内包するカテゴリーを見つけるとわかった気持ちになる、とでも言いましょうか。「つまり『めんどくさかった』んです」

という自分たちにも共通するようなカテゴリー的な表現に弱い。きっと書類に弱いのも定型発達者の方からすれば「つまり『書字障がい』も少しあるんですよ」と言われた方がわかった気になるんでしょう。だから、いくぶん偏見も含んでそういうことだと思っている私は、自分の言葉が定型発達の方に伝わらなくてもイライラすることはそれほど多くありません。

これは当事者の方が「解像度が違うから」という言葉で説明を諦めることと似ています。この解像度という言葉は、もともと画像表示の密さを表すものです。上の図をみていただくと左の文字と右の文字では明らかになめらかさが異なります。右のほうが密で、左の方が粗いですね。この差が解像度の差となります。

では、自閉系の人たちと、定型発達の人たちの解像度の差とは、どういうことを指すのでしょうか。例えば、ミニカーがいくつか並んでいるとしましょう。パトカー、バス、救急車…そうした物たちを指して「車がいっぱいあるね」と声をかけると、自閉系のお子さんの中には「違う！　パトカーと、バスと…」とひとくくりにすることを嫌うような反応をする子もいます。車の一つひとつの形や働きの違いを削ぎ落とし、「車」というカテゴリーにまとめたがる定型発達の人たちからすればこだわりが強いように見えることもあるようです。先の文字の例で言えば、左の大内という字を見たときに、定型発達者は大内と読み、何人かの自閉系の人は色の濃さの違う四角が並んでいるなぁと見るわけです。こういうことを指して解像度が違うと呼びます。「ざっくりと書類を書くのがめんどくさいっていうのでいいじゃん」

という定型発達者と、「違う違う！　そりゃ書けないってのは言い過ぎだけども、めんどくさいという怠慢とは違うもので…」と言いたい私が対立しています。この違いを説明するときに、「めんどくさい」という括りの中の「書く行為がめんどくさい」と「書き終わるまでの不安感と戦うのがめんどくさい」をわけていることを言わなければならないのですが、そういうニュアンスの違いを自分の中で掘り起こすのも大変ですし、それに見合った理解も定型発達者に望めないことがほとんどです。とりあえず「解像度が違うからね」というカテゴライズされた言い方で逃げておこう、という感じです。

それ一緒でしょ、というような話でいさかいが起きたことがあります。小学2年生の時に、乗法の交換法則を習いました。もちろん、学校の先生もそんな難しい言い方はしていなくて2×3と、3×2の計算結果が同じであることを教えてくれたのです。九九を覚えるのに時間がかかった記憶はありません。かけ算はすんなり納得できた方だと言えます。しかし、この話は納得ができませんでした。2×3を2個のミカンが3袋あるときの式だとすると、3×2は3個のミカンが2袋あるときの式です。ミカンの数は同じでも状況が違います。しかも、それまでの授業では、かける数とかけられる数との順番が違っていたら不正解だと教えてきたのは、まぎれもなく先生その人なのです。いつまでもわからない私は黒板の前に出されました。先生が聞きます。「2×3は？」「6です」「じゃあ3×2は？」「6です」「一緒だね？」「違います」そんなやり取りです。「なんでよ！　違わんやろ！」と先生は声を荒らげますが、私はそんな数が一緒だなんてところに注目をしているわけではありません。そして当時の私に、先ほど申し上げたミカンの例のような話を持ち出すほどの知恵はありませんでした。仮にそういう例を出しても、ミカンの数は一緒だと言いくるめようとされ、私が袋の数が違うと言えば屁理屈と一蹴される気がしますけども。

以前習ったこと、ここではかける数とかけられる数とを取り違えてはいけないという内容にとらわれ続けているという見方もできるかもしれません。融通のきかなさや、臨機応変な対応の下手くそさなどは自閉系の特性として挙げられます。こだわりという言葉で解釈をすることもできるでしょう。私の状態を説明する言葉は世にあふれています。視点が違う、解像度が違う、こだわりが強いというのは「気になるところが違う」ということになります。多くの人が気にならないところが気になる。そもそも自分は気になっていないところを気にしている人の言葉は受け取りにくいものですから、伝わらないのも無理ありません。「左の大内の字は、大内じゃない気がするなぁ」と言われても、「これは大内って読んだらいいじゃん」って返す人がほとんどです。「あ、ガタガタしていて変な感じがする?」「どうして大内という気がしないの?」とは付き合ってもらえないわけです。仕方がありませんね、解像度が違うから。こっちの方がすっきり伝わる気がします。これが解像度などの言葉を使って私が定型の方たちに理解してもらうことを諦めていく構図です。

3　これが大内ですが何か?——堂々と語る当事者の価値観

ここまでを振り返りますと、私はこんなお話をお伝えしてきました。

小学校時代のドッジボールの話から、自分の認識と違うことが起きたことをお伝えしました。ワッペンの話もそうですが、「確かにこうしたのに、そうはなっていない」という不思議な体験話です。私にとっては不思議で自分を理解できないところですが、端から見たときには「小さい子にボールを投げるのがいけないとわからない」とか「謝れない」とか「きちんと応答できない」といったところで理解されるという食い違いについて触れました。

また、剣道の引き面の話では、私のわからなさ加減を、剣道の知らない人なら同じようにわかりにくいものとして共感いただけたなら、発達障がい者のわからなさ加減とは、異文化理解の問題であると置き換えることができるのではないかという提言をさせていただきました。

道順や、電車などの問題、迷子になりやすさを例に出して、そこには自分の努力だけでは解決しようもない問題と、過去の経験による不安感などが絡んでいることなどもお伝えしたつもりです。

つまるところ、第1節で触れたことは私にとってわからないことを、外の言葉でわかったように規定されることと、文化的な違いなどに類するところも、ともすれば個人的な課題に置き換えられてしまう危うさがあるということ。そして、日常の困りごとの中には脳機能などによる一次的な障がいと、過去の体験などから出てくる二次障がい的なものが混在しているということでした。

それを受けて、今度は第2節にて学校の先生に伝えたいことが伝わらなかったことや、社内研修でも誤解されたままで終わったことを挙げ、他者に思いを受け入れてもらうことの難しさに触れました。どうして伝わらないのか、ということに対して視点や解像度の違いで仕方のないことだとして自閉系の人が諦めていく構造があるのではないか、と思っています。

この諦めの境地にたどり着いてしまったときに、私が感じたことは「大内のレッテルを自ら作ろう」というものだったようです。

だったようです…というのは、意識的もしくは無意識にそういう選択をしたのか、そもそもそういう選択を好む気質が自分の中にあったのかがわからないのです。ただ、2章で、大人に見られたくてコーヒーを飲むとか、強い子に見られたくて返事もせずに立ち去るとか、その選択が他の自閉的な子どもたちにも見られることに触れていきます。そう考えると、自閉的な人たちに共通することなのかもしれないなぁと思えてきます。気質的、先天的なものかもしれません。

さて、この章の最後にご紹介するのは「自己物語の確立」です。私は常々、定型発達の人たちから見ると独特な自己物語を確立するところに自閉的な人たちの共通項があるように感じています。

私は大学を出てすぐに、会社員になりました。当時地元で最大の売り上げをあげている塾に入社をしたのです。

大学で高校と中学の国語の教員免許をとりました。それを生かせる仕事を選んだと言えますが、私はそこで理系科目の塾講師になることを選択しました。小学内容の算数や理科、中学内容の数学や理科を担当するわけです。これは単純に英語が苦手だからという一言に尽きます。文法の授業は大好きなのですが、その語順の面白さを味わうばかりで単語を覚えたり、根気よく長い英文を読んだりすることからは逃げてきました。もともと高校時代には理系クラスに所属していたので、数学に自信があったというのも小さな理由として挙げられます。

ちなみにじゃあ、どうして国語の教員免許をとったんだという話にもなりそうです。実は、高3の夏までは数学の教師になりたかったんです。国語はもともと成績は良い方だった私に、クラスメイトが「国語の点数の上げ方がわからない」と言ってきて、その子から軽く相談を受けるみたいな感じになりました。ただ、私は自分で解くことができても、人に教えることはできません。私はベテランの国語教師にいきさつを話し、アドバイスをもらおうとしました。するとその先生から「国語はセンスだからねぇ。教えても上がらんのよ」と返されてしまいました。私は、その瞬間「そんなわけあるか！　絶対に成績が上がる解き方を教えてやる」と決意をしました。怒りに任せて文系に変わったというだけなんです。就職した塾は、小学生の国語と算数で文理の担当が分かれ、中学生の英語と数学で同じく分かれる仕組みでした。中学生の理社国は夏休みの講座でもない限りは、文理の担当で話し合って決めることができたので、私は好きな数学と、教えるんだと決意した国語を選択することができる理系担当となりました。

さて、そんないきさつで私はある校舎の理系担当として配属されるわけですが、そこは文系科目を担当する校舎責任者の方と、理系担当の私との2名での運営となりました。私が入社するのと入れ替わりで前任の理系担当者で、前任の校舎責任者の方は隣の市の責任者に昇格されました。つまり、実力者が去り、新人が配属されたわけです。

この事実は私を悩ませました。なんせ大学では例えば「学校の勉強についていけない子に対する教え方」なんてものは教わっていないのですから。確かに授業計画を立てたり、教育実習を行ったりしましたが、日常的な活動ではありませんし、具体的な生徒像と照らして試行錯誤をしたわけでもありません。後述しますが、教育実習に臨む姿勢は全実習生の中で最低だったと自負するほどです。配属時に、その校舎はこれまで塾生数が１００名に達したことがないと聞きました。塾生の成績を上げることよりも、塾生数を増やすことを先に指示されるというのも人によっては塾業界に失望をする話かもしれません。ただ、私はまずは塾の土台を固め、規模を大きくしないことにはたくさんの生徒の学力に関する悩みを解決できないという論法に大きく賛同をしていまして、この辺の葛藤はまったくありませんでした。予習型の塾だったこともあり、卒業前の3月に入社をしました。そのときの塾生数は73名。あと27名をどうやって獲得するかがノルマであることをくっきりと認識をして仕事に臨みました。

そう私の悩みとは、前任者よりも劣る授業を提供して退塾生を出してしまうのではないかということです。結果的に、よい授業を提供しようと考えているわけですから、先ほど塾業界に幻滅した人たちには少しでいいのでホッとしてほしいところです。

私はまず、前任者と同じことをしてみようと思いました。その人に近づこうと思ったのです。私は毎日コーヒーを飲むことにしました。

私はコーヒーが好きではありません。ウインナーコーヒーや、コーヒー牛乳など甘いコーヒーは好きですが、胃が強いわけでもなく普段はコーヒーを飲まない生活を送っていました。ただ、前任者がコーヒーが大好きで、あまりにもたくさんインスタントコーヒーを飲むので福利厚生費がかさんで仕方がなかった話を聞いたときに、「これだ」と思ったのです。毎日コーヒーを飲めばベテラン塾講師に見えるだろうと考えました。新卒の頼りない姿をコーヒーを飲むことで、大人の塾講師像を相手に与えようとしたと言えます。

この辺り、書いている自分でもおかしいと思います。そんなことより教務力を上げる努力をしなさいよ、とおっしゃる方が多いように思いながら書いています。もちろん、多少なりとも授業をよくする工夫はしました。しましたが、私にとって大切なのは安心できる大人の塾講師というイメージを保護者にどうもってもらうか、ということでした。担当が大内に代わって塾生数が減った…では困るわけです。そこを悩んでいたわけですから、前任者と同じイメージを持ってもらおうとするのは自然なことだと思いませんか。

ある行動をすることで、相手の自分に対するイメージを固定させようとすることは、別に自閉系だからとは言えないことでしょう。ブログやツイッター、インスタグラムなどはセルフプロモーションですね。どう自分を閲覧者に意識づけるか工夫が必要です。こういう受け手側に対してある特定の印象操作を行うことは、芸能人にとっては日常茶飯事だと言えそうです。私は芸能人ではないので、こういうことを言うと滑稽にも見えますが、実際には皆さんも少なからずやっていることだと思います。

話を大学時代にいったん戻します。私の教育実習の経験は本当にメチャクチャなものでした。大学の付属中学校で中3生を相手に国語の授業をひと単元分任されました。たしか5時間分の授業を与えられたように記憶しています。

1時間目には、国語の音読を数名の生徒にしてもらいました。説明文を扱ったのですが、新出漢字にかかわらず、読めない漢字は飛ばすように指示しました。読めない漢字があるときにその都度読み方を教えてくれる先生が多いと思いますが、私はそれに賛同できませんでした。もしかしたら、その漢字が読めない生徒はクラスでただひとりその子だけかもしれません。仮にそうだとしても、間違いなくその漢字についての学びの必要性がある子がいることが明らかになったわけです。しかし、その子は当てられて読まされて、その読めなかった漢字にフリガナをふる余裕もありません。一番その学びが必要な子が、一番学べない環境に追いやられているように思っていました。私は中学生ぐらいの頃から、どうして後でゆっくりメモをとる時間を与えないのか疑問を持っていました。ですから、「読めない漢字は全て飛ばしなさい」と指示をして、後から全て板書して読みを確認しました。少なくとも目の前で成功していない子がいるのに放っておくことは教師のすることではないという思いがあったわけです。

そういう意図は実習中に誰に話すわけでもありませんでしたが、指導に当たってくださった先生はどこに注目をしたのか面白がってくださいました。ただ、このやり方はクラスの生徒に受けるものではなかったようです。読めなかった漢字をわざわざ大きく黒板に書かれるわけですから、恥をかかされているという認識を持つ生徒も出てきます。

次の時間には国語の音読時に近くの席の子と話を始める生徒が出てきました。それがこのやり方に対する批判なのか、自分が当たったときのために読めない字を教わっているのか、はたまた全くそういうこととは無関係なおしゃべりなのかはわかりませんでした。ただ、前回の授業で全員に受け入れられていないことだけはわかっているので、私はその子を黙らせることにします。

この黙らせるというのは、アスペルガー系の人の多くがとる選択ではないでしょうか。あとは、教務力のない指導者もそうですね。相手の心を汲み取ったり、対話的に調整する自信がなかったりとか、その必要性に思い当たらないなどで抑え込みにかかります。両方にあてはまる私もその例にもれませんでした。かわいそうに、その日は無駄話をしたと私に思われた女の子が犠牲になりました。

もう名前も覚えていませんが、私はその子の名を呼び「何かあるんやろ？　発表して」と声をかけました。当然授業で全員に伝えるような内容であるはずもなく、その子は慌てて「何でもないです」と返事をします。そしてさっきまで話していた子の方をちらりと見やります。注意をされちゃったという感じでふたりは軽く、そして声もなく笑いました。よくある教室の風景だと思います。

私は「何でもないわけないやん。授業中に話してるんだから、大事な話やろ。ほら立ってみんなに聞こえるように言いな」と譲りません。「いいです」「いいわけないいんやん。聞いてやるから立って。ほら、大事な話やろ」もう他の子の顔を見る余裕もありません。その子は立ち上がり、クラスの全員が大変なことになったと気づきます。こっちはこっちで怒っているわけではありません。話し始めた最初のひとりを吊るし上げれば自分の授業が安泰であるという計算でやっていますので、クラス全員が震え上がらなければ意味がありません。この怒りではない攻撃性というのがなかなかに理解されないところであります。何より人から疎まれてしまうところです。

とうとうその子は泣きそうになりながら「すみませんでした」と謝ります。「いやいや、謝らんでええんよ。こっちは大事な意見を聞きたいんやから。ほら、みんなの前で言いな」。すごいですね、まだ譲りません。私は塾講師時代にこういう詰め寄り方をしているときに、その塾生から「俺、先生のそういうとこ嫌いやわ。なんて返事したらいいかわからん」と言われたことがあります。そのときに私は大きな声で笑い、「そりゃそうやな。こっちやって答えや着地点があってやってるわけやないもん」と種を明かして吊るし上げを止めたことがあります。この実習でも、この哀れな女子中学生がそういうことを言えたならきっと助かったんでしょうけども、そんなの無理ですね。私は、その子の教科書のページが変わったのを見るやいなや「なら、今回は聞かんとくわ。座り」と言って授業に戻りました。教科書を押さえる手の力が抜け、それによってページが変わったのを見て、これ以上はこの場にさえいられないかもしれない、という判断をしました。許すのが遅いって思う人の方が多いことでしょう。

どういうわけか、指導教員からはこのことでお叱りを受けませんでした。受けたとしても私が心を入れ替えるかどうかは怪しいものでしたけども。

さあ、3時間目ともなるとアンチ大内の数は推して知るべしです。授業に入ると、いつもは教卓の上に置かれている座席表がありません。これでは指名しようにも名前がわかりません。朝のホームルームでは置かれていたように記憶していましたので、きっと隠されたのだろうと瞬間的に判断しました。私は「ありゃ、座席表がないなぁ。ま、いっか」とクラス全体に聞こえるように言って、「じゃあ、こっから読んで」と目が合った生徒に指示をします。その子が目当てのところまで読み終わったら、「はい、続きを後ろ」と言って対応し、とうとう誰の名前も呼ばずに授業を終えてしまいました。

放課後、教科担当ではなく、担任の先生からクラスの子に対して思っていることがあれば言ってくれ、と言われました。その担任の先生はことあるごとに生徒を褒める優しい先生でした。私はできることを褒めることは侮辱と同じだと思っている方なので、心から優しいとは思えませんでしたが、世間一般ではこういう先生を優しいって言うんだろうなぁと感じていました。きっと、授業中に立たせて詰め寄ったり、名前も呼ばずにぞんざいに扱ったりする私の態度を看過できなくなったのだと思います。私は、「そうですか。思ったことを言えとおっしゃるのでしたら…」と、私から見てその子たちの気に入らないところを一気にまくしたてました。朝の挨拶から、掃除の仕方、それこそお弁当の食べ方まで担当した授業と関わらないところにまで、とにかく気になるところを出していきました。まだ半分も出していないところで先生は大粒の涙を流し、それでも子どもたちにはいいところがいっぱいあるんだと私に一生懸命に訴えました。私は、それとこれは話が別だと思いながら「そうですね。わかりました」と答えてその不思議な話し合いの幕を下ろしました。

うんざりした私は翌日のホームルームの途中で教室を出ます。黙って教室から出ていき、控室になっていた美術室の隣の部屋でのんびりと居眠りをしていました。担任の先生が入ってきて「勝手に出ていってどうしたんですか」と聞くので、授業の準備がありまして、と答えました。それでも黙って出ていくな、と言われたので、すみませんでしたと素直に謝りました。教室には戻りませんでした。さて、その日の授業です。別に特別な準備などせず、別に生徒からも慕われず淡々と授業をします。するとある生徒が「短文」と書くところを「単文」と書いたのを見つけました。私は、せっかくだから、と「単文」「複文」「重文」の説明を始めました。これは、中学生にとって必須の知識ではありませんが、漢字の書き間違えで終わらせるよりは、それぞれ違うものだと知ったほうがいいと考える私なりの教育観があったのです。その字違うよ、ではなく、せっかく間違えたんだから、そこから知識を広げていこう。そういうことが喜びになると信じていました。

授業が終わると、いつもは何も言わない国語の指導教員から「あれは要らない。そんな難しいことは塾に任せればいい」と言われました。この日を境に教員になることを考えなくなり、塾講師になりたいと思うようになりました。この構図は、私が数学の教師を目指していたのに国語の教師になろうとした高校時代の話と重なります。

その次の日あたりで、私たち国語の実習生は控室でお昼に流しそうめんをしました。ある人は雨どいを持って来て、またある人はめんつゆを持って来て。私はそうめん30束をゆでて学校に持ってきました。美術室から控室までの2教室に渡ってそうめんを流し、みんなで楽しみました。実習生全体を取りまとめる主任のような先生からは前代未聞だとあきれたように注意を受けました。担任を泣かし、教科担当の先生から余計なことを教えたと注意され、主任の先生から前例がないとあきれられました。私は、その日のうちに床屋に行って5厘刈りの坊主頭にしました。

翌日その青々とした頭で校長室の前を行ったり来たりします。すると、何往復目かで気づいた校長先生が部屋から飛び出してきて私にどうしたんだと聞きました。私はいかに自分勝手なふるまいをしていたかを恥じ、反省をしたのだと話しました。

最後となる5回目の授業では、みんなにひどい態度をとったことを謝り、今からでもみんなを理解したいと伝えてからスタートをしました。朝暗記をしたので、座席表を見なくても名前で指名をしながら、「その3%が…」とか何とかで始まる1文を例にとり、『その』が指す言葉が2通り考えられるが、どちらをとるかで後半の説明が成り立ったり成り立たなくなったりすることを色画用紙の円グラフを使いながら解説をしました。そして、この文章の筆者の結論部分の記述からさかのぼって読み取ると『その』が指すところが初めてただ一つに絞られ、明らかになるんだ、という他の実習生がスルーするところを取り上げ、教科担当の先生からこれ以上ないくらい褒められる授業を展開しました。現職の先生からしても盲点だったようなお話をしてもらえました。私の謝罪は担任の知るところとなり、嬉しそうに涙を浮かべる担任との和解も成りました。その日の放課後に主任の先生から、実習生の代表として最終日に挨拶をしてほしいとみんなの前で頼まれました。

私は、頭を丸めることで泣かせてしまった担任との関係と、授業ができていないと思われた教科担当の先生から教務力への信用と、あきれられた主任から信頼とを一気に回復して見せたのです。おまけに校長にも好印象を与えました。

私は髪を切るということで、相手の印象を操作しようとしたわけですね。そしてそれはまんまと上手くいきました。私にとっては反省することよりも、反省している実習生に見せることに意味があったのです。だからわかりやすく5厘にしたのです。普通に坊主頭では説得力がないでしょう?この例はまんまと上手くいき、私のずる賢さが際立つエピソードになっていますが、普段はコーヒーをたくさん飲むといった意味のわかりにくい行動になることが多いです。ちなみに、この坊主頭は多数派からも非常にわかりやすかったために、別の問題を生みました。

頭を丸めた実習生が、ともすれば現職の国語教員も見落とすような読解をしてみせたのです。教科担当の先生はもう1時間与えるので、全実習生に見てもらおうと提案します。私としては、「そんな難しいことは塾に任せろ」と言って失望させてくれた人の言葉です。意図はわかりますが、そんなのに従う義理はありません。実習生30名を集めた私の特別授業は、50分間惑星についての解説ビデオを見るだけで終わりました。説明文の内容が火星についてだったのですが、そのビデオもチャイムが鳴ったら「はい、じゃあここまで」と言って途中で切るような扱いでした。私はたぶんその時間合計しても5分も話していないんではないかと思います。心を入れ替え、着眼点鋭く授業を展開した大内像をもった指導教員からすればさぞかしがっかりしたことでしょう。

実習を終えたとき、ある学生の提言で実習生が大学の教室に集められたことがありました。実習中に生徒たちは体育祭の準備や練習を幾度となくしていました。その成果を見に行きたいが、実習が終わった今となっては部外者なのだから附属中学校に来ないようにと言われたことが気に入らず、署名をしたいというのがその学生の言い分でした。まあ気持ちはわかるよなぁという人もいれば、確かに実習は終わったしなぁという人もいます。どちらかと言えば、余計なことをしなくていいのではないかという後者の意見の方が多くて、その学生は困ってしまいました。そこでその学生は「大内さんならどう思いますか?」と名指しで聞いてきました。実習の最後に「学校とは皆さん生徒の成長の場ということではなく、先生役である私の成長の場でした。そして、確かに授業のようなことをして何かを教えたかもしれないが、生徒であるみなさんは私に大きなことを教えてくれました」なんて挨拶をした私を生徒想いの人間だと勘違いをしたのだと思います。私はにべもなく「組織のことは組織の人が考えることであり、それを署名やら嘆願やらでひっくり返そうとするのはおかしい」というような内容のことを答え、その学生は二の句が継げず会はグズグズのまま散会となりました。

指導教員の先生にせよ、その学生にせよ、ある種の期待を込めて大内にバトンを渡したわけです。その期待に気づいたうえでそれに反する態度をとった大内に裏切られています。私にとって必要なのは信用を失ったそのときに、その信用を回復することでした。そういう目的のためにとった態度で自分を見せることと、その態度で自分の予定外のところで期待された自分を見せることとは全くの別問題です。私は私が描いた自己物語を生きられればいいだけで、相手の望む物語の登場人物になるつもりなど毛頭ありません。

旅の恥はかき捨てという諺があります。見知った人のいない旅先では普段とは違うふるまいをしても気にならないというような意味ですね。また、高校デビューという言葉があります。それまで大人しい印象だった子が、高校進学を機に明るく振舞ったり、悪ぶってみたりする言葉です。これらは、これまでの生き方と違う行動をしても他の人に説明を求められないことが大きな要因だと思っています。つまり、これまでの自己物語を変えるにあたって説明責任が生じない気楽さが背景にあると考えます。

自分がどう生きてきたか。何を大切にして、どう行動してきたか。これは定型発達者も自閉系も関係なく、多くの方の自己物語だと思います。

私が呼ぶ自己物語というのは、こうした過去の実績や、他者からの自己評価というものとは違うものです。

この実習話を思い出してください。私は、生徒や先生にきつく当たり、実習先のルールを守らない姿をお伝えしました。その私のイメージを「頭を丸めれば相手の評価を『書き換えられる』もの」として考え、行動しました。

私はここが大事なところだと思っているので、もう少し触れてみます。

コーヒーを飲んで、大人に見せたいなんてのは多数派にとって「よくあること」に類することとして映るのではないかと思います。背伸びして飲酒や喫煙をする高校生や、ハッタリで難しい本を読む大学生などいくらでも例があがりそうです。

先の「頭を丸める」を見てみますと、問題を起こした運動部員が納得をしていないけれども監督を怒らせた結果とる態度と同じだと言えそうです。心の中は反省していないけども、怒りを鎮めるためにとる態度ですね。ただ違うのは、その学校のその部や、その監督がそうしたことを好んだり許容したりする土壌が前提なのに対して、私がしたのはそういう相手かどうかという文化的な背景を無視して展開しているところです。相手が求めていないのに、こうすればきっとこう反応するだろうという私の思い込みが行動原理なんです。だからよく似た感じはしますが、つきつめると多数派の人には訳がわからない世界に入り込んでいくはずです。

大人に見せたいからコーヒーを飲む、に多数派に属する読者の皆さんが賛同したとして、ではさらに具体的にそうする理由について「仕事の前任者と比べて退塾者を出さないため」、ということころまで説明を進めたときにまだ賛同者でいられるでしょうか。もし私の周りが、私が書く小説の登場人物であったとしたなら、何の問題もなく私がコーヒーを飲んでいるのを見て、「おお、前の先生と同じですね。きっと授業も大丈夫でしょう」と言ってくれるはずですが、そんなことはありません。そんなことはないのですが、きっとそう言ってくれると信じてコーヒーを飲み続けていました。

2章　当事者と支援者の間——当事者による支援

大内雅登

はじめに——発達支援とは何か

私の仕事上の肩書きは児童指導員です。耳馴染みのない方もおられるかもしれませんので、簡単に説明をさせていただきます。児童指導員とは、児童福祉施設にて障がいのある子どもたちが生活し社会で暮らしていくためのサポートを行う仕事です。一口に児童福祉施設と言いましても「乳児院」「児童養護施設」「児童発達支援センター」「障害児入所施設」「放課後等デイサービス」など種類はたくさんあります。

私の場合は、未就学の発達障がい児に療育を行う「児童発達支援（センター以外）」と、高校生までの就学している発達障がい児に療育を行う「放課後等デイサービス」とを兼ね備えた事業所で仕事をしています。

この療育という言葉は、もともと身体にハンディのある子どもに向けた治療と教育とを組み合わせたアプローチを表す用語として使われていたそうです。今では身体にかかわらず障がいのある子ども、もしくはその可能性のある子どもに対し、発達や特性に応じて今の困りごとを解決、軽減することを目指すことを意味する言葉になっています。もちろん、困りごとの解決だけではなく、それはそれとして自立と社会参加を目指した支援が行われることも少なくありません。私の場合は申し上げた通り、発達障がい児を対象としていますので、療育という言葉と発達支援という言葉との間に違いはほとんどありません。

最近では、早期療育の必要性が叫ばれていて、「言葉の遅れが気になる」、「まわりの子との関わりが苦手そう」、「話を聞くときなどでじっとしていられない」、「勉強についていけない」などの2～3歳程度の低年齢のご相談から、受験を見据えた進学に関するご相談まで幅広く寄せられています。

私たちの仕事は、こうした幅広いご相談に対し、一人ひとりの発達段階や、抱えている課題などを照らしながら必要なサポートを提供していくことです。それぞれの困りごとに、それぞれに応じた対応をしていくというまとめ方ができますが、これがまた難しいんです。

あ、難しい仕事をしている大内ってすごいだろうという話ではありませんからね。

例えば、まわりの子との関わりが難しいという課題で考えてみます。1章で下級生に強いボールをぶつけてしまった体験をご紹介しました。これを例に、支援を考えてみます。

ドッジボールで交流をしているときに、6年生の大内くんが、1年生の子に暴力的にボールをぶつけるというトラブルが生まれました。これを問題と考えた学校の先生が療育者に相談をしたと考えてみてください。

私の経験では、きっと多くの療育者が「この子を責めないでください、悪気はないんです」というスタンスに立ってくれます。ただ、悪気はなく特性で仕方がないんだと言ってくれるわけです。では、どんな特性がこの問題を生んだのでしょう。

まず上がるのは、先にも述べたような三つ組みの障がいですね。例えば社会性に関する課題を挙げ、大内にはこの交流の意味がわからなかったんだとする可能性があります。そして、想像力の限界。大内は強くボールをぶつけられることのイメージがわかなかったんだ、という話も出るでしょう。もしかしたら、感覚の異常さを持ち出して「大内は痛みに対して鈍感なのかもしれない。自分が痛みに強いから、人の痛みに対しても鈍感なのかもしれない」みたいに言う人も出るでしょう。そして、協調性運動症。動きのぎこちなさですね。この子は運動音痴だから思ったところにボールが投げられなかったんだ、とするかもしれません。

まあ、運動音痴で思ったところにボールがいかなかったのは事実だと思いますが、私が申し上げた「確かに外野に投げたはず」ということはおそらく話題に上がりません。そんな白昼夢みたいな体験を想像できる方がどうかしています。

そんなわけで、こういう会議を経て大内に療育をするとなると「小さい子の遊び方について教えよう」とか「人の痛みについて想像してみよう」とか「運動を取り入れてみよう」というプログラムが組まれるかもしれません。ね、難しいでしょう。私が困っているのは、外野に投げたはずのボールがそこにないことだったんです。私の困りごとはどこへ行ってしまったのでしょうか？　という不思議な支援会議になる可能性があります。

ちなみに、子どもの話をきちんと聞く方もおられます。私が「ちゃんと外野に投げたはずなんだ」と訴えたとして、それに耳を貸してくれる療育者もいるはずです。しかし、私の周辺におられる療育者の多くは「この子は事実と違うことを言う」という括りにもっていきます。まあ、ダイレクトに「嘘つきだ」とする方もいるでしょうけども。

事実と違うことを言うというスタンスに立つ方の多くは「表出する言語が違うからね」とよく言います。表出とは、文字通り表に出すことです。つまりは、表現です。表現が独特だから一般的な認識とは違うことを言うものだとして了解します。しかし、今回のことは表現の違いでしょうか？　こういう事実に反する表現について表出言語が違うという理解では筋が通りません。

また、嘘つきよばわりをする療育者からは、「発達障がいの子って、善悪の区別がつかないって言いますよね」などというセリフが出ることが多いものです。つまり、小さい子にボールをぶつけることが悪いと思えずに平気でいるとか、怒られないために言い逃れをしているというような理解です。善悪の基準が違うことは十分に自分自身でわかっているつもりですが、それでも誰かに痛い思いをさせていいという風にはあまり考えません。

そんなわけで、きちんと困りごとである「ちゃんと外野に投げたはず」という言葉を聞いてもらえても、療育プログラムは「他の人に伝わる話し方を知ろう」とか「やっていいことと悪いことがわかるようになろう」みたいなものになりそうです。

え？　ちゃんと、投げたはずのボールを見失って、どういうわけか下級生が泣いていた。そういう事実認識の仕方に課題があるんだと、この本で語ったように言えばいいってことですか？

そんな難しい話をされてもそもそも子どもには理解が難しいですし、さらには周囲がそういうその子の実際の困難をうまく受け止められないまま「三つ組みの障がい」ということで理解を止めてしまったり、「事実と違うことを言う」とか「表出言語が違う」など、その子自身の感じていることとはズレた説明をしたりするなど、子どもからすれば周囲から全然わかってもらえない体験がつみ重なっていきます。その場合はやがて年齢が上がって理解力がついてきて、「難しい話」にもある程度対応できるようになったとしても、そもそも「自分が何を言っても周囲は理解してはくれない」と感じ続け、苦労してきているために、「絶対わかってくれない相手に合わせた応答の仕方」が身についていて、周囲が本当に期待するような答えは返ってきませんし、そもそも説明しようともしないかもしれません。

でも、そんな風にちゃんと説明しようと努力しない当事者が悪いとか、説明できない状態に相手を追い詰めてきてしまった多数派が悪いのだとか言いたいのではありません。ただ、実際に当事者の子どもたちはそういう不幸な構図に陥りやすく、その結果さらにやりとりに難しさが増していくのです。そして、その不幸な構図に陥って困っている子どもたちに、当事者としての私が何を意識して支援しているのか。それがこの章で考えてみたいテーマです。

ここでは、先ほど挙げた「言葉の遅れが気になる」、「まわりの人との関わりが苦手そう」、「話を聞くときなどでじっとしていられない」、「勉強についていけない」の四つについて簡単に事例をあげてお話をしてまいります。ただ、私は一つひとつの事例を丁寧に触れるつもりはありません。どこの

「児童発達支援センター」や「放課後等デイサービス」の事業所でもありそうな例を出しますので、そこに対する私のアプローチをご紹介させていただきます。そうして、そのような支援の例を出しながら、コミュニケーションのやり方は言語的なものに限らないよね、ということをお伝えし、次に、独特な言動は必ずしも心の問題ではなくて、体の問題もあるかもね、ということをお伝えしたいです。学習支援などでは、単にその難易度を下げればいいのではなく、その子に合った学び方があるはずだと感じていただきたいです。そうした当事者の都合や、周辺者の接し方をすり合わせる方法としての『逆SST』を最後にご紹介いたします。

1　言葉の遅れが気になる子の支援

あるとき、言葉の遅れが気になるとして未就学のお子様をお預かりしました。

言葉の遅れというのは、もう意味のある言葉を話していていい年齢だと思うんだけども、言わないなぁという状態など、平均的な発達レベルに達しない状態を指します。たとえば1歳半健診で、意味のある言葉を口にする場合にその言葉が少なすぎたり、簡単な指示が理解できなかったりすると保健士さんなどが「もしかしたら…」と声をかけてくれます。もちろん、そのときには何も言われなかったけども、先の生活で、次の健診でと周囲の人の気づくタイミングは様々です。発達には個人差があり、もう少し様子を見てみよう、ということはよくあることですし、大切なことです。

また、発達障がいという括りで考えてみますと、言葉の遅れというのは今あげた例のように年齢相応にうまく意味の表現ができるかどうか、つまり発語の問題がひとつ。そして、こちらの言っていることを理解しているかどうか、つまり言語理解の問題がひとつ。大きく「発語に課題があるタイプ」と、「言語理解と発語の両方に課題があるタイプ」に分かれます。後者の場合には、それはそれで独特な大変さが見られます。

「そっちに行ったらあぶない」。たったそれだけのことを支援者は伝えたいんだけども、そうなりません。言語理解に課題がある子が、ある部屋に入りたいとします。その部屋に触るとケガをしそうなものがあると知っている人が、その子を止めたいとしましょう。もし可能なら、発達障がいの子ではなく、人の言葉を理解できない子犬や子猫などで考えてみてください。危害を加えることなく、進みたい生き物を止めることの難しさをイメージできるかと思います。

私たちがお預かりした子も、行動の制限が難しいお子さんでした。触ってほしくないもの、入ってほしくないところに対して「わかってやってるんじゃないか」と思うほど接近していきます。実際は、触っていいものや入っていいところにその子が接近したときには、こちらの心がザワザワしていないので気にならず、逆の時の方がはるかに印象に残りやすいだけなんだと思いますけどもね。ともあれ、事業所の中で何かをしないようにしてもらうのは難しく、止めれば止めるほどそのお子さんの怒りを買い、叩かれたりひっかかれたりするばかりでした。

この子に限りませんが、言葉の理解や表出が見られなくて、言葉による指示や制止も伝わらないわけですね。通常の理解では、コミュニケーションの成立が不可能なんじゃないかって思っちゃって、支援者が困惑してしまうタイプなわけです。

どうしようかなぁという思いをもったまま、私はこの子の支援に「お散歩」を取り入れました。事業所のルールにその子を合わせるのは無理があると考えたからです。大人がいたずらと称することの多くは、発達により刺激を与えるものもあるはずです。やたらと禁止するよりは、外へ飛び出そう！そんな風に考えました。

ただ、当たり前のことを私は忘れていました。外は外で触ってほしくないものがたくさんあります。結局は行動を制限しなければならないんですね。事業所の近くにドラッグストアがあり、その子は、そこの駐車場のチェーンを触ってみたいと訴えます。言葉ではなくチェーンを見て走り寄るという訴え方です。私や、同伴している指導員はお店のものを勝手に触らせることも、汚いチェーンに触ることも望みません。「それでは遊べないんだよ」と声をかけて遠ざけようとします。その子の両手は私ともうひとりの指導員につながれていますが、それは安全のためというよりも、そうした有事の際に引き離すための措置という感じです。手なんかつないでほしくなかっただろうになぁ、と思います。

ある日、本当に直感的な思いつきなんですけども、その子の手をギュッと握ってみたんです。つないでいる状態からギュッと圧力を加えてみました。すると、ギュッと握り返してくるではないですか。これまた思いつきなんですけども、ギュギュッと2回握ってみました。合図を送ったわけですね。すると思った通りギュギュっと2回握り返してくれました。それを機に私が軽く走り出すと、その子も私に合わせて駆け出します。そうして、チェーンがあるお店をまんまと素通りすることに成功しました。そうして、お散歩から帰った後には私が事業所のイスを指さし、その子に「す～わって」と声をかけると、これまでそういう指示にしたがったことのなかったその子がイスにスッと座ってくれました。

この経験は、私にとって大きな意味を持ちました。どうも言葉が伝わらないということと、意思疎通ができないということは別だぞと気づいた瞬間でした。私はこれまで、自閉症スペクトラムのお子さんで、言葉の発達が遅れているお子さんは「他者を意識しない自閉症独特の課題」と思い込んでいたのです。ところが、こうした経験は「他者を意識しているけれども、その意識に気づきにくい私たちの課題」に気づかせてくれました。

その視点を得てから、こうした子の支援が格段に楽しくなりました。他者とコミュニケーションをとらない、とれないと言われがちなお子さんが、実はコミュニケーションをとれるんだという発見は、「次はどこでコミュニケーションをとろうか」という意欲を高めてくれるものでした。

2　まわりの人との関わりが苦手そうな子の支援

まわりの人との関わりが苦手。いろんなお子さんの姿が浮かびますね。自分のことばかり話して、相手があんまり楽しくなさそうっていう子もいます。どういうわけか怒りだしてしまうことが多くて、刺激を与えないように気づかわれている子もいます。そうかと思えば、家ではいろんな話をしてくれるのに、いざ学校などに行くとこれっぽっちも話をしない物静かな子もいます。態度も原因も人それそれですが、こうした相談事も事業所に寄せられます。

あるとき、ことあるごとに暴言を口にする女の子をお預かりしました。例えば、算数の問題を解いていて間違えてしまったとき、例えば、国語で漢字を書いていていてふと字が思い浮かばなかったとき。その子は「あっち行け」だの「死ね」だの口にしました。私はこういう言葉について怒ることはあまりなく、どちらかというと面白がる方です。表面上は「ふ〜ん」と言って聞き流したり、「そうなん？」と聞き返したりしますが、心の中ではどうしてこんなことを言うんだろうかと探りたくて仕方がなくなります。だって、私の経験の中には1節でお伝えをした手を握ってコミュニケーションが成立した事例のように、通常はまるでコミュニケーションと思えないものもコミュニケーションだったと気づいた出来事があります。だから他の子と接するときにも、どこがその子にとってのコミュニケーションのチャンネルかな？　この子とはどうコミュニケーションをとるのがいいのかな？　と考えるようになっています。

あるとき、その子は勉強をしていて鉛筆を折ってしまいました。少しだけ難しいかなぁと思いながら用意したプリントですが、やはり苦に感じたようでした。

もちろん、そんなにストレスを感じるなら勉強をさせないのもひとつの方法です。その子が勉強をしなかったとしても、少なくとも、事業所内ではほとんど問題は起きませんから。ただ、私が見る限りでは、その子は勉強をしたいように思えてなりませんでした。来所する度に「今日は何を勉強するん？」「この問題やったら、解けそうやな」「大きく印刷してくれたから、いつもより書きやすいやんな」と勉強に対する話がポロポロと出ます。その他には特定のバラエティ番組の話ぐらいしかその子としていないんです。「いつもお休みの日は何してるの?」とか聞いてみても、じっと顔を見るばかりで、あまり答えが返ってこないのです。勉強の話題が一番楽そうに思えましたし、勉強をしているときが一番充実しているように見えました。

そんなわけで学習を中心にするのですが、その日に用意した学習プリントは少し苦しかったようです。鉛筆を折ってしまい、その折れた鉛筆をじっと見ています。そのあとで、私の顔を見て「死ね」と言いました。そして私から目を逸らし折れてしまった鉛筆を黙って見ています。私は「直せるだけ直すから貸して」と言って手を差し出しました。ややあってその子が折れた鉛筆を渡してくれます。それを意味があまりないことを知りつつセロハンテープでクルリと止めて、その子に返しました。グラグラする鉛筆を手にしたその子は、セロハンテープをはがし始めます。また私は手を差し出し、「はがすから貸して」と言ってみますが耳に届いている様子はありません。少しの時間待つと、その子はセロハンテープをはがして元の折れた鉛筆にしてしまいました。私は、その折れた鉛筆がある限りその子は悲しみに囚われるような気がして、筆箱に片づけるように勧めました。その子が筆箱を開けようとしたとき、筆箱の隣にあった消しゴムに手が触れたのが見えました。私は少しだけ体を縦に揺らしました。それを目にしたその子は、消しゴムをつかんでトントンとバウンドさせます。私はそのバウンドに合わせて「トントン…」と声を出し、その子がグルグルと円を描くように消しゴムを持った手を動かしたときには「グルグル…目が回る~」なんて言いながら首を回します。そして、ふと目が合ったその子と私はほぼ同時に笑い出しました。

それから何分経ったでしょうか、その子が寄ってきて、私の横に立ちこう言いました。「漢字が難しくって鉛筆押してしまってん」暴言も何も使わず、自分の気持を見事に教えてくれました。私は「ありがとう。今の話でよくわかったよ」と答えました。

次の週には、来所してすぐに「今日なイライラして学校で鉛筆折ってしまってん」と教えてくれました。「イライラすると、折っちゃうの?」と私が聞くと「うん」と答えてくれました。これまで暴言などがあったあとに、復調しても自分の気持ちを語ってくれることはなかった子が、その場で、あるいは学校のできごとで話してくれたのを嬉しく思いました。

先の、手をつないでコミュニケーションをとったことと比べると少しインパクトに欠けますが、これはこれで特殊なコミュニケーションの成立ではないかと考えています。

さて、少し話の毛色が変わるのですが、文脈の破壊がかえってコミュニケーションの成立をしている例を出してみます。

あるお子さんが明らかにモジモジしながら活動をしているとします。その子のお母様や私から見ると、トイレに行きたくて仕方がないように見えるんです。お母様が見かねて「トイレに行ったら?」と声をかけます。そうしたときに、「いや」とか「大丈夫」と返事をする子は少なくないようです。お母様が困り果てて「どうしましょう。こういうのあるんです」と私に聞いてきたので、試しに声をかけてみました。「トイレ行きたくないんよね?」すると「うん」と返事が返ってきます。そこで私は「『じゃあ』トイレ行ってくる?」と聞くと、その子は「うん」と答えてトイレに行きました。

このやりとりをどう理解していいのか、声をかけている自分としてもよくわかっていないんですけども、次のようなことかなぁと考えています。本当は、トイレに行きたいという生理的な欲求は感じているはずです。ただ、「今やっている遊びをやめたくない」とか、「人前でトイレの話をしないでよ」とか何らかの理由でその話をやめさせたい気持ちも同時に湧きおこっている可能性が高いと考えています。その話をしてほしくないから、そもそも行く必要がないというスタンスを示している感じです。行きたいけど、今はその話をしてほしくない。そうした葛藤をなかったことにするかのような「いや」とか「大丈夫」のように見えるのです。ですから、私としてはその理解されない葛藤に注目して、「行きたくないんだよね」と声をかけるのです。すると、言われた側はなんだか理解してもらえた喜びが湧いてきて、葛藤自体は解消していないのに、素直に生理的な欲求に従う気持ちに切り替えられているのではないかと考えています。

生理的な欲求に限らず、こういう例は少なくありません。あるお子さんが勉強をしていて、「こんなにたくさんできない」とくじけてしまったときのことです。その子の前に座っていた支援員は「できるよ」と励ましていたのですが、その子は取り組んでくれません。私が「ねえねえ、『こんなにたくさんできない』って言ってる?」と聞き、その子から「うん」という返事をもらったあとで「そっか。どうする？　やる？」と聞くと、「うん」と答えて勉強をする子もいました。

お母さんや支援員が対応に困ってしまうようなとき、私が何をしているのか、文章で確認をするととてもわかりやすいのではないかと思います。

こういう子たちが傷ついているのは、他の人から「トイレに行こう」だの「勉強しよう」だの言われることではなくて、自分の言動が受け入れられないままに強要されるところにあるような気がしています。

3　話を聞くときなどでじっとしていられない子の支援

たまに落ち着きのない子が支援を受けに来ることがあります。すぐに席を立ってしまうとか、話を聞かずに自分がしゃべってしまうとか、そういうことで相談を受けることがあります。

見ると、イスに座るのが本当に苦手そうに思えます。イスの角にお尻の片方だけ乗せている子もいます。思いっきりテーブルに肘というか上半身を預け、イスには両ひざがついているだけの子もいます。そういうお子さんを見たとき、私はよく保護者に「ハイハイの時期が極端に短くて、すぐにつかまり立ちをしませんでしたか？」とか「ハイハイではなく、腹ばいに進んでいませんでしたか？」などと聞きます。そして、往々にして、その通りとのお返事をいただきます。

自閉症スペクトラムの周辺症状として、感覚の特異さが挙げられます。この場合は、前庭覚に関する課題となります。人には視覚、聴覚、味覚、嗅覚があります。視覚は見る能力、嗅覚は聞く能力、味覚は味を感じる能力で嗅覚はにおいを感じる能力です。これら四つの能力は私たちの豊かな生活を細やかな識別をもって支えてくれています。それに対して、最後の触覚や、固有覚、前庭覚などは原始感覚とも呼ばれています。そう、私たちの体は五感とは別に少なくともまだふたつの感覚を持っているそうなんです。

触覚とは、皮膚で感じる感覚です。痛みや温度、圧力などの情報を脳に伝えます。固有受容覚とも呼ばれる感覚で、筋肉や腱、関節などで感じています。手足の位置や運動の様子、物の重さなどの情報を脳に伝えます。この働きで姿勢の保持ができたり、体をスムーズに動かせたりします。最後の前庭覚は、耳の奥の前庭器官で感じます。平衡感覚とも呼ばれていて、頭の傾きや動き、スピード、重力を脳に伝えます。目の動きとも関係が深いとされています。

つまり、私が赤ちゃんのときにハイハイをしていたかを聞くのは、固有覚や前庭覚に課題があるかどうかを知るためなんです。触覚、固有覚、前庭覚はお母さんのおなかの中にいる割と早い段階から、備え持っている感覚です。触覚が8週目、前庭覚は15週目、固有覚は20週目ぐらいから発達し始めるそうです。聴覚の発達が5カ月ごろということから考えると相当早いですね。先天性である発達障がい児は、ママの心臓の音や周囲の声を聞く前から他の子どもとは違う感覚で過ごしていると言えます。

少し掘り下げますと、前庭覚には、重力を感じる力があると紹介しましたが、これは重力に負けずに姿勢を保とうとする力と説明ができます。別の言い方では抗重力姿勢がとれるための力とされています。重力に抗うと書きます。私はこの話を知ったときに、「あら、姿勢保持に関する能力は固有覚では?」と思ったんですけども、どうやら、固有覚と前庭覚がともに正常に働いて初めて重力に負けない姿勢保持が可能になるそうなんです。

ハイハイという、手をつき、足を直角に曲げ、顔を前に向ける。そんないかにも重力に逆らうぞ!という姿勢を取るよりも、腹ばいになったり、とっととモノにすがってつかまり立ちをしたりする方がマシというものです。

この状態をイメージするために、まずはご自身がイスに座った姿勢を思い浮かべてみてください。手を机の上に差し出し、足は腰と床とに垂直にして、顔は注目する方にしっかりと向ける。これでハイハイの状態を90度起こした姿勢になります。副次的に、この形の経験が不足しがちなことに発達に課題がある子の弱みがあると思っています。重力の課題があって、ハイハイの経験が乏しい。多くのお子さんと違って、その姿勢をとってきた時間が短い。すると、イスに座りましょうということへの抵抗もむべなるかなという気がします。もう一つは、この姿勢をとらないことによる発達のリスクも考えられます。対称性緊張性頸反射というものがあります。だいたい生後6カ月ごろからそれが見られ、11か月頃には消失してしまうという反射です。前を見ると膝や腰が曲がってしまい、逆に首が前に曲がると腰と膝が伸びてお尻が持ち上がる反射です。顔をあげれば腰が反り、頭を下げれば腰が上がる。これは、乳児がハイハイをするための準備ではありますが、この反射のために乳児はハイハイを完ぺきにこなすまでは、ハイハイができずに座っているだけの状態に陥ってしまうことがあります。この腰が反っているとか、お尻が浮いてテーブルに体重を預けているとかは支援の現場ではよく見る子どもの座り方そっくりです。この反射をなくすために支援を展開する必要があります。

例えば、体をしっかり使って遊ぶことなどが発達支援事業所で行われます。それに意味を感じられない方もおられるかもしれませんが、ああした活動は子どもたちが取りこぼしてきた経験を補う意味もあります。重力の課題で、原始反射をつかいきらずに大きくなった子どもには、その行うべきだった活動を補う必要があります。そうしないとイスに座ったときに、机に体重を預けたり、机につかまり立ちをするような不安定な座り方になったりします。そのような不安定な座り方は落ち着かないので、すぐに席を立ってしまう。ものすごく当たり前の話だと思えませんか。

ですから私は、お子さんの落ち着きがないのは、身体的な課題である場合が多いということを保護者の方に積極的にお伝えしています。

もちろん、座り続けようという意図が持てるかどうかは知的な課題に大きく関わってきますし、不安なときには座り続けることが難しくなりますね。落ち着かない人物の演出で、部屋をうろうろするなんてのはドラマの中でもよく見る光景です。

ちなみに、不安な場面では刺激をたくさん受け取ってしまうなどの感覚異常が増すことなども最近の研究では明らかにされています。つまり同じ量の光刺激を受けても、不安になったときにはそれがいつもよりも非常に強い刺激に感じられたりすることがあるわけです。また、ふだんは一秒間に50回とか60回とか実際には点滅しているけどそれに気づかない蛍光灯の光が、不安な時にははっきりとちかちかと点滅して見えたりもするようなのです。不安だと部屋の中がチカチカする。これはそのような感覚的特性を持たない私には想像しきれない苦しさですが、同じようにイスに座る苦しさも固有覚や前庭覚が正常に働いている、あるいは対称性緊張性頸反射が残っていない多くの人には想像が難しいと思います。そして、このような子どもたちは、きっと不安な状況下ではもっともっと不思議な感覚の受け止めをしているのではないかと考えています。

ですから、じっと座ることが難しいお子さんには、まずトランポリンで跳んでもらっています。まっすぐ跳べたら、跳びながらボールを投げてもらうようにしています。安定してボールを投げるには、跳躍時に最も姿勢が安定するところ、つまり跳び上がって降り始める瞬間に投げるのが一番よいことになります。中学校の時の理科を思い出してみてください。ボールを上に投げて、落ちてくる運動で上がり切って、落ちてくる瞬間には位置エネルギーが最大で、逆に運動エネルギーが最小の0になると習いました。運動エネルギーが0ということは、運動していないことを意味します。つまり一瞬静止しているわけですね。トランポリンで安定してボールを投げるためには、その静止した瞬間を感じなければなりません。重力に合わせて運動を展開する練習をしっかりと積んだあとに、着席してもらうとあら不思議、多くのお子さんはジッと座っていられるものです。

つまり「じっとしなさい」とか「もうお兄ちゃんでしょ」みたいな言い聞かせは、「じっとする」ための前提となる感覚の発達レベルの問題を見過ごしてしまっているので、そういう問題を持っているタイプの子どもの支援としてはほとんど意味がないということがわかるのではないでしょうか。ちなみに、こうしたトランポリンなどで遊ぶ療育は感覚統合療法と呼ばれてすでに広く行われているものです。

さて、せっかくなので私の体験をお伝えする形で、じっとしていない別の理由をご紹介してみます。今ではあまりウロウロとしなくなったのですが、3、4年前はよく支援の合間に近くのドラッグストアまでコーヒーを買いに出ていました。勤務中に外に出るのは厳密に考えたら違反行為です。業務に不必要なことをしているわけですからね。その意味では社会的な規範意識に欠ける行為だと言えます。

そうとわかっていながら、それでもコーヒーを買いに行くのはどうしてなのか考えてみてください。

コーヒーに対するこだわりでしょうか。私の規範意識が多数派と異なるからでしょうか。事業所の中でじっとしていられない、という説明も浮かぶかもしれません。それらを否定することは難しいのですが、私がその理由を告白するとしたら、お腹がゆるいから、ということになります。

私はお腹を下しやすい子でした。食べるとすぐにトイレ。さっき行ったと思いきや、またトイレ。トイレの住人か！　っていうぐらいトイレで過ごしていました。食べ物の相性などもあり、インスタントラーメンを食べる時などは、相当な確率で腹痛に襲われます。食べている途中でぎゅるるるる…なんてお腹が騒がしくなることもあります。一度、どうしてこんなに相性が悪いのかと、色々試したことがありました。お湯で柔らかくせずにかじってみたり、スープだけをお湯に溶かして飲んでみたりしました。でもお腹は痛くならないんですね。ところが、麺とスープを組み合わせると毒でも飲んだか、と言わんばかりの変化があります。何度も試行して、お湯で戻した麺を丁寧に流水で洗うとお腹が痛くならないことがわかりましたが、「そんな手間をかけて、どこがインスタントだ」ってことで、腹痛覚悟で普通に食べるようにしています。

自閉症スペクトラムをウィキペディアで調べたときに、周辺症状として軽度の消化管障害がいが記載されていて、大喜びをした記憶があります。そうそう！　それそれ！　と。別の研究では腸内細菌の数が違うことなども報告されていて、とにかくお腹にトラブルを抱えやすいことが明らかにされてきています。

そうしたお腹がゆるい私ですが、配属になったのが女性ばかりの職場です。それだけでもトイレの使用に気をつかうわけですが、職員の一人が洋式トイレの便座に座れない話をしたことがありました。

一部の方は、他の方がお尻をつけたところに自分が座ることに抵抗を示すようですが、その職員もそのひとりでした。私は、事業所でトイレを使わないでおこうと決心をしました。では、すぐにお腹が痛くなるのにどうするのか。もうおわかりだと思います。近くのドラッグストアで用を足し、トイレの使用料がわりにコーヒーを買って帰るという行動になるのですね。こういうお腹をもっていなかったら、頻回に事業所の外になんか行かないんですけども。

この私のじっとしていない理由も、先の重力に対する課題も、どちらも身体的な特徴に起因することです。まあ、多数派の方なら、お腹が緩くても事業所のトイレを使うかもしれませんし、私もその職員の便座に座れない一言を聞かなかったらどうしていたかはわかりません。対応をどうするのか、というところには個人差があり、考え方の独特さが関係しているとは思います。それでも、やはり身体的な少数派に属するがために、周囲には理解されずに困っていることには触れておきたい気がしました。

4　勉強についていけない子の支援

私は、学習支援を多く行っています。発語の課題も、感覚の課題も、そしてそこから生まれる社会性などの課題も、すべて支援としては嫌いではありません。ただ、塾講師を10年程度していた経験もあって、学習支援を頼まれることが多くあります。

学習支援というのは、本当に面白いものです。おそらくこれは、他の支援以上に支援者の価値観が色濃く表れるように思っています。

例えば私のドッチボールの例をまた思い出してみてください。外野に投げたのに、内野の子にぶつかったなんて、この子は嘘つきだ！　とすぐに決めつけてしまう療育者がいたとしましょう。その人は、子どもは、もしくは発達障がい者は見え見えの言い逃れをするものだという価値観を持っていると言えそうです。えっ！　そんなことあるの？　と不思議がれる人は、相手の言葉が自分の理解を超えることがあって当たり前だと思える価値観の人でしょう。どんな言動でも、その人の価値観を超えた言動というのは理解が難しく、それは支援に限ったことではないことは明らかです。

そのことを念頭に置いても、学習支援は、その支援者自身の学習体験によって大きく変化します。どうしてこの子は中学生になっても、かけ算でつまずくんだろうか。いっそのこと1年生からやり直してみようか。そんな風に考える人の多くは、学校教育のプログラムに大きく依存している可能性があります。そうなると、小学校1年生のはじめの学習でつまずいた子を見たとしても、用意できる課題がないんですね。そうすると更にさかのぼってなぞり書きとか、点つなぎとか、幼児教育から探さなければならない。でも、きっとそれはその子に合っていないときも出てくるはずです。支援者自身が学校教育に疑問を持たない場合には、より下の学年のもの探しにやっきになります。

わたしの支援について少し紹介してみます。

例えば、植物の分類を中学校で習いますが、その優位性に働きかけることを意識すると次ページ上の図のような学習支援になると思います。

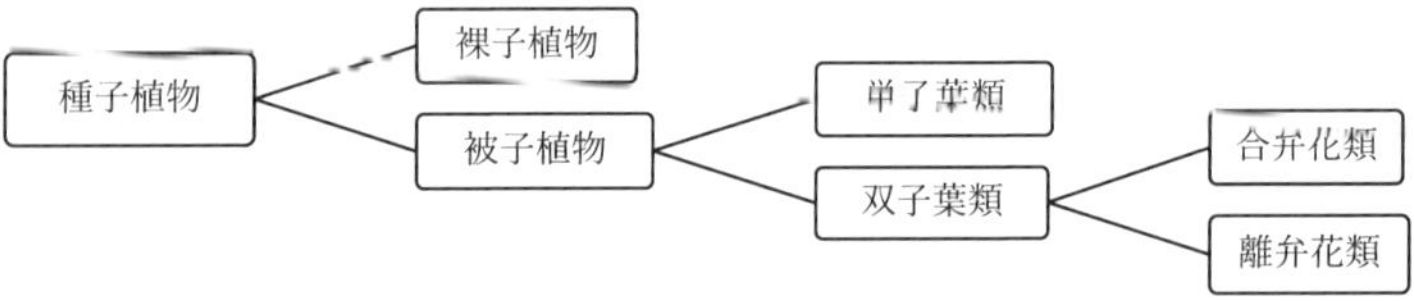

これは、手順通りに学ぶのが得意な子に有効なまとめ方ですね。「種子植物には裸子植物と被子植物があります。被子植物は単子葉類と双子葉類に分類されます。さらに、双子葉類は合弁花類と離弁花類に分かれます」という順番でまとめられています。多くの参考書などはこのような書き方をしています。

それに対して、下の図は視覚優位なお子さん向けなまとめ方ですね。これは、双子葉類の葉脈が網目状で、根が主根と側根でできていること。茎の中は維管束が輪の形に並んでいることを示しています。対する単子葉類は葉脈が平行状で、根がひげ根。茎の中は維管束が散らばっていることを表しています。先ほどの図と違い、どこから思い出しても（再現しても）いい図ですね。「双葉がバリバリってはがれるイメージで、ほら、葉っぱがアミアミで汚いのね。見た目が汚いけど、見えないところはホラ根がスッキリ。逆に単子葉類は見た目が平行できれいだけど、見えないところの根はぐちゃぐち

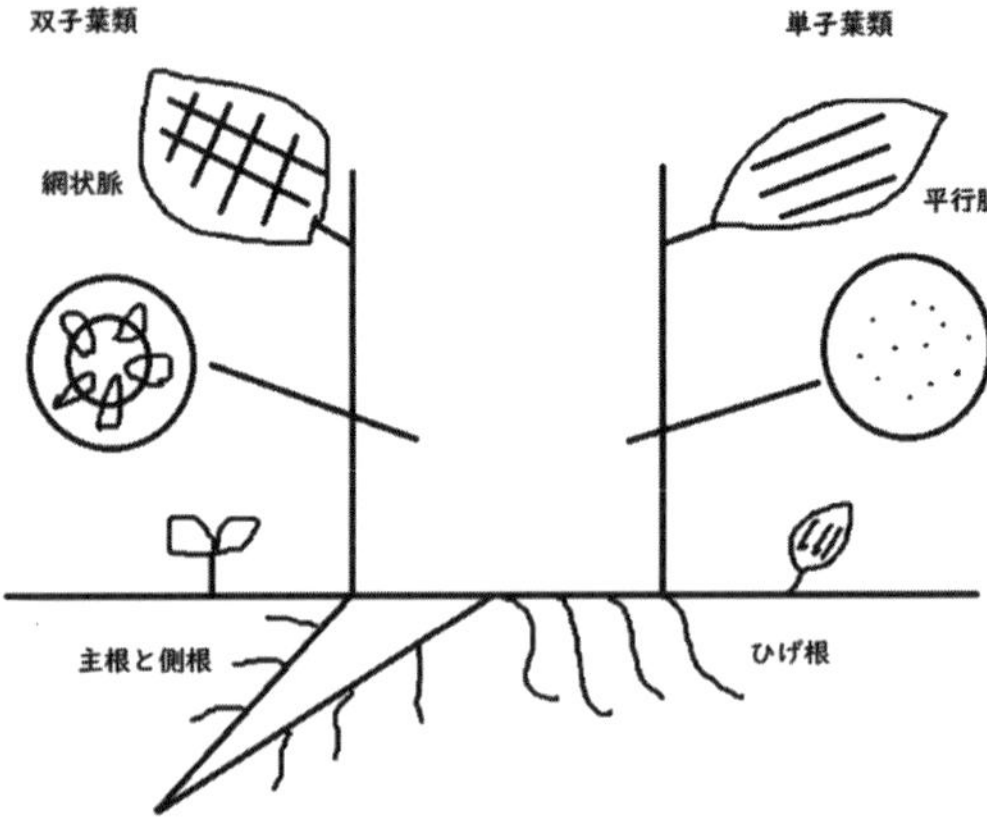

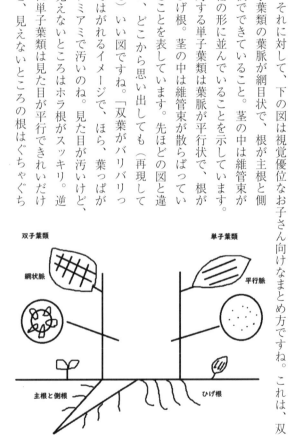

ゃ。」なんて言葉で補強はしますけども、その説明もやっぱり視覚的な説明です。

ちなみにこの図は、私が塾講師時代に先輩職員から教わったものです。真剣に理解を求める人は療育に関わっていなくても、こうしたわかりやすい図にたどり着くのだと思います。

英語が苦手なお子さんも少なくありません。例えば、中学校で習う第3文型と第4文型の書き換えを例に出してみます。英作文では、好きな方を選べますから、どちらかが使えた方が有利です。いや、本当は後ろに置いた語であるほど注目してほしいという英語のニュアンスの違いがあるので、どっちでもいいわけではありませんが、一般的な中高生は同じ意味として習います。

あなたのパスポートを私に見せなさいという意味の英語を「Show me your passport.」という第4文型と、「Show your passport to me.」という第3文型で並べて書いても視覚優位の子にはわかりにくいものです。

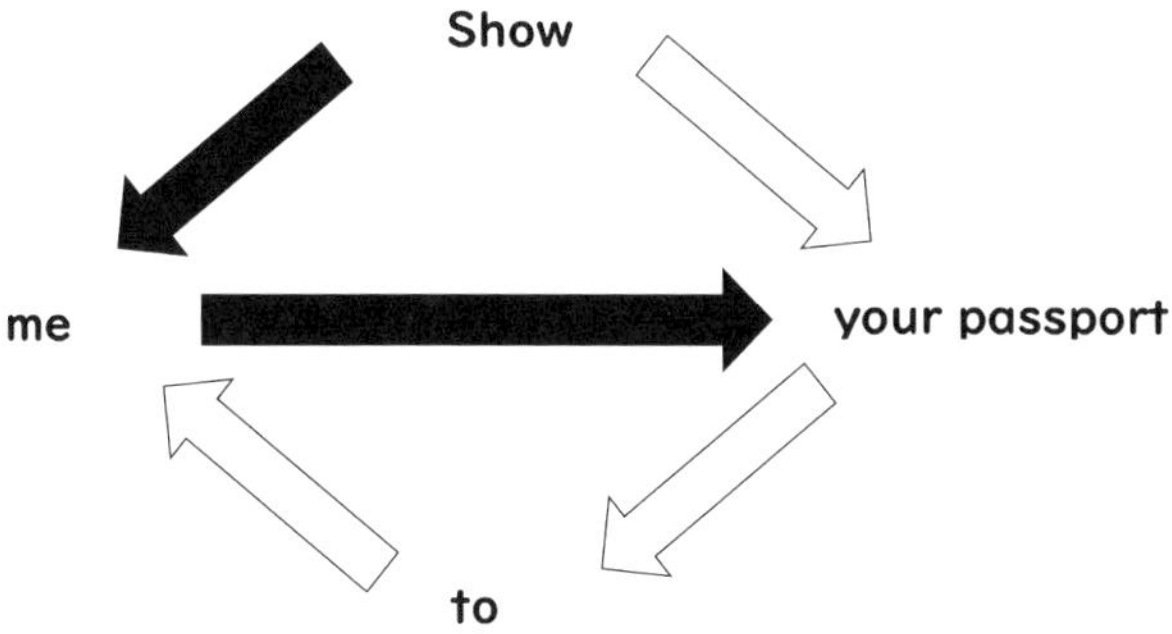

そこでいっそのこと、横書きという概念を捨ててしまいます。

右の図で黒い矢印が描く三角形は第4文型です。白い矢印が描く四角形は第3文型です。物と人のあとにtoなどが入ります。こうした横書きにこだわらない図を描いて、「じゃあ『あなたのパスポートを彼に見せなさい』ってしてみようか」などと応用させていきます。宿題を見るとか、簡単な問題を用意するとか、そういうことが学習支援なのではなくて、その子の機能的な課題を考慮して伝え方を変えていくというのが本道だと思うのです。

5　逆SSTって何だろう

私はこの章の最初の方で、コミュニケーションのチャンネルが言語に限らないことをお示ししました。そして、言動が他と異なる原因が心だけではなく、体にある可能性も示しました。それらを踏まえて、学習という高度な知的活動では、単純に易しい問題や、程度の低いものを与えるだけでは解決しないこともお伝えしたつもりです。

いずれの例でも、多数派にとって自然なやりかたや理解の仕方が少数派にはそのままは決して通用しない、という、あまり気付かれることが少ない問題が隠れていると私は思います。さて、ではどうしたら多数派と少数派はわかりあっていけるのか。この永遠のテーマとも思えることに少しだけ踏み込んでみます。

私たち少数派の行動が多数派に通じなかったとき、療育ではSSTを用いることがあります。これは、Social Skills Training の頭文字をとったもので、日本語では社会生活スキルトレーニングと呼ばれます。ちなみに、社会的スキル訓練や、カタカナのままソーシャルスキルトレーニングと呼ばれたり、医療的には（社会）生活技能訓練とも呼ばれたりしていました。社会生活スキルトレーニングはSST普及協会が提唱する呼び方です。

例えば、同じ職場の人と仕事のあとで食事をしたい。けれども、どうしたらいいんだろう？　そう悩む方にとってSSTは効果的です。同じトレーニング仲間とともに、リーダーやコリーダー（もうひとりのリーダー）の協力を得ながらどうするかを考え、実践練習を積みます。実践練習というのは、演じてみるんですね。他の人に誘いたい相手を演じてもらい、どう声をかけるかこちらも演じてみる。この演じるというのが練習であり、それを手伝うように別の役をしたり、見学をしていたりする人たちもまた社会的なかかわり方を疑似体験していきます。

このSSTという言葉はわかりやすく、広く普及をしました。普及と劣化は表裏で、悩める人を助けるための方法が、ときに周りが困っているからという理由で変に行使されるようになりました。例を挙げますと、誰かを食事に誘いたいけども、困っている当事者がいて、その方の要望に応じて実施されるのが本来のSSTだとしますね。ところが、嫌な誘い方をして、周りが困っていることを知り、そういう言い方を改めさせせようとするのが劣化したSSTもどきです。こうなると、当事者は本来のSSTのように自分に合ったやり方を探ることなく、自分には合わない多数派のやり方を一方的におしつけられることにもなります。多数派の嫌悪感を刺激しない行動を身につけさせられるわけですね。今や一般的なSSTは、こちらが主流ではないかと思うくらいです。

図書館でみんなが列を作っているのに、気づかずに玄関先までスタスタ歩いて行っていざ入館しようとして、他の人から怒られた高校生がいました。そういうお子さんとは、一緒に人混みの写真を見て、ここに列があるとしたら、どこが最後尾か探したことがあります。結論として「わかんないから、ある程度の人がいたら『並んでますか？』って聞こう」なんていうスキルにたどり着きましたが、私の考える簡易的なＳＳＴはこういった感じです。

ところが、劣化版は「列があったらどうしたらいいのか？」という問いを発し、「並ぶ」と答えさせるほどの愚策になっています。その列に気がつけなくて困っているのに、列に並ばない無法者として扱われるわけです。このような当事者をまるでモノを知らないかのような態度で見て、多数派好みの言動を練習させるなんて私には許せません。

そうしたＳＳＴに一石を投じる…なんて大きなことを考えているわけではありませんが、この立場を入れ替えたイベントは行えないか、ということで発達支援研究所では「逆ＳＳＴ（ＳＳＴ－Ｒ）」という方法を考え、「逆ＳＳＴをやってみよう！」というイベントも行っています。逆ＳＳＴの詳しいルールは置いておくこととしまして、簡単に申し上げると、多数派から理解されにくい当事者の振る舞いの「理由」を考えることが、ただひとつのルールです。当事者が出題者、周辺者が回答者の役になったクイズ番組とでもお考えください。発達障がいをもつ当事者が「ある体験」を語ります。それを聞いている周りの人は「どうしてそうしたのか」を推理します。ただ単に推理するだけではなく、時間の許す限り何度でも質問をすることが許されています。

それを私は事業所で行えないかと少しアレンジをしてみました。アレンジのポイントは、今のところ研究所の逆ＳＳＴはＺｏｏｍを使った全国向けのイベントとして行っているのに対し、事業所の中で対面的に行う点です。

その日の出題は、同僚のＫさんです。回答者として、同事業所職員３名とそこに通うお子さんの保護者２名が参加されました。

まず、出題の前に自閉症スペクトラムの特性についての予習を行いました。その日はあるサイトを参照させていただきました。これは、自閉症の特性についてとても見やすくわかりやすい記述がなされていたことで選ばせていただきました。しかし、目的は別にあり、実はそうした特性理解など当事者の気持ちの理解を目指す逆ＳＳＴでは答えにならないことを強調するための紹介でした。例えば、「どうして○○したでしょうか？」という出題に対して「聴覚過敏だから」など、よくある特性を挙げてみても逆ＳＳＴでは答えになりにくいんです。

実際研究所で実施した逆ＳＳＴでも、最初はそうした特性によって当事者の振る舞いを説明しようとする回答が多くのオーディエンスから寄せられました。ところが、出題を重ねるうちに、そうしたことを答えとする方が減っていきました。それは教科書的な特性を並べ立ててみても、当事者自身の気持ちは理解できないことに回答者が気づき始めたからだろうと思います。そんなわけでわざわざ誤答を誘おうとよくサイトなどで挙げられている「特性」を用意して最初に提示しておいたのです。なんて、意地悪な司会者なんでしょう！

さて、今回Ｋさんから出題された問題は次のようなものでした。

幼稚園児だったときの話です。

先生と一緒にサッカーをして遊んでいましたが、先生と衝突して転んでしまいました。

先生は一生懸命私に謝ったり、どこかケガはないかと聞いてくれたりしましたが、私は何も答えず悠然と立ち去りました。

さて、どうして私は何も言わずに立ち去ったのでしょう。


皆さんも少し考えてみてください。

Kさんには、いくつかの質問が投げかけられました。

けがはありましたか？——いいえ、ありませんでした。

すぐにサッカーに戻りましたか？——いいえ。でも、そんなに時間を置かずに戻りました。

先生のことは好きでしたか？——はい、好きでした。

だれか気になる男の子がいたとか？——あ、全然そんなことはありません。

ゲームを止めてしまったことを気にしましたか？——そういうことに気がつける子ではありませんでした。学校に入ってから、そういうことだとわかるようになりましたが、この頃はわかりませんでした。

質問がだいたい出終わったところで、各チームでなぜKさんがそういう振る舞いをしたのかについて相談をしてもらいました。私の目からは、当事者に質問をするときより、チームに分かれて話を始めた時の方が活発にやりとりをされているように見受けられました。目の前にいる当事者に聞くよりも、チームメイトと話す方が意見交換が盛んというのもおもしろい現象でした。

さて、各チームから出てきた答えは次のようなものでした。

「衝突した後、先生は謝ってくれたが、なぜ先生が謝るのかという意図が分からなかった（自分が悪いと思った。何も言わずというところでは、どう言葉を返していいのかわからなかった）。」①

「ぶつかった状況におどろき、パニックになり何をどうしていいのかわからなかった。自分の方が悪いと思った。」②

「自分が悪いと思ったが、何を言ってよいかわからなかった。」③

「自分が謝る立場だと思っていたのに、先に先生から謝られてしまい、自身のとる立場がわからなくなり、困惑が生じた。」④

これらの答えをおおまかにまとめますと「自分が悪いのに謝られたから困った」と「何て言えばよいのかわからなかった」という答えになりました。面白いくらいにみんなの意見が揃いました。

Kさんの答えは、こうです。

「大丈夫?」に対する答え方がわからなかったし、「こけても泣かないのが強い子」だと思って、ノーリアクションでいるのが強いいい子だと思っていたから。

どうでしょうか。前半は「何て言えばよいのかわからなかった」という部分で正解です。ちなみにイベント前に主宰者側でスタッフ(山本・渡辺)にも同じように出題してみましたが、やはり同じように前半だけは正解されました。

問題は、後半です。泣かないのが強い子だと考えて、アニメのヒーロー(ヒロイン)よろしく立ち去ったと言うのです。立ち去りながら自分をかっこいいと感じていた、かっこよく見られていると感じていたわけですね。これは誰も想像できませんでした。

大内の感覚からの理解では「相手の自分に対する評価」を固定させたかった(かっこいい園児だと周囲に思わせたかった)わけですが、これもKさんの説明を聞くと少し動機の成り立ちが違う感じなんです。大内が相手に自分を「こう思わせたい」「こう思われたい」と考えるときには他者との関わり経験が不足しています。例えば、私は「ブラックコーヒーを飲んだら大人に見えるだろう」なんて考えをもっていますが、別に誰かにそう言われたという経験をしたわけではありません。ですからその「相手にこう思わせたい」と考える内容については、実際に相手がそれでどう思うかについての検討があまりなくて、自分の思い込み度がものすごく大きいんです。ところがKさんには、そう考える他者との関わりの経験がしっかりとありました。テレビアニメのヒーローの影響もあったそうですが、それだけではなく、病院で注射をされても泣かなかったら褒められたことが大きかったそうです。痛みに強いことが自慢だったと話してくれました。この経験の有無が私との違いです。勝手な思い込みで世の中を想像する私からすれば、とても新鮮に聞こえました。

もしかするとこの「痛みに対して平気なようにふるまう」姿というのは、周囲の人が教科書的に特性として評価すれば感覚鈍麻という部類になるのでしょうか。この話からだけではわかりません。ただ、そんな特性用語のラベル付けは逆SSTにとってはどうでもよく、この少女時代のKさんがどう感じていたのかが大切です。

答えを聞いたときに、同僚が「すごく周りに気を遣っているKさんだから、悪いことしたと思ったのかと考えた」と話します。これはこれでKさんを褒めているのでしょうが、実際周囲への気遣いが強い「今の」Kさんから、「昔の」このエピソードのKさんを理解することには無理があったようです。

そんなKさんからの説明を聞いて、参加した保護者はこんな感想をもちました。

「褒めることで、（子どもに）我慢させ過ぎているかもしれないってことですね。」

「うちの子も黙って立ち去りそう。」

てっきり保護者の皆さんからはKさんの生き方に対するコメントが出るものだと思っていました。逆SSTはまずはKさんの感じ方、生き方を理解することが一番の目的だからです。その点で私が保護者の方に期待した感想とは違いましたが、それでいいようにも思えました。理由は簡単です。誰も

Kさんの答えを否定していないんです。Kさんの気持ちを無視して「そんなこと思うのはおかしい!」となるのではそもそも逆SSTが成り立ちませんが、たとえKさんの答えとは多少ずれていても、Kさんの気持ちを否定しない推理ならまずはそれでいいように思うのです。

途中で触れました通り、Kさん自身への直接の質問があまり出ることなく、チームに分かれての話し合いの方が活発だった印象を私はもちました。この様子を見て国連の「障害者の権利に関する条約」の合言葉「Nothing about us without us.(私たちのことを私たち抜きで決めないで)」を私は思い出しました。目の前に当事者がいるんだから、聞けばいいのに、と。

ところがここで想定外のことが起きました。イベント終了後、誰も席を立たないんですね。そしてKさんに活発に質問を重ねています。

オンラインでやる研究所の逆SSTイベントでは、当事者からの説明が終了すれば基本的にはそれで終了になり、みなさん画面から消えていきます。ですからそれ以上当事者と話し合ったりすることもできません。けれども、この対面でのイベントでは、終了後もその場に残ればまだ話し合うことができる状態があります。そうすると当事者から説明をしてもらった後の「不思議さ」が次の質問を生むようなのです。これは私には大発見に思えました。だって、当事者の理解できない言動はこれまでもあったはずなんです。そこに感じていた不思議さは、どこか聞いても仕方がないもののように見えていたのか、質問の対象ではなかった可能性が高いんですね。ところがイベントを終えると、「もしかしたらわかることかもしれない」と期待されたのかもしれません。「不思議さ」がスルーの対象ではなくなったのです。

さて、もうひとつ私が出題した回についても触れますね。

第1回からひと月ほど経った頃、前回同様、私の勤める事業所で第2回の逆SSTのイベントを実施しました。今回の出題は、私大内雅登です。回答者として、保護者4名が参加されました。

今回は、Kさんが出してくれた問題と答えをお話ししてこういう問題が出ますよ。こういう答えですよ、とあらかじめお伝えしました。また、大内が出題する問題も資料に入れ、回答者が事前に読むことができるようにしました。ですから「予習」も可能な状態なわけですが、しかし事前に読んでいようが、読んでいなかろうが、当事者である私に質問をしない限りは解けない問題に違いないと私は確信をしていました。

ですから、出題をするときに私は「無理に『正解』を当てようとするのではなく、どういう聞き方をすればいいのかを考える場にしてください」とお願い申し上げました。

当てるということは、正解があるということです。

当てるということは、回答者の力でたどり着くという姿勢です。

逆SSTの意図としては、そういうことを望んでいるわけではありません。もちろん「正解」はあります。ただ、それもあくまで「大内の気持ち」を正解と称しているだけです。大事なのは、わからない思いを抱えながらも当事者に対して質問を重ね、そうやって自分が持っていたそれまでの思い込みの理解を超えて、当事者の気持ちによりよく近づける「聞く力」を育てることだと思っています。

今回私が出題した問題は次のようなものでした。


先日、香川県内の情報交換会がありました。

私がある事例について話しているときに、発達障がい者の言動について笑う方がおられました。私は「何がおかしいのかわかりません」と話の間にひとこと差し込み、その場の空気を変えました。

それからは、そうした笑いは起きず、皆が真剣に話し合う場となりました。

会の最後にも私は意見を求められ、情報交換会に関して思ったことをお話しすることとなりました。そのときも、皆が真剣に話に耳を傾けてくださる姿勢を見せてくださいました。私は、話の中で、もうこの会に来ないつもりであることを皆にお伝えしました。

さて、私はどうして「もうこの会に来ない」と皆に伝えたのでしょうか？


回答者である保護者たちから質問が寄せられます。

みんなが真剣に耳を傾けてくれたんですよね？　それでも、もう来ないと思ったということですか？——はい、そういうことです。

それは疎外感を感じたということですか？——３６５日ずっと疎外感は感じています。

問題文と同じような内容が質問に上がるようなので、私は助け舟を出します。「どうしてもう来ないと思ったのか」ということと、「どうして、わざわざもう来ないなんて言ったのか」ということの二つの視点が問題を解くときに必要だと申し上げました。

Q　こういうことを言われると（言われた方は）「怒っちゃったのかな?」と思うんですけども、そうではない?

A　はい、怒ってはいません。

Q　わかり合えないと思った?

A　障がい者を笑う人達とは前提としてわかり合えていないわけです。ただ、あなたとは次元が違いますよというような感覚で「もう来ない」とは言ってはいないです。

Q　みんなが真剣に聞くようになって、自分の手を離れたという気持ちになった?

A　私は会を立て直す立場にはありませんし、そういうつもりで参加もしていません。

さて、回答者の答えは次のようなものでした。

「自分にとって利点の少ない場だったから。」①

「次の会に自分が来ないことを心配されないようにするため。」②

「皆が真剣に話し合う場になったが、話を聞いている参加者が本当に理解しようとしている姿勢・様子に見えなくて、今後も話にならないと思ったから。」③

「情報交換ではなく、考え方や行った事例を検討した方が良いと思ったから。」④

①や④は会の在り方に失望をしたというようにまとめられるかもしれません。②と③は参加者を考えてのことですが、不参加を「怒ったから」みたいに誤解されないように配慮をしている感じです。

私の答えは、こうです。

> 皆が笑わなくなったときに、「言い過ぎて迷惑をかけた」と思い、「もう来ない」と言ってみて誰かに止めてもらえたら迷惑ではなかったと確信が持てるから。

私は、発達障がい者を笑うその会の雰囲気は許せません。ですから、釘を刺してそういう雰囲気を払拭してみせたのです。その意味では狙い通りの結果が得られたわけです。

ところが、皆が理解をしてくれたというよりも、私が怒ったと思われた結果皆が黙ったような心持ちが私の中に湧き上がってきたのです。それであんなやり方をするんじゃなかったと後悔の念が強くなっていきました。

もう来ません、と言ってみて、「いやいや、大切なことを示してくれるから来てほしい」とでも言われたらいいなぁと思っているんです。そんな解説をさせていただきました。

参加した保護者からこんな感想をいただきました。

「でも、大内先生が『もう来ない』って言ったら『来てください』なんて言えませんよ。信念があって言っていると思っちゃうから。言っちゃいけないような気がするわ。余計に逆なでしそうで。」

そうなんです。定型発達者的な解釈をすれば、参加者が笑うことを不謹慎だというように言ってのけた人が「もう来ない」って言い出したら、もう食い下がれませんよね。断固たる決意を感じてしまうわけです。まさかこっちが、おっかなびっくり「また来てもいいのかなぁ」なんて思っているなんて想像できませんよね。

「なんだ、大内先生にも言っていいんですね。」その一言を聞いたときに、発達障がい者が、自身がお付き合いをしている人たちを回答者に迎えて逆SSTを行うことの可能性を見た気がしました。分かってもらえた！　そう思えたのです。


質問をお読みになって、お気づきになった方もいらっしゃるかもしれません。「わかり合えないと思った？」とか「自分の手を離れたという気持ちになった？」とかは、質問ではなく答えなんですね。この点については、イベントの最後に少しだけ触れさせていただきました。大事なのはこちらから自分が想像した「答え」を呈示して確認をとることではなく、むしろ自分には想像しにくい説明を相手から引き出せるような聞き方をすることだと思うのです。

さて、その日の事業所イベントを見学されていた山本所長と、渡辺主席研究員からの感想が述べられ、逆SST体験は幕を閉じました。

山本所長は、ご自身も正解できなかったことを正直に打ち明けてくださった上で「自分自身で決めつけてしまわないこと」が発達障がい者を理解するために必要であるとお話しくださいました。そして、質問を重ねていくことで「わかっていく感覚」が育っていくことも感じられるはずだと。

渡辺主席は手探りで質問を重ねていく姿を「藪の中で小さいものを探している」と喩えられました。なるほど言いえて妙です。しかし問いかけを重ねていくことで勘どころが養われ、「箱の中から探す」程度になっていくのではないかとおっしゃってくださいました。さらに、出題者がどう見られているのかを知る機会にもなるという可能性にも言及されました。

司会者から出題者へと立場を変えたせいもあったのでしょうか。第1回のSST体験のときよりも、回答者の皆さんと気持ちが通じた気がした回でした。

3章　当事者と周辺者の間——当事者からの発信

大内雅登

この章では、私が当事者への周囲の方たちのかかわり方を見ていて、「こんな風に理解し、接してみてほしい」と感じていることを、それぞれの立場の方へのメッセージとして書いてみました。

1　支援者の皆さんへ——誰がこの子の苦しみを聞いているんでしょうね

事例検討会というものがあります。支援者が実際に関与している事例の検討を通じて、対象（当事者・家族・環境）理解を深めたり、支援を見直したりする機会です。私が勤めている事業所では年に2回ほど会社が用意してくれます。またそれだけでは不十分なので、発達支援研究所主催として毎月事例研究会を実施して、私自身ファシリテーターとして参加しています。

事例研究会はとても意義深いもので、正しく進行すれば参加者の学びはとても大きなものになると断言できると考えています。

そうした意義はそれとして、事例研究会に参加すると苦しくなることが多いものです。もちろん、自分の学びや視点の不十分さを実感する苦しみもあります。それは、とても大切なものなので苦しいのですが喜びと表裏です。ここで触れたいのは、そういう苦しさではなく、事例にあげられた当事者の声がどこにも届いていないように思える苦しさです。

さて、ある小学生がクラスメイトから余計なちょっかいを出されて困っていると思ってください。その中身は触れられたくないようですが、嫌がらせを受けているように思われます。その子は、そういうことがあるので学校を好きになることは難しく、遅れていったり休んだりします。欠席の理由をひとつに絞るのは危険ですが、行きたくない要因にこうしたトラブルが含まれていたと受け止めてください。

ある日、その子は学校に行くために家を出たのですが、そのまま祖父のお宅へ行って学校を休んだそうです。どうして行かないのか、理由は誰にも話しません。単身赴任をしているお父様へは打ち明ける可能性はあるのですが、この子はお母様には絶対に話さないと決めているんです。

さて、どうしてこの子はお母様には絶対に話さないと決めていたのでしょうか？　私はこれを入社したばかりの後輩社員に考えてもらいました。出題者をこの子自身にした逆ＳＳＴです。私は答えにたどり着いていましたし、この問題にある対策をし、解決に近い状態にはしました。さあ、新人職員はこの事例に関して、どこまで当事者の気持ちに肉薄できるでしょうか。以下はその職員らが「正解」にたどり着こうとしてその子とのやり取りをした会話の一部です。

Q　普段から、お母さんに学校の話をしますか？
A　しません。
Q　お母さんは好きですか？
A　好きではない。
（急いで大内が）Q　嫌いなの？
A　嫌いでもない。
Q　お母さんにお願い事をしますか？
A　お父さんならするけど、お母さんにはしない。
Q　お母さんに、してほしいことはありますか？
A　お母さんより、お父さんと遊ぶかな。
Q　何をして遊びますか？
A　キャッチボール。

この辺りで、もう答えに見当がついたという職員も出ました。じゃあ、もう少ししたら皆さんの考えを聞かせてくださいね、と大内が仲介した後、新人職員に質問を再開してもらいます。

Q　お母さんとふたりででかけることはありますか？

Ａ　塾の行きとか帰りには…。
Ｑ　塾に行くときとかで、学校の話をしますか？
Ａ　う…ん？
Ｑ　話すのは楽しいですか？
Ａ　楽しくはない。

似通った質問は割愛しましたが、こうした質問と応答がありました。皆さんなら、この子がお母さんに話さない理由を知るためにどういう質問をしますか？
さて、職員の方にはここまでの段階で無理やり答えを考えてもらいました。

「お母さんが褒めたりしないから。」①
「話すとめんどくさくなるから。（大内が、どうめんどくさくなると思いますか？　と問うと）決めつけられるから。」②
「思春期だから。」③
「元々お母さんには話しているから。」④
「めんどくさくなるから。（これも大内が、どうめんどくさくなるのかを問うと）色々聞かれるから。」⑤
「一方的で、言いたくなくなるから。」⑥

こういった答えが挙げられました。おさらいをしますと、『ある理由で学校に行くのが嫌な状況になりましたが、お母さんに相談することはしませんでした。さて、どうしてお母さんに困っていることを言わなかったのでしょうか?』という質問です。そして、この子の答えは「学校で、自分の時間を奪われるから」というものでした。

当たるか！　ンなもん！　というのが正しい反応だと思います。新人職員でなくても、こんなのが答えだなんて予想できないでしょう。ただ、もしかしたら、答えを聞くと納得できるだけのキャリアを積んでる人もいるかもしれません。

この子の解説はこうです。学校でちょっかいをかけてくる子は、先生が注意したくらいでは態度を改めません。つまり言うだけ無駄らしいのです。これまでもこういうことが何回も続き、その度に自分が謝られる役として呼び出されるけれども、その時間がもったいないと考えているそうです。だから、お母さんに言うと学校へ連絡をされる。学校に連絡をされれば先生がその子たちを形だけでも謝らせる。そういう時間を設けられると自分が損をする。そういう話です。

このときの職員の答えには、「お母さんを味方と思えないから」という意味の答えが並びました。職員は「母子の信頼関係のなさ」の可能性を考えて父母との違いを質問し、子どももそれに「お父さんには話す」と答えたので、職員の予想がそれで確かめられたことになったわけです。けれども、実際にはその子がそう答えたことと、この問題についてお母さんには話さないこととの間には関係がなく、両者は別の話でした。

もう少しキャリアがある支援者なら「自閉系の子どもは上手に助けを求められないから」という答

えも出しそうですよね。

では、こういう話を受けた当時、大内はどういう支援…というか、対策を考えたでしょうか。対策は人それぞれですから、大内の答えが最適とは言えません。ただ、提案した内容でこの子の困りごとがなくなったのは確かです。その対策とは「お母さんに学校に連絡をしてもらう」ということでした。

え？　お母さんに助けを求められないって言っているのに、お母さんを通じて学校に連絡してもらうなんて、お前こそ話を聞いてないんかいっ！　とお叱りを受けそうですが、そうではないんです。

この子は学校の先生が意味のない注意をし、そこに巻き込まれることを嫌がっているんです。そもそも、クラスメイトの言動で困っているのも確かですし、それをなくしてほしいと願っているのです。だから、私はお母様に学校へ連絡をして、「本人は困っているけれども、知られたくはなさそうだから、友だち関係で嫌がらせが起きないか見守ってほしい」とお伝えいただくことにしました。これは、この問題解決のためでもありますが、本人が困りごとのポイントを見誤っていると感じたからです。

この対応に関しては、多くの療育者がたどり着くところのようには感じます。でも、子どもの言いたいことをうまく聞けていないのに、結果的に効果のある対応の仕方にたどり着くとはどういうことなのでしょうか。

今回の逆SSTでこの子が出した問題は、「お母さんに学校で困っている話をしない」というテーマでした。これを掘り下げてみると、「お母さんに話しても自分の時間が減るだけとこの子が考えている」→「だからお母さんには言わない」→「支援者としては時間の無駄にならない対応をお母さんにしてもらおう」＝「その対応とは、先生にこの子の周りの子を見張ってもらうようにお母さんから頼んでもらうこと」という流れですね。

同じことについて新任の職員の理解の仕方、つまり「誰かに助けを求められない状態」が原因だったという流れで考えるとこうなります。「この子はお母さんに助けを求めることができない」→「だから支援者はお母さんに、『助けを求められない問題がある』と先生に伝えてもらう」→「そうすれば先生は何が問題かわからないけど注意をむけてもらえる」＝「先生がこの子の周りの子を見張る」となりますよね。もちろん、この子に助けを求める訓練をしようという流れなら、この結末には至りませんが。

そう。どうせ結果としては一緒なんです。一緒なので支援にはなります。一緒なので、支援者の方は正しく理解できたと思うかもしれませんが、実は違うなぁと思いながらも子どもの方がその支援者の理解に合わせてくれているだけということもあります。

そういうわけですから、支援では表面的な理解ではなく、その子の考え方を理解して対応することが必要になるわけですし、事例検討でもその点を追求することが大事になるはずです。ところがそこでまた矛盾が起こります。

事例検討を行う上で大切なことのひとつに事例提供者を尊重し、提供者ができる支援を考えるということがあります。しかし、支援者の方が実は子どもの表情を読み取る力を持てていないのに、その状態のまま「子どもの顔を見て支援しなさい」と要求するのはナンセンスであるということです。物理的に顔を見るだけではなんにもならないですよね。読み間違いは修正されないわけですから。そういう場合にはこれまで触れてきたように、考え方が大きく違う自閉系を理解しながら支援をしろというのはそもそも無理な要求で、ご法度になるわけです。

そういう状況の中で事例検討が進む場合、私は一方では、一応当事者の声を聞きなさいというようなことを言っているけれども、内心ではそんなアドバイスの無意味さを噛みしめているということができます。にもかかわらず、そんな理解にたどり着かなくても一応の支援になることなんて山のようにあるという事実も私には面白くて、また苦々しいところです。

ある日のことです。高校入試が終わってから、中学内容の復習や高校内容の部分的な予習を支援内容に組み込んでいた利用者が支援を受けに来ました。その子はこう言います。「聞いてください。実はクラスのみんなと最後に遊ぼうって話になったんです。けど、僕は待ち合わせの公園を間違えてて、2時間ほど待ちぼうけていたんです」私は驚いて「そんなに長く待っててツラかったやろ?」と聞きました。

「あ、いえ、持っていた本を読んでいたので時間は気になりませんでした」

「へ～、じゃあ待ってても待ってもおかしいなぁってことで気づいたの?」

「はい…それで傷ついているというか…あの、今日僕は卒業式だったんです」

「あ、そうやな。おめでとう」

「ありがとうございます」

「もしかして今日はカードゲームをしたいって言ってる?」

「はい。お祝いと言うか…そういうことで」

最初は待ち合わせの失敗で同情を買おうとしたけども、質問が重なってきてその効果のなさを感じたようです。そして、次はお祝いという線ならどうだ、と考えたんでしょう。

コミュニケーションに難があるから、会話が下手だなぁと理解しておしまいにすることもできる流れですね。この子としては普段勉強をしている流れを変えたいし、だからと言ってそのまま話したら先生にあたる大内に対して失礼になるから、必死に支援者である大内から「遊ぼう」の一言を引き出したかったんです。このようなおそらく定型発達の人にはわかりにくい言い方は、実はこの子にとってある種の思いやりや配慮であるのですが、しかしその遠回しな作戦は会話のぎこちなさにつながります。

この子の、定型的には多分前後の脈絡が見えにくい言い方については、支援者によっては、会話がコロコロと自分のペースで変わる子という評価になるかもしれません。それ以前に、待ち合わせに失敗したという部分に注目をして、ああ、こういうところが困りごとだなと感じて、話の不自然さに気づかない人だっていることでしょう。

待ち合わせ場所が違ったということは、みんなに騙されたわけではないと確信できるだけの情報をこの子は持っているはずです（事実、学校で友だちに確認をしたそうです）。失敗をしているわけですが、それが怒りや混乱につながっていません。この子としては私に対して何かを伝えたくて出した話題です。ただし単純に感情をぶつけたいわけではなく、別の意味があって出した話題です。ところが、すぐにそれをしまってしまいました。昨日の失敗話をやめて、今日の卒業式の話にしたということは、公園の話でも卒業の話でも、どちらの話をしてもその子自身が同じことを伝えられそうだと判断した内容のはずですね。

ちなみに、多分多数派の方にはわかりにくいだろうその子の言い方について、その本当に伝えたい意味を私が「勉強をしたくない」とか、「遊びたい」ではなくてカードゲームに絞れたのは付き合いの長さ故です。この子の遊びたいことはこれだな、という経験ですね。私は、そうした会話の不自然さと経験で、彼の真意にたどり着きました。

相手に共感するとか、寄り添うとか、支援の現場ではお題目のように繰り返されますが、なかなかどうして難しいもののはずです。実際、私自身こうした「わかった例」の何倍も、何十倍も「わからずに見過ごした例」があると思っています。この例ではおそらく多数派にはわかりにくいその子の話の趣旨を適切に受け止められたことになりますが、それはたまたま当たった例を鬼の首でも取ったかのようにお伝えしているだけなんです。当事者同士だからわかるなんていう簡単な話ではありません。

2　学校の皆さんへ――この子自身とその親御様にご配慮を

子どもの支援について学校との連携などを繰り返していると、こういった当事者の言いたいことと、周辺者の理解が食い違うことがあるという話が通じる先生と通じにくい先生とがだんだんとわかってきます。もちろん、決めつけてはならないのですが、先生の中にも理解ある人とそうでない人がいるのは、発達に課題のあるお子さんを育てている親御様なら十二分に身に染みて感じていることと思います。

例えば、上に紹介したような「昨日待ちぼうけを喰った」とか「今日は卒業式」という子どもの言葉が、「カードゲームで遊びたい」の意味になるというのはとんでもない飛躍があって、一般的な先生対生徒たちという1対多数の構図の中ではそんな飛躍には到底付き合いきれません。私がその話に付き合うことができたのは、子どもと支援者の1対1の個別療育をしている現場だからできたというのが大前提です。

ただ、やはりそれだけでは不十分で、それなら1対1で対応している他の同僚や、ご家族ならこの飛躍についていけるかと言うとそうではないですよね。こういうすぐにはわかりにくい話を理解しようと思えば、それなりに子どもに聞くべきポイントがあります。

もし、これを読んでいるのが生徒・児童を理解したいと考えている先生ならば、ぜひともここからにご注目ください。子どもの要求自体には付き合いきれなくても、以下に説明を試みるように、その子の独特の発想の仕方の構図がわかってくると、それまでご自分がその子のことをつかみきれていなかったことに気づかれると思います。保護者の方は、理解ある先生を求めています。たとえお子さんの真意にすぐにたどり着けなくても、わかろうとする先生には感謝の念を抱くものでしょう。

これからご説明する話のキーワードは「ひとり足りない」というものです。私の経験では、私自身も含めて、自閉系の方の話は、話の展開の中に「ひとり足りなくて」わかりにくい印象を与えてしまうことが多くあります。このことについて少し具体的な例でご説明します。

ある大物芸人がテレビを賑わしています。その人はお笑いモンスターなどと呼ばれ、多くの芸人から尊敬を集めています。

ただ、周囲の芸人にとっては敬意だけではなく恐怖の対象でもあります。彼は往々にして「違うやろ！　ここは、こういうリアクションせな」と後輩芸人を怒るのです。

彼の笑いはとてもわかりやすいものが多く、その中には、文脈の理解を言葉のズレとして輪を広げていくものもあります。例えば、素人の方たちとの触れ合いをするような企画番組では少年野球の指導者に「こいつら卒業なんですよ。サインください」と言われて「サイン書きますよ。そっちがサイン出してくれたら」と返します。そうとっさに返されても、さすがは野球選手。パパパッと右手で肩や腰を触りながら「サインなんかいくらでも出しますよ」と応じます。これが成り立つのは、サインという語からジェスチャーサインを想起しやすい野球関係者だからであって、そういうのと無縁の素人さんには伝わりません。あぁ、見事だなぁと思う瞬間です。

そして、そういうわかりやすさを示しているのに後輩芸人がそれにとっさに応じられなかったら「何してんねん」となるわけですね。

私がず〜っと昔に見た漫才で、時間のズレた時計と壊れて動かない時計のどっちが優秀かを話すくだりがありました。ひとりが「お前の時計は2分進んでるんやろ？　おれのは動かへん。12時を指したまんまや」と話すと「ほな、わしの時計の方が優秀やないかい」と返します。すると「お前の時計は1日中時間がズレていて、正確な時間はいっこも指さへん。それに比べておれの時計は毎日2回ピッタリ時間が合う。どっちが優秀?」「いやそない言われたら、そっちかなぁ…いや、あほか」というくだりです。

なんという発想の奇抜さでしょうか。多くの人の「止まっている時計」という概念の裏をかきます。さて、これがなぜお笑いとして成立するかというと、もちろん話芸のある芸人が言うことなのでお上手ということもありますが、相方の存在が大きいのです。相方が「ズレた時計の方がいい」という多数派の意見を代弁し、相手の言っていることを否定しつつ、少数派の「壊れた時計もいいぞ」という話を引き出すんです。最後は、もちろん多数派を支持しツッコミとして成立するのですが、この手順がないと少数派の真意は引き出せないのです。

お客さんの前で「私の時計は壊れています。でも、これはこれで正しいんです」とだけ主張しては意味がわかりません。仮にひとりで「私の時計は壊れています。でも1日に2回正確な時間を指すので、ましです」では、不十分ですよね。面白いとか、面白くないとかではなくて、何をもって正しい時計とするかっていう対比が明示されないから苦しいんです。壊れているとする派なのか、正しいとする派なのかウェイトというか立場の表明が甘くなります。壊れてても正しいと真剣に主張したところで「そうとも言えるなぁ」とか「変なこと言ってるなぁ」というところで止まってしまいます。ひとりじゃ難しい。

さっきの高校生のエピソードを使ってこのことを説明してみましょう。もしも、2人組がやってきたとして「僕、昨日な公園で待ちぼうけ喰っててん」「はぁ? そりゃ災難やったなぁ。なんかできることあるか?」「そうか? ほな、今日は勉強やめてゲームで遊んでぇな」となると、スムーズでしょう？　この相方を連れてきていないことに自閉の言葉のわかりにくさがあるわけです。

先の例に挙げた大物芸人は、ひとりで笑いを生まなければなりません。相方がいないわけですね。だから、野球関係には野球用語で、という巧みさを要求されるし、ときには後輩がキャッチできない。彼が幸せなのは、それで怒ったとしても、テレビ関係者や視聴者は後輩の不十分さと理解することです。

自閉系も相手が自分の言いたいことをキャッチできなくて怒ってしまうこともありますが、ところがこの芸人のように認められてはいないので、尊敬されたり面白がられたりはせず、情緒に課題のある子とされてしまいます。それとは逆の例で、仮にそういう自閉系の人が対人関係の中で上位の立場にある場合、例えば家庭内の夫婦関係の中で自閉系の配偶者が優位に立っている場合を考えますと、弱い立場の定型の配偶者の側が「あの人の言うことの意味を受け取れない私が悪いんだろうか」と後輩芸人よろしく悩んでしまうかもしれない、というのは容易に想像がつきます。

まず、学校の先生をはじめとする関係者の方々にお願いをしたいのは、子どもがわけのわからない、理屈に合わない話を繰り返すときには、「どうもこの子は相方がいないと成立しないような話をしているらしいぞ」というような受け止めをしていただきたいということです。それは、自閉系の子が、他者が自分の思ったようにふるまってくれないのを知っているのに、今回こそは思った通りに反応してくれるのではないかと自分の中で期待して、実際には相手には効果がないのに同じようなことを何度も繰り返している状態です。そんなふうに自分の期待する相手を自分の中に作ってしまうことで、「もう一人の人」が不足した状態でやりとりが行われ、結果として実際の相手が無視されたやりとりのパターンが繰り返されてしまう、という意味で、その子は自分が主役の自己物語を生きているということになります。ちなみに、一般的に自己物語は自分が主役で、その主役がどう立ち振る舞うかが人生の問題になります。自分の生き方なんですね。ところが、私たちは、自分の自己物語に登場する相手の役割や振る舞い方も自分が期待する形だけで設定してしまうことがあります。すべてを自分が勝手に描き、自分だけのものとしているその脚本で通そうとして、結果的にうまくいかなくなります。おかしいなぁ、こう行動するのが普通なのにどうして違う反応をするんだろう？　とショックを受けたり、怒ったりするんですね。

漫才で変な視点の話が成立するのは、話している人にとって反応してほしい反応を、相方がきっちりと返すからにほかなりません。ボケとツッコミという役割分担をよく聞きますが、あれはボケという異質な世界を観衆に飲み込ませるためにツッコミが必死で仕事をしているんですね。ところが、自閉系の人は基本的に誰かと相談しながら会話を展開するなんてことは珍しいわけですから、自閉系の人の言葉は理解不能な言葉の羅列で終わりがちです。

相方のいない大物芸人に関しては、その人が作りたい世界を周りの若手芸人は必死に探り、つかみ、くらいついていくんです。そういう意味では、相方のいない自分勝手な展開に対して「結局のところ、お前はどう振る舞ってほしいの？」と付き合い続ければ答えは出るかもしれませんが、一般的にはそんなに人は付き合ってくれません。多くの生徒さんに向き合わなければならない先生方にとってはとてもじゃないけれども相手しきれなくなっちゃいます。

だからこその提言なんです。たまにでいいので、「なんか同じことを繰り返しているなぁ」と思うことを数えてみて、ある回数を超えたら真剣に聞いてみてください。いつもそれをやるというのはきっと無理ですから。それが大切な話題なのかどうかも判断に苦しむはずですから。ただ、何度も何度も繰り返していることは、もしかしたら大物芸人が求めるテイク2とかテイク3とかかもしれないんです。ある回数を超えて、かつお時間があれば「この前から同じことを繰り返しているけれども、本当に言いたいことを聞かせてくれ」とでも尋ねてもらえたら、どれほどの自閉系の子どもたちが救われるかわかりません。

どうして学校の先生方にそれを求めるのかと言いますと、学校の先生は日常の教務活動の中で「キク」ことの大切さを身に染みてお感じになっていると思うからです。例えば算数の分数が苦手な児童が目の前にいるとします。その子にたし算でもかけ算でも、ともかく解き方を説明したとします。「そっか。わかった」とその子が返事をしたとして、それだけでその子が理解したと信じますか？わかったかどうかは、類題を解いてもらって初めて明らかになりますよね。

学校で「聞く」と「聴く」の違いを語られる先生は少なくないと思います。耳だけで聞くのは不十分で、十分に目と心を使って聴きなさい、とか。でもよく考えてみると、そんな聞くとか、聴くなんてものは実のところ信用していなくて、実践させてみて、表現させてみて初めてその子の理解を確認しているはずなんです。つまり、大切なのは「訊く」ということなんですよね。耳ではなく、言うことが大切です。

あなたの言っていることは、こういうことだと思うけれども合っているか？そういう問いかけや発信があってこそ、人と人とはわかり合えるのだと思うのです。そして、それを日常的に繰り返している先生方だからこそ、この問いかけるという理解の調整が受け入れられやすいと考えます。

3　周辺の皆さんへ――不思議がるって面白い

あるお母様からこんなことを相談されたことがあります。

その日、息子さんは遅めに起きて、パジャマ姿で朝ご飯を食べていたそうです。そこに、友だちが一緒に学校へ行こうと誘いに来てくれました。別に約束をしていたわけでもなかったのですが、ここのところひとりで遅れて登校することが多かったので、この子にとってもお母様にとっても嬉しい出来事でした。

急いで着替えて出発しようとするのですが、いつも着ていっているジャンパーが見当たりません。まだ肌寒い時期でしたので、何かを着る必要があります。お母様は友だちを待たせてはいけないという思いから、別の上着を着て登校するように提案しましたが、その子はその提案を受け入れることができず、結局友だちに先に行ってもらうことにします。いつもの上着を見つけて、走って友だちを追いかけたそうですが、友だちには追いつけないまま学校に到着したとのことでした。お母様は、「どうしてみんなが待っているのに別のを着ていかないんでしょうか」と不思議がって私に尋ねました。私は「みんなが待っているから、別のを着ていかなかったんだと思いますよ」と返事をし、その子に聞きました。

「友だちが待っているから、別の着れんかったんよな」「うん。それやったら、上着なしの方がマシや。」

お母様は「わかりません」と首をかしげています。

後日、私はこの子とこの件について話をしました。お母様が友だちを待たせてはならないという気持ちを持っていることについてわかるかと聞いたところ「わかる」という答えが返ってきました。

これって、面白いと思いませんか？　だって、自閉系の人たちは人の気持ちがわからないとされています。ところが、今回、定型発達者であろうお母様はお子さんの考え方を「わからない」と言い、自閉系のお子様はお母様の気持ちを「わかる」と言っているのです。まるっきり逆ですよね。そこが面白いんです。

ただ、私はこういう例から自閉系が他人の気持ちがわからないとするのは誤りだ。定型発達者こそわからないじゃないか！　という話に持っていきたいわけではありません。この「わかる」と「わからない」は、実は同じことを指しているのではないかと考えています。

この日、先に行ってもらった経緯を詳しくひも解いていくこととします。

いつもの上着がないとアタフタと探し回っているお子さんに、お母様は別の上着を着ていきなさいと提案しました。ここには、「せっかく来てくれたのに」とか、「せっかく遅刻せずに行けるのに」とか、ともあれお母様側にはAくんを取り巻く環境・関係に対して注目したい気持ちがあります。その環境・関係といった外的要因を安定させたい場合、ときには自分を曲げなければならない…そうした思いが定型発達者の思考のベースだと考えます。

ところが、お子さんの方はそうではありません。いつもと同じ服で人と会うことに意味を感じています。いつも通りの自分であることを崩してしまっては、「どうしていつもと違うのか」ということを説明しなければならない気持ちも湧いてきます。また、その上着ではないと、チクチクして気持ちも悪いそうです。この子はそうした「(周囲の人から見て) おそらく誰も投げかけないであろう質問に対する不安感」や「感覚過敏的な不快感」も語ってくれました。

こうしてお母様の提案を受け入れずに探し物を続けるわけです。すると、お母様は自分の提案の意図が通じていないのではないかという思いが湧いてくるので、これまで言葉にしなかったことを言い添えることとなります。つまり、「友だちを待たせちゃいけないでしょう」という一言を投げかけます。

お子さんにとって、友だちをどれくらい待たせるのかという計算は思考の埒外にあります。そこに、お母様が「待たせちゃダメでしょ」と言うので、「それもそうか」となります。そこはそういうものだと『わかる』ので、一緒に行くという利益を捨てて「待たせない」を選択したわけですね。お母様に言われてからの判断というところに、人をむやみに待たせてはいけないという規範意識がお子さんの中に十分にはないことがうかがえます。規範意識が自分の外にあるという言い方の方がしっくりくるかもしれません。言われたらその規範的な考え方に気づき、理解できるけど、普段はその規範意識に基づいて行動をしていないんです。

さて、この構図は定型発達者には非常に理解しがたいものになると想像します。先ほど申し上げたように、友だちの好意を無下にしてはならないという思いを持つ多数派からすれば、この判断はお母様も、友だちも傷つけかねないものに映るはずです。さらには、この子自身、一緒に行く楽しさや遅刻をせずにすむことなどの利益を多く手放していることも納得しにくいと思います。上着を見つけて、走って追いかけたということは、一緒に行きたかった気持ちの表れにほかなりませんからね。このお子さんはとても残念な結末を迎えていると言えます。

お母様からすれば、お子さんの行動である「友だちを待たせる」とか「先に行ってもらう」とかは、友だちに不快感を与え、今後の友好な関係性に亀裂を生じかねないこと…つまりこれまた利益を捨てることにほかならず、こうした規範を守ってほしいというのがお母様の気持ちとなります。そうした気持ちが『わかる』というのであれば、自分を曲げて別の上着を着ますよね。ここが定型発達者の考え方のベースだとお伝えしましたが、気持ちが『わかる』のであれば、そのあとの選択も同じくしてほしいところです。

つまるところ、お子さんはそうした行動を切り替える必要性を感じるところまでを期待しているお母様の気持は『わからない』のです。お子さんの『わかる』とは、「友だちを待たせるな」という表面的な日本語の意味に注目をして話しているだけです。つまり『言語的にはわかるけど、そこで自分の行動を支えている価値観、別の行動をするような理解へと上書きするほどにはわからない』という意味の、前半部分を口にしているだけです。

お母様の方としては、私に質問をするくらいですから、お子さんを理解したいという気持ちを十分に持っています。そして、そこでお子さんが『自己物語』を大切にしていて、自分の言動を変えたくない気持ちを持っていることを聞くわけです。

自閉系の人には「こだわり」があるとされています。もっと多数派の感情に即して言えば、「変なこだわり」があります。この場合はいつもの上着にこだわっていますね。この「こだわり」という言葉を使う背景には、理解できないという意味が多分に含まれているように思うのです。

例えば、生活の変化があるとは言え、主食は米であり、炊いたご飯を食べる人は少なくありません。しかし、それをもって「米にこだわっている」と表現をするのは、得てして米を主食としない生活圏の人や、「米を給料代わりにしていた特異な歴史的事実」を説明しようとする歴史の先生ぐらいだと思うのです。自分の生活に重ねられなかったり、誰かに客観的に説明をしたりする人の使う言葉だと考えます。

納得ができていることには、それを選択する頻度が多いからと言って「こだわり」という言葉は使いません。また、「俺には変なこだわりがあってさぁ…」などと前置きをしてから趣味を語る人がいたとしたら、その人は他人からの共感を諦めていることが想像できますよね。わからないからこその「こだわり」です。

さて、このお母様は私の説明を聞いて『わからない』と返します。これは、私の説明は『言語的にはわかるけど、そこで自分の価値観を支えている考えを上書きするほどにはわからない』という意味の、後半部分を口にしているだけです。

お伝えしたように、自閉系の子の方がお母さんの言う事の意味をわかっていて、お母さんがわからない、ということではなく、どちらも同じような気持ちを語っているわけです。ただ、どの部分に重きを置いているのかが、まるで真逆になっています。お互いにわかり合えないことを根底に感じながら、それでいて表現が真逆というところでしょうか。ただ、その真逆さによって、多数派の人は「わかっているのに、何でこうしないんだ」という別の怒りが湧いてきてしまうのは、本当に残念なことだと思います。

私は、こういう違うことを言っているけれども、どこか重なっていて、それでもその重なりに気づくことも難しいことがとても不思議で面白いと感じます。面白くてたまらないんですね。もし神様というものがいたとして、そっくりそのまま外見を同じくして、中身をこんなにもひっくり返した存在を作った、その粋な計らいに笑ってしまうほどです。

幼稚園の年長さんくらいになるとおしゃまな女の子が「誰が好き？」とか聞いて回ります。あれって、もうその年になると人の好みが違うことを知っているってことだと思うのです。だって、好みが同じなら聞くまでもなく好きな人は揃うわけですから。人が違えば、好みや考えが違うことなんて5歳でもわかるのに、大人になるにつれわからなくなっていく。神様か誰かが「しょうがないなぁ。全く違う中身の存在を置いておくから、勘違いせずに生きろよ」と言ってるみたいです。

今回のケースでは、「友だちが待っている」と「上着を探す」がキーワードです。前者がお母様の注目部分で、後者がお子さんの注目部分ですね。そして、この二つのワードをつなぐ接続助詞に注目をすると、これまた真逆だと気づけます。

お母様は、「友だちが待っている」『のに』「上着を探す」ことに意味が見いだせない状態でした。

一方お子さんは、「友だちが待っている」『から』「上着を探す」ことに理解をしてもらえない状態でした。

どうしたら子どもの言っていることがわかりますか？　という問いかけに対して、大雑把ですけども『のに』を『から』にして聞いてみると答えてくれることがありますよ、とお返事することがあります。こんな変な問いかけで明らかになっていくこの二つの存在は、わかり合えないけれども、案外不思議がりながら、ある程度はわかり合っていけるようにも思うのです。

4章　語りが語りを生む共同生成

やまだようこ

1　当事者の体験を聴くということ

大内さんの体験談を読ませていただいて、本当にびっくりしました。大内さんのように体験談を語れる人、しかも自分の視点だけではなく、他者の視点も含めて異なる世界を翻訳しながら分析的に語れる人は希有な存在かもしれません。それだけに当事者の体験談は、単なるエピソード事例ではなく、その生の語りそのものが面白いし、本当に凄い、驚きに満ちているように想います。自分と異なる体験をしている人、自分ではできない体験をしている人を心からリスペクトし、尊敬できるのは、その不思議な「驚き」に魅了されるからでしょう。

それは、大内さんがおっしゃっているように、まさに異文化体験と同じです。自分が知らなかった世界に旅して、さまざまな見方をする人々と出会うと、世界の見え方やものの見方が変わります。大内さんの体験談を読みながら、文化人類学者のラングネスとフランクのことばを思い出しました。

当事者の体験を聞くということの大事さはいくつもあると思います。その中のひとつは、こういう外の理論だけでわかったような気持ちになることにある種の警鐘を鳴らすことです。(大内)

ある人を深く知るということは、世界を構築する異なった方法が、ほんとうに存在していることを認めなければならないのだから、非常に大きな経験をすることになる。

(ラングネス&フランク『ライフヒストリー研究入門[1]』)

大内さんの体験談を読みながら私は自分自身の体験を思い出しました。私は、大学を卒業してから愛知県の心身障害者コロニーの中央病院で心理療法をしていたことがあります。1970年の開院当時は、自閉症ということばも一般には知られていませんでした。「就学猶予」という制度があり、保育園はおろか学校にもどこにも受け入れ先はなく、「母親の育て方が原因だ」というような多くの偏見が爆風のようにとりまいていた苦難の時代でした。

私が就職したのは、病院開院と同時でした。「専門の病院ができるから」といわれて、待機していた子どもたちや親たちがどっと押し寄せてきました。有名な自閉症専門の精神科医がおられたので、毎日何十人という子どもたちがやってきました。その子たちが、いっせいにプレイルームに来て、何も知らない大学を出たばかりの私たち、名ばかりの「心理専門家」が相手をするのでした。プレイどころか、病院中を縦横に走り回る子どもたちを追いかけるだけで、一日が終わりました。

「自閉症」ということばから、内閉的に自己の心を閉じている子どもたちと、勝手に想像して密かに共感していた「自閉症」のイメージは、即座に壊れました。「自閉症」ではなくて、「自分勝手な子」じゃないかと思いました（ごめんなさい。不適切ですね。もちろん間違いです）。

でも、やがて子どもたちの行動が少しずつ見えてきました。「この子はなぜ、おやつのとき、食卓につくだけでパニックを起こして泣き叫ぶのか？」食事をするときのその子なりのルールがあるのでした。「机と椅子はきっちり直線にそろっていなければならない」「カーテンを半分しめなければならない」などです。滑り台の下から三段目にタンバリンを置かなければいけない子もいました。これらの行動ルーチンの多くは、付き添ってきた母親や父親が通訳してくれました。

あるとき、私は子どものあとをついて歩いて、「なぜ斜めの視線でものを見るのか？」というルールを発見したことがあります。その子は柱や壁などで直線の線をつくり、そのすきまにできる境界線の鋭角の景色を眺めているのではないかと想ったのです。感覚の鋭い子でした。ようやくその子どもの「美意識」のようなものがわかった、子どもたちが見ている世界の一端を自分も共に見ることができたような新鮮な気持ちになりました。

しかし、子どもたちに確かめてみることはできませんでした。問うても子どもたちはこちらの質問の何がどこまでわかっているかわからず、ことばも話せなかったからです。

その当時、私が出会った子どもたちのインパクトは、ことばでは表せないほど強烈で、全身を撃たれたような感じでした。それから私は大学院に入り直して、「ことばとは何か？」「コミュニケーションとは？」という疑問にとりつかれて、『ことばの前のことば』の研究をはじめました。その後、直接には自閉的な方々の支援に携わることはなくなりましたが、あのときの出会いが、私の研究の原点になって、今も息づいています。

私自身の話が長くなってしまいました。大内さんの体験談を読ませていただいて、本当にびっくりしたのは、「人に関心がない」と思っていたけれど、「ここまで繊細に人の行動や気持ちに敏感だったのか」ということでした。ときには、他者に受けるために印象操作の「プロモーション」や「パフォーマンス」をしているなんて本当に驚きました。

当事者がもの語りを語ることの効用はたくさんあります。もちろん、語りから教訓を引き出したり、教育や支援の方法へと実践にむすびつけることは大切でしょう。しかし、当事者でしか語れないナラティヴ（もの語り）そのものを味わい、今まで見過ごしてきた何かに気づくこと、それこそが語りのもつ素晴らしさであり、醍醐味のように思います。

もの語りは、語る人にとっても、それを聞く人にとっても、気づきや感動や驚きをもたらします。人は数値や論理よりも、感動や共感によって動きます。教科書の概念よりも、生きた体験を「生きもの」として、「生のことば」で語られるもの語りの方がはるかに人の心にひびきます。もの語りによる驚きや感動は、新しい発見にむすびつきます。ものを見る目が変わり、パースペクティヴが変わり、世界の見え方や意味も変わります。もの語りは、自分自身や他者の行為も生成的に変えていく力ももつでしょう。

2　自己もの語りとズレ

ナラティヴ（もの語り）論は、ものの見方や人間観を根本的に変えました。「もの語りとしての自己」という概念もその一つです。先に個人としての「自己」が存在して、その自己がもの語るというのではなく、「もの語り」によって「自己」がつくられるという考え方です。また、「自己」は、個人の内側にあるものではなく、他者や社会・歴史・文化的文脈に媒介される関係概念としてとらえられます。

アイデンティティという概念も変わりました。エリクソンは、自我アイデンティティを持続性と同一性で定義しました。しかし、持続性も同一性も「もの語り」によってつくられていると考えると、それは不変ではなく、書き換えることが可能になります。

固有名詞の不変性を支えるものは何か。その名で指名される行為主体を、誕生から死まで伸びている生涯にわたってずっと同一人物であるとみなすのを正当化するものは何か。その答は物語的でしかありえない。「だれ？」という問いに答えることは…人生物語を語ることである。

自己性を構成する物語的自己同一性は、生の連関のうちに変化、動性を内包することができる。そのとき主体は、プルーストの決意にしたがえば、自分の人生の読み手であると同時に書き手として構成されて現れる。…人生物語は、主体が自分自身について物語るあらゆる真実もしくは虚構の話によってたえず再形象化され続ける。この再形象化は人生それ自体を、物語られる話の織物とする。
（リクール『時間と物語Ⅲ』[2]）

もの語り（ナラティヴ）とは、ブルーナーのことばを使えば、経験を意味づける行為です。いわば、経験を編集する作業のことです。私は、ある出来事とある出来事を有機的にむすびつけて筋立てる行為と定義しています。

なお、私はナラティヴを「もの語り」と訳しています。一般的にはナラティヴとカタカナで表記することが多いのですが、最近特に多くなっているカタカナ語の氾濫はできるだけ避けたいからです。新しいカタカナ語がつぎつぎ輸入されて氾濫しても、日本文化の土壌を本当には豊かにしないように思われます。かつては根のない「切り花」のようでしたが、最近では、見た目だけ美しい「プラスチックの花」のように大量消費されて捨てられていくようにみえます。日本文化のなかで自分自身が身をもって感じていて、意味の網目でむすびついている実感のあることば、「根っこのあることば」でものを考えていきたいです。

そこでナラティヴを腑におちることばで訳したいのですが、なかなか難しいです。一般的には、日本語にすると「物語」になります。しかし、日本語のニュアンスとは少し違います。日本語では「物語」をつくり話やフィクションの意味で使いますが、英語の方がはるかに広い意味です。「昨日あったこと」の体験も、ストーリーといいます。ストーリーは、ナラティヴと同じ意味ですが、より日常的なことばです。ストーリーや物語は名詞ですが、ナラティヴは語る行為も含むところは違います。そこで「語り」と送り仮名を入れることにしました。しかし、「語り」だけにすると、今度は行為に比重がかかりすぎます。

先にも述べたように、日本語の「物語」は「ナラティヴ」に比べると意味が狭いのですが、逆に「もの」は英語にはない興味深い広い意味をもちます。「もの」は、物質の「物」だけではなく、人や霊や雰囲気も含みます。「もの」は、若者など「者」でもあり、「霊」や「ものの怪」「ものの哀れ」など、形にならないものも意味します。それで、「もの語り」と訳すことにしたのです。

そのようなわけで、大内さんは「物語」という表記を使っていますが、私のコメントでは「もの語り」と表記することをお許しください。

さて、大内さんは次のように語っています。人は誰もが自分では気づいていない自己もの語りを生きていますから、独特の自己もの語りをもつこと自体は誰にでもある気がします。ただ、ふだんは他者のもの語りと違っていても、大きな問題が起こらない限り、見過ごして暮らし、お互いのズレをつきつめることはしません。

そこで大内さんがなされている精緻な分析は、説得力があります。どこまで同じで、どこからズレてくるのかという説明は、とても興味深いです。

定型発達の人たちから見ると独特な自己物語を確立するところに自閉的な人たちの共通項があるように感じています。(大内)

コーヒーを飲んで、大人に見せたいなんてのは多数派にとって「よくあること」に類することとして映るのではないかと思います。背伸びして飲酒や喫煙をする高校生や、ハッタリで難しい本を読む大学生などいくらでも例があがりそうです。…（略）

相手が求めていないのに、こうすればきっとこう反応するだろうという私の思い込みが行動原理なんです。だからよく似た感じはしますが、つきつめると多数派の人には訳がわからない世界に入り込んでいくはずです。

大人に見せたいからコーヒーを飲む、に多数派に属する読者の皆さんが賛同したとして、ではさらに具体的にそうする理由について「仕事の前任者と比べて退塾者を出さないため」、というところまで説明を進めたときにまだ賛同者でいられるでしょうか。もし私の周りが、私が書く小説の登場人物であったとしたなら、何の問題もなく私がコーヒーを飲んでいるのを見て、「おお、前の先生と同じですね。きっと授業も大丈夫でしょう」と言ってくれるはずですが、そんなことはありません。そんなことはないのですが、きっとそう言ってくれると信じてコーヒーを飲み続けていました。（大内）

大内さんは、「前任者と自分の退塾者の数の比較」と「コーヒーを飲む」行為をむすびつけて、自己もの語りをつくっていたのですね。その自己もの語りの背景には、「前任者よりも退塾者が多くなったらどうしよう」という不安があるようにも見えます。

ずっと以前に私が出会った子どもたち、同じ行為を繰り返し、自分のルールに固執して、少しの変化にもパニックになっていた子どもたちも、どこか不安でおびえていたのかもしれません。そのように想像すると、環境変化の不安に対処する方法のひとつが独特の自己もの語りを生んでいたのかもしれませんね。「固執」ということばよりも、「自己もの語り」と呼んだほうが、はるかによくわかる気がします。

私たちが、外から見ると一見不合理な自己もの語りをつくって、切り抜ける行為は日常的に見られます。靴下は必ず右側からはくという験を担ぐアスリートもいますし、苦しいときの神頼みのようなおまじないに縋ることもあります。行為のすべてが合理的に説明できなくても、ズレがあっても、まあまあ日常生活に大きな支障がなければ、そうやって適当に切り抜けているのでしょう。

もし大内さんの自己もの語りに独特のところがあるとすれば、ズレを「適当に」しないで、「コーヒーを飲む」という行為の原因となる自分の気持ちをきちんと合理的に説明しようとする傾向かもしれません。自分の気持ちや行為の意味など、当人でもなかなかわかるものではなく、とても説明できず、正解もひとつとは限りません。

しかし、「わかるはず」「当事者の気持ちに近づけるはず」と、とことん考えるところが、大内さんの「語り方」の凄いところでもあります。だからこそ、このような分析が可能になったのでしょう。その意味で、当事者と他の人たちとの媒介者や通訳者としての大内さんの役割は、とても大きいように思われます。

大内さんの論考を読んでいると、リクールがいうような「思考実験」に参与しているような気もします。もの語りの素晴らしいところは、正解が一つだけではなく、「多様」であることです。私たちは浦島太郎や桃太郎だけではなく、三年寝太郎や一寸法師などのお話も持っています。シンデレラや白雪姫のように結婚を理想にするお話だけではなく、言い寄る男性をすべて振って、シングルを通すかぐや姫など、現代の文脈で考えると、また新たな興味を惹くお話もあります。どれが正しいというのではなく、いろいろ多様であることが重要なのです。そして、新たな、まだ見たことのないもの語りをつくることもできます。もの語りとは、新しい可能性をひらく「思考実験」に参与することでもあります。

物語の実践は、われわれが自分にとって異質の世界に住みつくように自分を鍛えるための思考実験にある。

（リクール『時間と物語Ⅲ』[2]）

3　語りが語りを生む共同生成

大事なのは、分からない思いを抱えながらも当事者に対して質問を重ね、そうやって自分が持っていたそれまでの思い込みの理解を超えて、当事者の気持ちによりよく近づける「聞く力」を育てることだと思っています。（大内）

大内さんは、当事者の語りを聴くことの重要性を繰り返し語っておられます。確かに「聴く力」を育てることはとても大切だと思います。

それに加えて、もの語りには「語りが語りを呼ぶ」効果をもつこと、その重要性も強調しておきたいと思います。私は、「語りの共同生成」と呼んでいます。

ずいぶん昔の1980年代のことですが、私は学会で「発達における喪失の意義」というテーマのシンポジウムを企画したことがあります。そのとき、はじめて私は25歳のときに親友を亡くしたときの体験談を話しました。私は自分の個人的な喪失体験を他者に話してもわかってもらえないと思っていましたし、当時の学会では、公の場で自分の私的体験を語るという行為はありえないことでした。そして、会場はシーンと鎮まって重苦しい空気が流れ、聴衆から質問もコメントも何もありませんでした。私は、「しまった、やはり話すべきではなかった」と後悔しました。

しかし、ふしぎなことに、シンポの後で、会場の廊下や受付や駅などいろいろな場所で、今まで知らなかった多くの方々が私のところにやって来て語りはじめました。それは私の体験に対する感想ではなく、「実は私も…」というその方の体験談でした。内容はみんなそれぞれでしたが、多くの方々がご自身の「喪失の語り」を語ってくださいました。

私が、「語りが語りを呼ぶ」と気づいたのは、このような体験からです。もの語りは生成的な機能があります。なぜでしょうか。

他の人の体験談を聴いていると、自分の似た体験を思い出して、部分的にもかさねあわせて語りたくなるからではないでしょうか。それは、他者の話が「他人ごと」ではなくなるということです。他者の話を、他人のものとして聴いている限り、それは情報を得ているにすぎません。しかし、自分自身では直接体験したことがない話でも、それに触発されて、自分の文脈にひきつけて「私のもの語り」を語りたくなったときは、ちがいます。「他人ごと」ではなく、部分的にも「私ごと」になるからです。

コミュニケーションとは、「共通のものをつくる営み」です。きわめて個人的な「私のもの語り」が、ほんの少しでも他者とかさなって「共通のもの」になり、相互主体的な「私たちのもの語り」に変容するのです。

このコメントの冒頭で、私の自閉症の子どもたちとの体験を思い出して書きました。それは乏しい拙い体験ではありますが、大内さんの論考が私自身のもの語りを語り直していく「呼び水」になったからです。なお、私は、ナラティヴ論で一般的に使われる「トリガー（引き金）」よりも、「呼び水」ということばを好んでいます。対話は闘いに喩えられますが、銃の引き金は闘いの道具です。私は、ナラティヴを「呼び水」に誘われて、井戸や泉からこんこんと水がわき出てくるイメージに変えたいのです。

もの語り論の根底には、「対話」というものの見方があります。対話（ダイアローグ）の語源は、「二つに分かれたことば」です。そして、その底には、語る者と聴く者、自己と他者、主体と客体が二元分割されて、二つに分かれているという考えがあります。

それに対して私は、もの語りとは、同じ場所（トポス）のなかで共鳴しながら共同生成されるものと考えています。そのような考え方については、子どもの観察記録をもとに理論化した3部作『ことばの前のことば――うたうコミュニケーション』『ことばのはじまり――意味と表象』『ものがたりの発生――私のめばえ』[3]などで論じてきました。そのしくみについては、今後さらに研究が必要だろうと思います。

もの語りとは何だろうか。なぜコミュニケーションに優れ、共感的な伝達に役立ち、人の気持ちを動かし、人を行動させる力をもつのだろうか。実のところ、まだよくわかっていないことが多い。もっともっと研究されなくてはならない。

（やまだようこ『ナラティヴ研究――語りの共同生成』[4]）

【文献】

［1］ラングネス&フランク／米山俊直・小林多寿子（訳）『ライフヒストリー研究入門――伝記への人類学的アプローチ』ミネルヴァ書房 1993

［2］リクール／久米博（訳）『時間と物語 新装版Ⅲ巻』新曜社 1990

［3］やまだようこ『ことばの前のことば――うたうコミュニケーション』やまだようこ著作集第1巻、新曜社 2010

やまだようこ『ことばのはじまり――意味と表象』やまだようこ著作集第2巻、新曜社 2019

やまだようこ『ものがたりの発生――私のめばえ』やまだようこ著作集第3巻、新曜社 2019

［4］やまだようこ『ナラティヴ研究――語りの共同生成』やまだようこ著作集第5巻、新曜社 2021

コラム　当事者本を読む1　大内雅登

東田直樹『自閉症の僕が跳びはねる理由』角川文庫　2016

私の手元にある文庫本の表紙カバー裏には「理解されにくかった自閉症者の内面を平易な言葉で伝え、注目を浴びる」とあります。自閉症スペクトラムに関心を寄せる多くの人が読んだことがあるであろうこの本は、その平易な言葉であるがゆえに、とてつもない想像力を読者に要求します。

例えば、1章の1にある「筆談とは何ですか？」を少し考えてみます。音読や歌唱はできるけれども、会話が難しい筆者にとって、誰かとコミュニケーションをとるための方法の中に筆談があります。このパートでは、作者の東田さんにとって筆談とは何かが書かれているわけですね。

冒頭で「口で会話する以外のコミュニケーション方法のひとつです」と書かれていて、これはとてもわかりやすい…というか、辞書的とさえ言えます。そして、最初は筆談も、パソコンも、文字盤の使用もできっこないと思っていた気持ちがつづられ、「話せないと言うことは、自分の気持を伝えられないことなのです」と、自閉的な苦しみが告白されます。非常にわかりやすく、非常に想像しやすい優れた文章です。

そして、筆談や文字盤の使用のために繰り返した訓練の辛さや、挫折について触れられ、このように締めくくられています。「筆談とは、書いて伝えることではなく、自分の本当の言葉を分かってもらうための手段なのです」。ここがとてつもなく難解で、とてつもなく重要だと思えます。冒頭の辞書的な意味に対し、この一文は、東田さんにとっての人生における意味が書かれているわけです。

本の読み方は、人それぞれですが、私はこの本は、パートごとに一度本を置いて、じっくりと咀嚼をするように味わうべきだと思っています。この最後の一文の真の意味はなんだろうかと考えるだけで時間がたくさん必要になります。

筆談とは、書いて伝えることではない。この前半は、それこそ辞書的な意味の否定です。いや、絶対に書いて伝えることなんですけども、そうした機械的な操作だと思わないでほしいという願いが込められているように思えます。

筆談とは、自分の本当の言葉を分かってもらうための手段。この後半部分は理解に苦しみます。この部分を味わうためには、それこそ人生を賭けて読み解きにかからなければならないと思うほどです。

自分の本当の言葉とは何でしょうか。説明的な文章は、未知を主語にし、既知を述部に持ってきます。後半部分の主語、つまり未知な部分は「東田さんにとっての筆談」です。おおよそ知りえない東田さんの言動の意味が語られようとしています。「自分の」、は「東田さんの」でしょう。では「本当の言葉」とは何かを考えなければなりません。なぜなら、単なる筆談なら「筆談とは、自分の考えなどを分かってもらうための手段」となるはずなんです。用事や考えを伝えるための手段ではないんです。「東田さんの本当の言葉」を伝えるわけですから、私たちは「読み手にとっての意味のある言葉」に置き換えるわけにはいきません。

しかし、残念なことに私たちは他者の言葉を誤りなく受け取ることはできません。あるいは限定的には可能なのかもしれませんが、他者の思考などという複雑なものに関してはお手上げです。東田さんが大変な苦労と挫折をしながら身につけた発信技術によって伝えようとする「本当の言葉」は、これます大変な苦労と挫折をしながら身につけた受信技術によって受け取らなければなりません。そういう意味で、人生を賭けて読み解かなければならないと思うのです。

私は、勉強が嫌いなお子さんに会ったことがありません。そんな私にとって東田さんの「長い文章が嫌なのではなく、読むだけの根気がないのです。すぐに疲れたり、何を書いているのか分からなくなったりするのです。」「僕たちがみんなのように勉強できるようになるためには、時間と工夫が必要です。」「どう見ても勉強好きには見えない僕たちの、本当の気持ちを理解できないといけません。」の部分はとても納得がいきます。

これは、塾生が宿題を忘れたら「塾をやめろ」と言ってきた塾講師をしていた私が、長年かけてその行為を振り返り、反省し、意味を問うてきたからすっと受け取れる部分です。東田さんが「短い文を与えてくれ」とか「休憩を多くしてくれ」とか言っているわけではないことが大内にはしっくりきます。成長したい。わかりたい。今の自分よりも先に進みたい。そういうことが並んでいます。

かと思えば、「何度も自分から家を飛び出していました。」「上手く言えませんが、何かに誘われるように体が動いてしまうのです。」「道が僕らを誘うのです。」は私にとって難解です。私は、誰かを好きになるというときには、好きになる自分がいて、その意味でそれは能動的だけども、その実「よし好きになろう」で好きになっているわけではないので好きにならされているともいえるわけです。つまり、受動的な側面があると言えることを知っています。こうした能動でもあり、受動でもある心の動きがそこにある…と、まるで関係のない恋愛感情を持ち出さないと想像ができないんですね。こうしたどうしようもなく立ち上がってくる感情に別のものを介して近づくことで精いっぱいです。東田さんが道に恋をしていたら、私の理解はピッタリ「本当の言葉」に迫れていると言えるかもしれませんが、そうはいきません。

そんなわけで、この本は読む日によってコロコロと顔を変える本当に難解な本です。だからこそ真に迫っていて、だからこそ多くの人に読まれているのだろうとも思えます。

ちなみに、「本当の言葉」というフレーズに大内がこだわる理由がありまして。私自身、私の言葉が誰かに届いたと思えない日々を送っているんです。私は筆談なんて必要としない生活を送っていますが、それでもどうして、誰かに言葉が届いたと思うことなく毎日を過ごしています。

5章 ようこそ！　新しい仲間たち
——「コミュニケーション障害」はつながりの始まり

綾屋紗月

はじめに

私は自閉症スペクトラム当事者です。外側からは見えにくい経験を内側からの視点で言葉にして、仲間と共に自らのメカニズムを探っていく「当事者研究」に、長年、取り組んでいます。今回、私も読者のみなさんと同じように、ここまで1章から3章を拝読しました。その上でコメントを述べる機会をいただきましたので、お話ししてみたいと思います。

1　「コミュニケーション障害」は人と人との間にある

まず私は、自閉症スペクトラムの当事者である大内さんによる発達障害児の支援、という実践を頼もしく思いました。私はかねがね、発達障害者としての苦労を生きのびてきた先輩たちが積み重ねてきた言葉・歴史・文化・知恵などで、発達障害だとされる子どもたちを応援していけるような当事者コミュニティができることを願ってきました。困っている本人にも、不安を抱えている家族にも、「ようこそ！　新しい仲間が来てくれて嬉しいよ！　大丈夫！　一緒に生きていこうね！」と声をかけて安心してもらえるような当事者コミュニティが必要だと感じてきたのです。大内さんの実践はそうしたコミュニティの萌芽なのではないかと期待が膨らみます。

次に、「1章はじめに」で大内さんが述べた、自閉症スペクトラムとされる私たちには社会性が欠けているわけではなく、私たちの社会性の発揮の仕方が、しばしば多数派と異なっているのだ、とする意見に私は同意を示したいと思います。また、大内さんが「個人的な課題に置き換えられてしまう危うさ」（1章3）を指摘したように、私も長年、発達障害のうち特に自閉症スペクトラムの診断基準には、コミュニケーションの障害を個人のせいにしてしまうからくりがあると考えてきました。というのも、その診断基準には「社会的コミュニケーションおよび対人的相互反応における持続的な欠損（persistent deficits in social communication and social interaction）[1]」という文言があるのですが、そもそも「社会的コミュニケーション」というものは複数の人と人との「間」に生じる現象のはずです。にもかかわらず、コミュニケーションにおけるすれ違いや摩擦の原因を、誰か一人の「中」にある特性だとして本人に押しつける考え方は極めてアンフェアだと言えるでしょう。

実際、この診断基準は、教育・就労・司法・家庭など社会のいろいろな領域で、周囲から逸脱していると感じられる人物、秩序を乱すと思われる人物を「コミュニケーション障害」だと結論づけることでコミュニティから排除することを可能にしてきました。周囲の人々にしてみればそこで思考停止し、解決したことにできるかもしれませんが、本人にとって、自分の身体のサインや言動が周囲の人々に受け取ってもらえない状態や、周囲の人々が共有しているルールを把握できない状態が続くことは一大事です。私の場合は、ずっと狭い世界に閉じ込められているような不安や孤立を抱えながら過ごしてきました。その結果、「自分の言動が受け入れられないままに強要される」（2章2）ことへの抵抗感や、わからないままであることによる納得のいかなさを抱えていたため、私もまた「この子は素直に謝らない子だ」「頑固で融通がきかない」と言われてきました。

ですから大内さんが2章1で述べたように、コミュニケーション障害とされる人たちのことを「他者とコミュニケーションをとろうか」とやりとりの方法を開拓するような、「次はどこでコミュニケーションをとらない」人たちだと捉えるのではなく、どこかワクワクするような気持ちも抱きながら接する態度が、周囲の人々のあるべき姿であろうと私は思っています。そうした方向に進むきっかけの一つとなりそうなのが、2章5で紹介されている「逆SST」です。その効果として、周囲の人々にとって当事者の「『不思議さ』がスルーの対象ではなくなった」という点が挙げられており、すばらしいなと思いました。「コミュニケーション障害」という概念が、コミュニケーションの終わりを決定づけるために用いられるのではなく、新たなつながり方を探索する始まりとして捉え直される日が来ることを、私は心から望んでいます。

そして、定型発達者と自閉症者という「二つの存在は、わかり合えないけれども、案外不思議がりながら、ある程度はわかり合っていける」（3章3）という絶妙なニュアンスにも共感しました。たとえ定型発達者同士、または自閉症者同士であろうとも、人は他人の身体のことを完璧にわかることなどできません。多数派（定型発達者）と少数派（自閉症者）の関係であればなおさらです。だからこそ、思い込みや独りよがりにならないよう、自分の理解を疑いながら、相手をわかろうとし続ける必要があるのだと思います[2]。

2 「コミュニケーション障害」の手前にある身体への着目

次に「社会性やコミュニケーションのすれ違いの手前には身体的特徴の差がある」という点について述べたいと思います。大内さんが発達障害だとされる私たちのことを「身体的な少数派」（2章3）だと指摘されたとおり、私の場合も、自身に生じている人との関わりづらさはあくまでも結果としての現れに過ぎず、その手前には周囲の人々とは異なるさまざまな身体的特徴の違いによる苦労があると感じてきました。

例えば現在の自閉症スペクトラムに関する知見においては、大内さんが2章3、3章3で指摘していたように、五感の強度をより強く感じる感覚過敏という経験を持っている仲間がいることが知られており、また五感だけでなく、胃腸、心拍、嚥下などの内臓感覚にも敏感な仲間がいることも知られるようになりました。さらに私の実感として、これら感覚過敏はストレスによって増強する傾向にあると感じており、それを裏づける知見も得られつつあります[3]。

しかし私の幼少期にはこうした知見は確認されていませんでした。うまく話せないこと、うまく聞き取れないこと、うまく文字が読めないこと、うまく食べ物が呑み込めないこと、食道・胃・腸が締まりがちなこと、左右が覚えられないこと、あれとこれが似てると言っても似てないと否定されること、同世代の集団の楽しさが伝わってこず、同級生の会話の意味もルールもわからないこと…などなど、私には幼少期から他の人たちとの違いに気づくたびに、不思議な気持ちと疎外感を味わっていた数々の苦労がありました。しかし、それらを説明する言葉が世の中に存在しなかったのです。[4] 特に私が困っていたのは中高時代、英語が読めないことでした。当時の私は自分が「多数派と同じように文字が見えていない」ということを知らなかったので、なぜこんなにアルファベットがちらつくのに、みんなは英語の単語が覚えられるんだろうと悩み、できない自分を責めるばかりでした。のちに、多くの人は文字が読めないほどにはちらつかないこと、自分と似た仲間はほかにもいて、字体、文字の大きさ、行間隔、紙の色などを調整することでちらつきを抑えていることなどを知ることになりましたが、残念ながらそれは約20年後のことでした。[2]

このように大内さんの言うとおり、周囲の人々と共有できない事象は「当事者にとっては不思議な体験」でしかなく、「教科書的な発達障がいの理論で語られてもピンとこない」（1章1）のです。また、勇気を出して自分の身体感覚についての不思議さや困りごとを他者に話してみても、適当にあしらわれたり、いぶかしがられたりしたため、私も「自分が何を言っても周囲は理解してはくれない」（2章はじめに）と感じて、不信感の中でますます孤立し、なるべくズレを周囲に悟られないように「普通のフリ」を続けました。その結果、高校1年生の秋に体を壊し、しばらく学校に通えなくなりました。[5] やがて31歳のとき、自閉症スペクトラム当事者による手記に出会い、やっと自分の感覚が部分的に承認され、診断につながったのですが、私の身体感覚の苦労のすべてを体系的に説明してくれるような自閉症スペクトラムの言説は、なお、見つからなかったのです[6]。

そもそも、人が自分の感覚や経験に確信を得るためには、似た経験をしている他者からの承認を日常的に受けられる状態である必要があります。多数派の人々は当然のようにそうした環境を享受できていますが、なんらかの少数派に該当する場合、ここまで述べてきたように、その機会を得ることが難しくなります。さらに自閉症スペクトラムの場合、社会的排除を個人化しようとする当事者以外の人々の視点に基づいた、外部からの観察による専門家言説がステレオタイプとなっています。そうした言説は当事者の内側からの実感と異なる場合が多く、それらを見聞きしても自分のことだと思わない場合も珍しくないですし、思う必要もないだろうと私には思われます[4]。

自閉症スペクトラムとされる私たちは、ある時代の、ある国の、あるコミュニティにおける、多くの人が共有している文化やルールにあてはまりにくい身体的特徴を持った者として、たまたま生まれたに過ぎません。しかしそのために、他者とのズレや世の中のわからなさを、人よりも多く抱えるかたちで人生をスタートすることになってしまうのだと私は考えています。そうした身体的特徴の差異は、他者の気持ちを推測する際のズレにも影響するでしょう。人には自分の身体感覚や経験を他者に投影して、他者がどのように考えているのかを推測する一面がありますが、身体的な少数派の場合、仮に自分の経験を投影しているという点は同じだとしても、身体が異なるために多数派とのズレが生じる可能性は十分にあります。結果的に多数派社会から疎外され、「他者との関わり経験が不足」（2章5）し、ますます他者のことがわからないという悪循環も生じ得ると言えるでしょう。

3　「情報保障」という考え方

ここまで、コミュニケーションのすれ違いの手前にある身体的特徴の差異に着目する必要性について述べてきましたが、それだけで生きづらさが解決するわけではありません。次に必要なのは、そうした自分の身体を否定しない環境はどのようなものかを考えて社会に提案していく、という重要な視点（障害の社会モデル）です。

せっかく身体的特徴の差異が明らかになったにもかかわらず、それを多数派の社会に適応的に変化させようとしてしまうのでは、心身に無理をさせる過酷な状況を変えることができません。そこで提案したいのが情報保障という考え方です。情報保障とは、多数派の身体的特徴に合わせて作られた社会を当たり前だとする考え方を問い直し、少数派の身体的特徴をもつ者にとって参入しやすい情報デザインやコミュニケーションルールを考案・実装することで、やりとりする情報を質・量ともに多数派と等しくすることを目指す実践のことです[7]。

私の場合は、さまざまなわからなさに対して二つの情報保障が必要だと考えています。一つは人々の意図・感情・目的、経緯といった文脈に関する「マクロな情報保障」であり、もう一つは道具や身体の具体的な操作の仕方に関する「ミクロな情報保障」です[3]。

例えば人との会話のわからなさの対処法として、私はマクロな文脈レベルでの情報保障を「意味づけ介助」と呼んで他者に依頼してきました。一方で、音声や文字の把握しづらさといった、ミクロな記号表現のレベルの情報保障として、反響音の少ない場所を選んだり、字体、行間、背景色を変更したりすることをお願いしてきました[8]。また私にも大内さんと同様に、実際の文脈には適していない情報を参照したために怒られてしまう経験（1章はじめに）や、バスの支払い方法の正解がわからないままになっていることによる不安（1章1）がありますが、私の場合、文脈間違いについてはマクロな情報保障、バスの支払い方法に関してはミクロな情報保障があると助かる、という言い方になります。

「コミュニケーションのやり方は言語的なものに限らない」（2章はじめに）という大内さんの指摘も重要だと感じています。私も人々が「コミュニケーション障害」という概念を使うときに、言葉によるやりとりという狭い意味で捉えているのではないかと感じてきました。人は話せなくても泣いていやがる、ガンとして動かない、というかたちで拒絶を示しますし、心拍や呼吸が速くなる、手足の先が冷たくなる、手足の汗をかくなどの方法で不安を伝えます。逆に、笑っている、機嫌が良い、心拍・呼吸・体温・発汗の状態が安定していれば、その状態を継続してもよいと判断する助けになるでしょう。本人が全身で発しているそういったサインを受け取るところまでを含めてコミュニケーションのはずであり、そうした情報のやりとりが不足している現状においては、このような言語以外の情報保障も必要だと私は考えています[2]。

4　多様な仲間たちとのわかちあい

最後に、同じ診断名であっても自分とは異なる多様な仲間たちと、お互いに感覚や経験をわかちあうことの重要性について述べたいと思います。

大内さんがおっしゃるように、同じように自閉症スペクトラムだとされていても、自分とは異なる感覚的特性を持った子どもたちのことは「想像しきれない」（2章3）こと、真意が「わからずに見過ごした例」（3章1）が数多くあること、「当事者同士だからわかるなんていう簡単な話」（3章1）ではないことを、私も当事者コミュニティの中で感じてきました。今回も大内さんが述べられた感覚や経験を拝読した私は、自分と共通している部分と異なる部分の両方を受け取っています。その例を以下に述べます。

まず、大内さんが「相手の役割や振る舞い方も自分が期待する形だけで設定」（3章2）しており、相手の「文化的な背景を無視して」「こうすればきっとこう反応するだろうという」思い込みを行動原理としているという点（1章3）について、新鮮な感覚を得ました。自閉症スペクトラムであるかどうかにかかわらず、人は多かれ少なかれ、「他者というのはこのようなものだ」という予期（予測や期待）を持ちながら関わっています。しかし関わりの中で自分が持つ予期とは異なる他者の言動に触れることは珍しくありません。この予期と現実のズレ（予測誤差）に対して、私は平均よりも敏感であり、その点では大内さんや多くの自閉系の人々と感覚を共有している可能性があります。しかし、そのズレを小さくするために取る方法を見てみると、大内さんと私は異なっていそうです。

ズレを少なくするための方法には、少なくとも2通りあります。現実の他者の言動を無視したり、他者を自分の予期通りに動かそうとしたりする方法と、現実の他者を解像度高く予測できるよう、自分の予期を更新するという方法です。大内さんの説明では前者に比重が置かれているようでしたが、私の場合は後者に比重が置かれているという違いがありそうです。私はこうしたズレに対して本人に確認したり、「意味づけ介助」を求めたりすることで、予期を更新するための情報収集を人一倍おこなってきました。そのため、ときに相手を質問攻めにしてしまうので、今でも煙たがられていることがあるかもしれません。こうした二つの方法のどちらを選択するかを決める背景には、個人差だけでなくジェンダー差も影響している可能性が考えられ、今後、研究すべきテーマなのではないかと感じています。

次に、これに関連して述べるならば、大内さんは、自閉系の当事者には「解像度が違うから」というカテゴライズされた言葉で逃げて説明を諦める構図があると述べていましたが（1章2）、私の場合、「解像度が違う」という切り口は、自分に起きている多数派とのさまざまなズレを統一的に説明するのに適した大事なキーワードとなっています。先述したように、予期と現実のズレに対して、予期のほうを解像度高く更新し続ける方法を選択する私の傾向は、他者関係においてだけなく、あらゆる事象に対して当てはまると感じているからです。

とはいえ、細かな「ニュアンスの違いを自分の中で掘り起こす」大変さや、「それに見合った理解も定型発達者に望めない」（1章2）という諦めの気持ちにも同意できます。たまたま私には自分の身体的特徴について解明し、言語化したいという意欲や関心があったので、多数派に伝わりやすいかたちで言葉を生み出すことに時間をかけてきましたが、そうした作業に興味をもたない仲間たちがいることも知っています。また私も、相手に十分な時間や理解のための準備がないのに正確に知ってもらおうと働きかけることはありません。

そして、私も大内さんと同じように「車の運転が苦手」ですが、その苦手さの中身は異なるようです。私には「方向音痴」「道順障がい」（1章1）はなく、むしろ得意なほうです。しかし、大内さんが自身の運転の困難さを表した「私が通るたびに道はつなぎ直され、店は移転を繰り返している」（1章1）という言葉は、自分にはない経験であってもイメージが伝わってくる気がして秀逸だと思いました。ちなみに私の場合は、運転中に視聴覚による外界の安全確認や、手足によるハンドル、アクセル、ブレーキの調整を、同時にこなし続けることによる情報処理量の多さに耐えられませんでした。周囲から「不器用」だと言われるそうした現象については、「自分が運動したあとにやってくる、道具や自己身体からのフィードバックが毎回ちょっとずつ予期と違うこと（予測誤差）に気づきやすいため、無意識に道具や身体を操作する〝自動化〟が起きづらく[9]、道具の操作を短時間で習得することも難しい[4]」と説明してきました。ただし時間をかければ身体や道具の操作に関する予期の解像度を高めることで、かえって人並み以上に熟練度が高まる可能性もあると感じています[3]。

以上のように類似した身体的特徴を持つ仲間同士がお互いの経験をわかちあい、身体的特徴においても置かれている環境においても、同じ部分と違う部分を知ることにこそ、とても重要な意義があると私は感じています。私もこれまで多くの仲間と出会ってきましたが、「私以外にも私みたいな人がいた！」と感じたのは2人だけで、ほとんどの仲間とは、たとえ同じ診断名を持っていても共通点は極めて限定的です。しかし、そうした数多くの仲間の情報を得ながら部分的な共有を数多く積み重ねるうちに、少しずつ「自分のこの感覚は確かにある」と信じられる部分が増えていき、私は自分の輪郭を獲得してきたのだと感じています[2]。

また、自分について知るためだけでなく仲間をサポートしていく際にも、自分とは異なる仲間の経験を表す言葉はとても貴重な財産となります。さまざまな当事者の感覚や経験をたくさんストックしておくことは、「私はこんな感じだけど、こんな人もいるみたい。あなたはどう？」と提示できる引き出しを増やすことにつながります。例えば私が次に「車の運転が苦手」だという新しい仲間に出会った際には、自分の例だけでなく大内さんの例も紹介できるわけです。

おわりに

さて、無事に成人して支援を得ながら社会参加ができるようになればハッピーエンドかと言えば、残念ながらそうではないこともあります。私の場合、自己身体を説明する言葉を得て、仲間や社会とつながり、現在が安定し始めた矢先に、傷を負った過去の時点に置き去りにされたままの自分が別人格となって現れ、前向きに現在を生きようとする私の足を引っ張り始めました。これについても当事者研究を重ねましたが、過去の自分と和解に至るまでには約10年の月日がかかりました。[4] 私のこうした経験は、1章3で述べられている「過去の経験による不安感」「過去の体験などから出てくる二次障がい的なもの」と共通しているかもしれません。現在の自己身体、他者、社会とつながったあとには、過去と未来の自分とつながる段階がやってくるのでしょう。こうしたトピックについても今後、仲間の知恵を集めていく必要があるのではないかと考えています。

【文献】

［1］ American Psychiatric Association: *Diagnostic and Statistical Manual of Mental Disorders*, 5th ed. APA 2013.
［2］ 綾屋紗月「身体とつなぐ 仲間とつなぐ——自閉スペクトラム当事者の視点から」大倉得史・勝浦眞仁（編）『発達障碍のある人と共に育ち合う——「あなた」と「私」の生涯発達と当事者の視点』金芳堂 255-281頁、2020
［3］ 綾屋紗月「自閉スペクトラム症の学生や研究者への合理的配慮と基礎的環境整備」『学術の動向』27(10)：40-45 2022
［4］ 綾屋紗月「自分と出逢い、社会とつながる——ニーズを明確化し社会変革に至るまでのプロセス」『総合リハビリテーション』51（1）：25-31 2023
［5］ 綾屋紗月・熊谷晋一郎『つながりの作法——同じでもなく違うでもなく』NHK出版 2010
［6］ 綾屋紗月「診断の限界を乗り越えるために——ある自閉スペクトラム当事者の経験から」『臨床心理学』22（1）：55-59 2022
［7］ 綾屋紗月『当事者研究の誕生』東京大学出版会 2023（準備中）

[8] 綾屋紗月「当事者が拓く「知」の姿――ある自閉スペクトラム者の観点から」『認知科学』29(2)：312-321 2022
[9] 綾屋紗月ほか「当事者研究から見えてきた、社会・建築に期待すること」『建築雑誌』1766：12-17 2022

コラム 当事者本を読む2

大内雅登

ニキ・リンコ『俺ルール！――自閉は急に止まれない』花風社 2005

『教えて私の「脳みそ」のかたち』『自閉っ子、こういう風にできてます！』（共に花風社）に続く、ニキ・リンコさんの当事者本第3弾です。私の地元のベテラン保育士は、『自閉っ子』の本に書かれている「コタツに入ると足がなくなる」という感覚にとても驚きを感じたそうで、折に触れてその話をしてくれます。

私が、そうした声を聞きながらも、この『俺ルール！』をご紹介するのには、理由があります。それまでの2冊と違って、これはニキ・リンコさんのみの執筆なんです。同じ話を繰り返すなぁと思うところもあれば、この話どこまで広がるんだろう？　と思うところもあり、頭の中をのぞかせてもらっているような気持ちになります。

前半で、「意味や意図」を汲むことの難しさが語られ、後半では「複数のことがらの情報処理」が不得手であると語られます。その書き方は平易であり、単なる失敗談を聞きながら、へぇ、そんなこと苦手なんだ…と思わせてくれるところが面白いです。エピソードのどれを「逆ＳＳＴ」の出題にしても盛り上がるぞ、と思える話ばかりです。私は、こうした失敗談を語る潔さに魅力を感じますし、同時に、簡単に悩みを小さく見せていいのかという恐れも感じます。ニキ・リンコさんの語りは、大人の立場で見た過去の回想であることが多く、その意味では、流動的です。あのときは○○と思っていたけど、今なら××だとわかっている。どうしてわかったかというと…と変化を示してくれています。その変化を、伝え方のポイントとして受け取るなら、その読み手の方の近くにいる発達障がい当事者は助かる部分が大きいように思います。逆に、そうした変化ではなく、軽快な語り口に注目をし、独特な感性を個性と受け止めているニキ・リンコさんの明るさに心を奪われると、その読み手の周辺にいる当事者の方の悩みは軽く扱われてしまうかもしれません。これは、この本の欠点というよりは、それぐらい読みやすく、わかりやすく読者に訴えかけてくる巧妙な書き口であると感じている話だとして受け止めてください。話が簡単に入りすぎて、そこの裏にある困りごとがスルスルッと頭から抜けていってしまうわけですね。

例えば、高いところにのぼってはならないことを知ったあと、四階の音楽室に行くことに後ろめたさを感じたことが書かれています。「音楽の授業に出席するため、音楽教室へ行くことは、なにか非常にわるいことのように感じられて、うしろめたくてならなかった。でも、授業には出席しなければならない。それに、音楽の時間は好きだった。音楽の先生も好きだった。しかたがないから、私は、音楽の授業の前になると、自分の左腕の皮を思いきりつねって『おしおき』をすることにした。こうすれば、遅れずに音楽室に行くことができる。工夫の勝利というべきであろう。」（90頁）という部分は、高いところにのぼる自分に罰を与えている回想です。それぐらい高いところに行くことに罪悪感をもっていたことがよくわかります。ただ、そのわかりやすさの裏に、「遅れずに行くことができる」という表現を見落としてしまう方が多いのではないかと思ってしまいます。

きっと、左腕に「おしおき」をすることを思いつくまでは、階段の前などでモジモジしていたのでしょう。授業に参加することと、高いところにのぼることの間で苦しんでいるように想像できますね。そして、この「遅れずに」の一言で、それまでは葛藤の結果、遅刻をしていたことが読み取れます。授業に遅れることの罪悪感がいかほどかはわかりませんが、そうした遅刻の罪悪感は大きくお持ちではないようです。授業に間に合うことと、高いところにのぼることとの間で葛藤をしているわけではないんですね。そこに、ニキ・リンコさんの授業の大切さが推し量れるのです。罪悪感を抱きながら移動するから、いつも遅れていた。その遅れをなくすために、つまり「授業に間に合わなければいけない」という学校のルールを守るために「おしおき」をしているのではありませんね。あくまで、ご自身の頭の中にある「高いところにのぼってはならない」というルールとの闘いなのです。ここに、タイトルを『俺ルール！』とした妙があります。高いところに行ってはいけないという意味を考えずに、単純に「高いところへ行ってはならない」思い込みがあるんだね、で終わらせずに、その高いところにのぼらないという独自のルールに従うことは授業に遅れないで参加するという公共のルールに従うことよりも重いのだと感じないと、読み損ねてしまったことになります。

さらにもうひとつ、ちゃんと、音楽の時間や、音楽の先生が好きとも書いていますね。ニキ・リンコさんの好きな授業だから、ちゃんと出席しなくてはという思いが他の授業よりも大きかったことも推察できるような書き方になっています。他の授業なら、わざわざ手をつねってまで参加しなかったかもしれませんね。

そんなふうに、リンコさんの具体的な葛藤の中身がうまく伝わらずにスルッと読み手の頭から抜けてしまう可能性を、私は普段の定型発達者とのやりとり経験から感じます。だから何気ないこういう一言ひとことを味わいたいと思うのです。

この本が訴えかけてくることは本当にたくさんあります。その中で、私の心をつかんで離さないのは、次の部分です。「定型発達のひとたちから見れば自閉なひとたちがふしぎに見えるかもしれないが、私には定型のひとたちだってりっぱにふしぎだよ〜。ま、『おたがいさま』ってやつですな。」（188頁）、「べつに自閉と定型みたいな生物学的な差異がなくたって、関心領域のちがいによっても、これに似たことは起きるよね。」（192頁）という部分です。「自閉の特異さ」に注目をしている読み手を「定型の特異さ」だってあるじゃないか、を気づかせ、「定型と自閉系」という対立構造を「他人と他人」という括りに置き換えているわけですね。そうそう、私もそれが言いたくて色々書きました！　という気持ちになります。

6章　相互理解と文化

高田　明

はじめに

「障害」という体験は、ある社会の中で多数派とは異なる身体的条件をもった少数派が、多数派向けに作られた社会のしくみ（ハード、ソフトの両方）になじめないことで生じる、生活上の困難のことである。
（熊谷『リハビリの夜』[1] 83頁）

1〜3章を読んで、右記の「障害」という体験についての（再）定義に改めて思いを馳せました。本書の読者の中にはご存じの方も多いと思いますが、これを記した熊谷晋一郎は脳性まひを持って生まれ、長期にわたるリハビリを体験しました。その後、東京大学医学部で医学を修め、小児科医として活躍する傍ら、多くの刺激的な論考を発表してきています。この文章の参照元である『リハビリの夜』は、熊谷の脳性マヒをめぐる体験について論じたもので、障がいに関する当事者研究の名著として知られています。名著の例に漏れず、様々な読み方を可能にする書物です。私が専門とする文化人類学で近年注目されているオートエスノグラフィ（自己民族誌あるいは自伝的民族誌とも訳されます）としても、秀逸な作品だといえるでしょう。オートエスノグラフィでは、著者が自己省察に基づいて個人的な体験を記述・分析し、その自伝的な物語りのより広い文化・政治・社会的な意味について考えます。熊谷の論考は、彼の生きてきた世界を赤裸々に綴っていると共に、人間とは何か、社会とは何かについての普遍的な思索にも読む者を誘います。

本書での大内雅登の論考もまた、そうした刺激に満ちています。脳性まひ（熊谷）と自閉スペクトラム症（大内）という重要な違いはありますが、「人とはこうあるべき」という規範的なモデルに障がい者を近づけようとする社会の側からの働きかけに対して、彼らが当事者として感じている居心地の悪さが伝わってきます。そうした規範的なモデルは、障がい者の生活をよりよくしたいという善意と共に語られることが多いのですが、以下で見るように、そこがまたくせ者です。両者の論考は、そうした「定型発達者」がしばしば深く意識せずに前提としている視座の陥穽に鋭く切り込み、反省を迫ります。

1～3章で大内が繰り返し語っているように、自閉スペクトラム症を理解するために綴られてきた専門用語による膨大な説明は、たいてい自閉スペクトラム症を体験することの内実を伝えてくれるものではありません。それは、個々の文脈に依存しない、一般的な理解を目指すという、専門用語による説明の宿命かもしれません。私たちは、さらに少し大げさに言えば近代の社会システムは、そうした専門的な知を積み重ねていくことで、多くの人々が複雑に分業して社会生活を営むことを可能にしてきました。専門的な知を信頼し、その追究を専門家に任せることで、私たちはそれが説明することについて分かったことにしています。その帰結として私たちは、専門的な知よりも前からあった感覚、今まさに生きている人々の生活の文脈や人生の統合性を見失っているのではないでしょうか？

1　分かっていないことへの不安

こうしたシステムに慣らされてきた私たちは、身の回りの分かっていないことに気がつくと、不安になります。私は日常的に活用している便利な道具、例えば電子レンジやスマートフォンがどうしてそのように動くのか、自分で逐一説明することはできません。通常はそれでも大きな問題はないのですが、これらが故障すると、途端に襲ってくる不便さにどう対処してよいやら分からず、居ても立ってても居られなくなることがあります。ものだけではありません。私が勤めている大学のような官僚組織では、仕事上の役割が複雑に構造化されています。これが改革の名の下に再編された時、それぞれの関係者に対してどのように振る舞うべきか分からなくなり、大きなストレスを感じることがあります。

自閉スペクトラム症と共に生きる人々は、そうした不安感により頻繁に直面しているといえそうです。なにせ、多数派である定型発達者たちは、自分たちが「人とはこうあるべき」と考える規範的なモデルを実現しようと社会の仕組みを加速度的に更新し続けています。多数派からこぼれ落ちてしまった人々、例えば自閉スペクトラム症に分類される人々のような少数派は、そうした社会の仕組みに合わせ難いがゆえに、多数派から「お前は分かっていない」というメッセージを繰り返し突きつけられているのではないでしょうか。少数派がどんな状況で何に不安を感じているのか、もっと鋭敏になる必要がありそうです。

上述のような構造的な不均衡によって、多数派と少数派の間には障壁が生じがちです。しかも多数派の側からは、しばしばそうした障壁が、さらには少数派の姿自体さえもが見えていないおそれがあります。それでも、相互理解に向けて両者がやりとりをすることは可能です。1章2で大内は、大切なのは耳で「聞く」あるいは「聴く」ことよりも、口で「訊く」ことだと述べています。抑圧されてきた少数派は、声をあげることを諦めていることも少なくありません。彼ら・彼女らを取り囲む不可視の壁を越えるためには、多数派の側が安易にステレオタイプをあてはめて分かった気にならず、相互理解を目指した働きかけを根気よく繰り返すことが必要です。

また、多数派と少数派を分ける指標は様々で、誰がどれ程の少数派になるかはどんな指標を採用するかによって変わってきます。先日、私は狩猟採集社会の教育について議論するグループの集会に参加しました。そこで私は、専門分野では多数派に属していました（人類学を専門とする人が七〜八割でしたが、少数ながら教育学や言語学の専門家、ＮＧＯで働く実務家も参加していました）。一方、ジェンダー（女性が七〜八割でした）や国籍（最も多かったのは米国籍の人たちで、日本国籍は私だけでした）では少数派でした。他にも年齢、民族、宗教、食事の嗜好、ペットの有無など、様々なものが多数派と少数派を分ける指標になり得ます。その点で、ある人が多数派になるか少数派になるかは状況次第です。つまり、私たちは誰もが少数派になる可能性があるのです。

こう考えると、大内や発達支援研究所が唱える、障がいの問題を異文化間の理解のそれとして見るという提案には、いくつかの利点があります。まず、文化というとらえ方には、政治的に構築されてきた権力の不均衡な働きを一旦脇に置いて、相手を尊重しようという響きがあります。これは、お互いの違いを認めつつ、相互理解を目指して対等なやりとりを進めていくことを可能にしてくれます。現代における文化という概念はまた、それが生まれながら身体に組み込まれているのではなく、恣意的な記号の組み合わせによって後天的に形作られた体系であることを含意します。以前は文化を前者のようにみなし、本質化しようとする動向もありましたし、現在でも依然としてそうした動向がないわけではありません。しかし、現代の文化人類学者の多くはこうした動向に対して批判的であり、後者のような文化が構築されていく社会的なプロセスを明らかにしようとしています。

2　相互行為の人類学

私自身も、「相互行為の人類学」というアプローチからこれについて研究を行ってきました[2]。相互行為の人類学では、相互理解は相互行為の中で目指されるものだと考えます。それは対面的で微細な行為のやりとりに焦点をあてる、ボトムアップなアプローチですが、その射程の先には、他者に対する理解は文化・社会のあり方とどのように関係しているのかを明らかにしようという、大きな問いがあります。

少し具体例をあげましょう。二人の話者、AとBがいるとします。彼らによる行為Xは、文脈Xを参照して行われ、さらに文脈X＋1を構成します。その最も単純なパターンは、次のようなものです。AとBが朝に出会ったとき（文脈一）、Aが「おはよう」と挨拶します（行為一）。それを受けて（文脈二）、Bも「おはよう」という挨拶を返します（行為二）。これに続けて（文脈三）、Aは「宿題やってきた？」という質問を行います（行為三）。それに対して（文脈四）、Bは「全然」と回答します（行為四）。ここで研究者は、行為一、二、三、四をそれぞれ挨拶、挨拶、質問、回答と特徴付けています。Bは、行為二で挨拶、行為四で回答を行うことによって、Aの行為一と行為三をそれぞれ挨拶、質問と理解したことを示しています。ただし、挨拶に挨拶、質問に回答で応答することは言語的な慣習によって規定されています。

こうしたやりとりはより複雑なバリエーションをとり得ます。上述の例でAが行為一を行った後（文脈二）、Bがそれに応えることなく、慌てた調子で「宿題やってきた？」という質問を行ったとしましょう（行為二a）。それを受けて（文脈三a）、Bは「え、宿題？」と発話します（行為三a）。行為三aはまず驚きを示した後で、行為二の一部を繰り返しています。それに対して（文脈四a）、Bは「レポートやん、今日までやで」という説明を行います（行為四a）。ここでは、行為一のAによる挨拶に対してBは慣習に従った挨拶による応答を行わず、新たな質問（行為二a）を行っています。研究者は、Bの質問が慣習に反してまで行われる、急を要するものであることを示している、と考えます。Bの慌てた調子、およびAが行為三aによってBによる唐突な行為二aを問題化したことは、この研究者による特徴付けの証拠を提供しています。さらに、Bが行為四aで行為二aについての説明を行ったことは、行為三aが行為二aを問題化したという研究者の特徴付けに対する証拠となっています。

このような、参与者による行為がその直前の行為についての研究者による特徴付けに対する証拠を提供するという考え方を、「次ターンによる証明の手続き」と呼びます。この手続きは、具体的かつ経験論的に相互行為の研究を進めていくことを可能にします。またこのアプローチでは、参与者たちが相互理解を目指してそれぞれの発話の意味を相互行為の中で提案、交渉、構成していると考えます。そして、こうした意味の振る舞いこそがコミュニケーションの基盤をなし、私たちの社会的リアリティを形づくると考えるのです。

こうした視座から高田『相互行為の人類学』[2]では、南部アフリカのカラハリ砂漠で暮らす狩猟採集民のサン（ブッシュマン）と日本人調査者の間で相互理解が達成される事例を分析しています。狩猟採集活動や移住のために移動を繰り返してきたサンは、カラハリ砂漠の環境を熟知しています。この事例では、彼らが以前住んでいたキャンプ地に向かう自動車を日本人が運転していました。カラハリ砂漠の環境に不慣れな運転手に対して、同乗するサンの人々は様々なジェスチャーや発話を用いて自動車が進むべき方向を示します。そうした行為指示には、地表の土壌や植生の状態、ランドマークとなる具体的な樹木といった豊かな民俗知識が反映されています。最初は見知らぬ土地での運転に困惑していた運転手も、次第にその行為指示に沿ってハンドルを切り、進むべき「道」が見えてきます。この事例では、日本人調査者という少数派と多数派であるサンの人々が同じ活動に従事する中で、サンの人々が普段は暗黙裏に用いている民俗知識が明示されていました。このように、異なる文化的集団に属する人々も、協力的行為を行うことで相互理解を達成できるのです。

この事例では、カラハリ砂漠の環境やサンの言語に関する知識に参与者間で大きな不均衡があっても相互理解が達成されていることが重要です。高田[2]では、さらにチャレンジングな課題として、認知的な能力や身体的な基盤をはっきりと異にする異種間での相互理解が可能かについても問いかけを行っています。高田が調査を行った林原類人猿研究センター（ＧＡＲＩ）では、できるだけ野生に近い環境を取り込み、チンパンジーと人を比較・包括する研究が行われていました（残念ながら、ＧＡＲＩは二〇一三年に閉鎖されました）。高田[2]では、飼育下の大人のチンパンジーと人の飼育員の間の相互行為が詳細に分析されています。飼育の過程でチンパンジーたちは、室内ではトレイから直接食べ物を手に取ることを禁じられ、欲しい食べ物を手で指して要求することを学んでいます（野生下では、ほぼ見られない行動です）。また、飼育員はチンパンジーに対して様々な行為指示を行います。こうした行為指示は、相手が行動で応じるだけでもよいことが多いため、人では言語使用に不慣れな子どもに対してよく用いられます。実際に飼育員が行為指示を行う時は、単刀直入な言語的発話にそれと関連したジェスチャーを組み合わせる例が多く見られました。チンパンジーは概ねこれに応じていましたが、提供された食物を手に取らず、左手で自分の口を触り、右手で階段をつかむ例もありました。この行為は、そのチンパンジーが提供された食物の受け取りを拒否し、さらに階段をつたって部屋の外に出るという一連の行為の指標（インデックス）を表出したと特徴づけられます。飼育員もまた、そのチンパンジーが部屋の外に帰りたがっていると解釈し、後にそれを許容しました。チンパンジーは、いそいそと部屋の外に出ました。

認知科学の主流をなす研究は、チンパンジーは高い知能を持ってはいるものの、言語に代表されるシンボルを使う能力は、人と比べるとごく限られていると考えてきました[3]。こうした立場からは、チンパンジーと人のコミュニケーションには大きな制約と不均衡があることが予想されます。しかし上述の相互行為は、両者がシンボル以外の様々な記号論的資源（例：視線、指標的ジェスチャー）を用いて相互に行動を調整しながら、相互理解を達成できることを示しています。GARIのチンパンジーと人の飼育員が用いる記号論的資源は、部分的にオーバーラップしています。そして両者は、長い対面的な関わりの歴史の中で、種の違いを超えて共通の文脈を確立するに到っています。これを私は、チンパンジーと人が共同で新たな文化を構築しつつあると考えてみたいのです。

これらの例は、相互行為において相互理解を達成し、新たな文化を構築するために個々のメンバーが身体的・認知的な基盤を完全に共有する必要は必ずしもないことを示しています。その一方で、かなりの程度歴史や文化を共有してきた集団の間で、何らかの事件を契機として相互理解を達成することが難しくなるような状況も生じ得ます（二〇世紀後半からの朝鮮半島における南北の国家の分離・対立や近年のロシアとウクライナの紛争は、その悲劇的な事例だといえるでしょう）。相互行為が時間的・空間的に組織化される仕組みを詳細に分析することで、私たちはそうした相互理解を促進したり、妨げたりする条件を経験論的に論じていくことができるでしょう。

3　異文化としての障がい

こうした視座から、本書であげられている事例も眺めてみましょう。1章1で少年時代の大内が剣道の先生から「振りかぶれ！」と怒られ続けた事例では、先生は面を打った後に竹刀を上げろといっていたのに対して、大内少年は面を打つ前の動作としてこれをとらえていました。「振りかぶれ」というフレーズは、面を打つ前後のどちらにも適用可能なので、大内少年の解釈にも理はあります。しかし、先生の発話の文脈（言語以外の情報も含みます）から多くの生徒が面を打った後での行為指示であることを読み解く、あるいは当初の解釈を修正する（そして、先生はそれを期待している）のに対して、大内少年は当初の解釈に固執し続けています。先生はそれに苛立って、怒りを爆発させたようです。これらは相互行為の中で意味が提案、交渉される過程で起こっていることに注意しましょう。先生の最初の行為指示に対して期待していたような応答がなかった場合、先生はしばしば行為指示の繰り返しや変奏を行うことで発話をアップグレードしていきます。それが繰り返される中で怒りが爆発したのです。こうした行為の連鎖では、先生の側でもいくつかの選択肢の中からある行為を選んでいます。先生は、怒りの表出に移行してしまう前に、もう少し根気よく「面を打った後に竹刀をあげろ」といった言い換えや「よ～し、よくできた。次は～」といった懐柔策をとることもできたはずです。いわゆる「障がい」は、病院での診断のような専門家の知を結集して制度化された出来事を境に認定されるとは限りません。むしろ、上述のような日常的な出来事の積み重ねを通じて、徐々にイメージが形作られていくことが多いのではないでしょうか？　そこには、十分な検討を経ない偏見やバイアスが入り込む余地があります。相互行為の詳細な分析は、そうしたイメージの形成過程をつまびらかにしてくれる、と私は考えています。

大内がこの事例でその場の文脈よりは刀文化と剣道の関係について思いを展開していること、また彼が教育実習に赴いた中学校で、生徒が「短文」を「単文」と間違って書いた後、実習中であるにもかかわらず「単文」「複文」「重文」の説明を長々と展開したこと（1章3）は、自閉スペクトラム症における思考法を理解する鍵になりそうです。これらの例では、大内がある場面で見聞きしたことについて自己内で説明を整え、完結させていくという志向が見てとれます。それを肯定するように彼は、「私は私が描いた自己物語を生きられればいいだけで、相手の望む物語の登場人物になるつもりなど毛頭ありません」と書いています（1章3）。その場にいる他の参与者よりは、教科書やテレビなどのメディアを通じて得た知識が動員されやすいのも、こうした志向と関わっていそうです。

もっともこれは、自閉スペクトラム症では他者を意識しないということではありません。むしろ、大いに意識している他者からの拒否や無視を経験し続けてきたからこその応答、苦労して自ら作り上げてきたリズムを反映した行為である可能性があります。先述のように大内は、多数派にあたる定型発達者が口で「訊く」ことが大切だと述べています。彼らが、自閉スペクトラム症の人々の行為を内包しうるカテゴリーを見つけて分かったつもりになり、それについて当事者に訊かないことは、その存在を軽視することにほかならないでしょう。1〜3章を読むと、私もまたそれに加担しているのではないかと自問させられます。例えば、3章1の逆SST課題で、学校を休んでしまった子どもがその理由をお母さんには話さないのはなぜか答えなさい、というものがありました。私の回答は、その子が「学校に行かなかったと言うとお母さんは大きな声を出す（出したことがあった）から」で、外れでした（正答は「学校で、自分の時間を奪われるから」というものでした）。

自閉スペクトラム症、さらにはより広範な障がい者と定型発達者が相互理解を達成していくための媒体が、私たちにはまだまだ不足しています。異文化間コミュニケーションのモデルを採用するならば、両者が相互行為において用いることが可能なピジンやクレオールをこれから作っていく必要があるでしょう。そのためには、社会の多数派を占める人々の側でも相当な努力が求められます。逆SSTの試みや本書の出版は、その大切なステップとなるでしょう。

【文献】

［1］熊谷晋一郎『リハビリの夜』医学書院 2009
［2］高田明『相互行為の人類学――「心」と「文化」が出会う場所』新曜社 2019
［3］Tomasello, M. *The cultural origins of human cognition.* Harvard University Press, 1999.［トマセロ、M／大堀壽夫ほか（訳）『心とことばの起源を探る――文化と認知』勁草書房 2006］

コラム　当事者本を読む3

ドナ・ウィリアムズ／河野万里子訳『自閉症だったわたしへ』新潮文庫　2000

大内雅登

とても有名な本です。浅学な私は、こうしたコラムに書くために手に取った次第ですが、自閉症とは何かを問う人の多くがお読みになるのもうなずける名作でした。多くの部分に描かれている「自伝部分」と、エピローグにまとめられている「言動の意味分析」、周辺者によるまえがき、序章、訳者あとがきなどの「作者評価」、そして「タイトルの意味」。この四つの部分で構成されている本書は、それぞれに学ぶべきもの、感じずにはいられない何かがありました。

まず「自伝部分」です。私は、これを読んだときに、ジュール・ルナールの『にんじん』を思い出さずにはいられませんでした。こちらは、ルナールの幼少期を描いた小説ですから、ジャンル自体が違うのですが、書き方の違いとしか思えないほど私の中で印象が重なります。家族から「にんじん」と呼ばれ、母親から理不尽だと思われる対応をされる姿が、ドナさんが母親から「ドリー（人形）」から「マリオン」を経て「マゴッツ（うじ虫）」と呼ばれるようになったことなどとつながります。ただ違うのが、『にんじん』は読者の想像の余地を大きく残した客観的な書き方をしているのに対して、『自閉症だったわたしへ』はその内側をありありと描いています。私には、そこに書かれていることが事実としては入ってこず、『にんじん』とは書き方の違う、けれども『にんじん』に通じる文学を読んでいるような気持ちになってきました。

私からすると、この『自閉症だったわたしへ』はくっきりと文学です。ドナさんの独特な世界観が輝く素敵なものであるのと裏腹に、母親を中心とする外の世界は彼女を受け入れず、彼女が自分を助けるためにもう一人の自分を作り上げていく様を描いています。輝く内側の感性と、外との調整のために外の「誰かを模倣する」手法がまとまりのある形で描かれています。そのまとまりの見事さが、かえって私から当事者本としてのリアリティを奪っていくのです。

逆に、私がリアリティを強く感じて、かつ読み手である定型発達の皆さんにリアリティを欠くことなく読み進めてほしいと思ったのが、エピローグの「言動の意味分析」です。ドナさんが常同行動などの多数派からは理解しがたい言動について、その意味を書き綴った部分です。私は、ここに大きなリアリティを感じずにはいられませんでした。先ほど本文の多くの部分である「自伝部分」に『にんじん』を思い出したと書きましたが、私はこの分析部分に一切の文学性を感じません。言葉の羅列。そういう表現がぴったりな何かがそこにあります。

例えば、繰り返し物を落とすことについてドナさんはこのような説明をしています。「自由を意味する。自由への逃走が可能であることを、示している。イメージとしては、善意の感情が、苦痛を伴うことなく自分に触れてくる自由であり、自分の中からも、善意の感情が外へ出てゆき、それをそれほど恐れなくてもすむ自由なのである」（464‐465頁）。これは、私にとって理解が難しい文章です。私には脈絡のない言葉が並んでいるようにさえ思えます。そこで、先ほどの「文学」が生きてきます。「わたしは窓の前に立ち、格子に顔を押しつけながら、いろいろな物を外に落としてみていた。外は『自由の世界』だ。わたしが手を離すと、物だけはその『自由の世界』に行くことができる。だから、ふわりと手から離れた物が途中で樋などにひっかかってしまうと、胸をかき乱され、絶望的な気分に襲われた。」(81－82頁)が私に対して、理解のヒントをくれるのです。

私が当事者だからでしょうか。私からすると本文の多くにある「自伝部分」はドナさん以外の読み手にとってわかりやすい何か別のものという印象がありました。むしろ読みにくい「言動の意味分析」に、わかりにくいものの本物の何かを感じずにはいられません。つまり、それぞれだけでは不完全な感じがするのです。こうした文学的な「自伝部分」と真に迫る「言動の意味分析」が相互に補完をして、ドナ・ウィリアムズの一部を理解させてもらえる、そんな構成になっているようです。私が定型発達の方にリアリティを欠くことなく読み進めてほしいというのは、この相互補完の活用を希望しているのだと捉えてください。

さて、そうして初めから終わりまですっかり読んでしまうと、『自閉症だったわたしへ』というタイトルの意味が捉えられずに途方に暮れてしまいました。定型発達者であると思われる訳者の河野万里子さんは、このどうとでもとれる日本語にどんな意味をこめたのでしょうか。これを考えるときに、ドナさんを取り巻く三人の文章が手掛かりとなります。

「まえがき」を担当した医学博士のアンソニー・クレア氏は「本書『自閉症だったわたしへ』が、これまで自閉症の人の心を覆っていたヴェールを、一気に取り除いてくれた」(11頁)と記しています。一見すると、この本によって、自閉症当事者の心の内側がすっかり見通せるようになったという書き方にもとられます。しかし、本当にそんなことができるのかというと、不可能なことは明らかでしょう。つまり、この文は、周辺者にとって見えなかった大部分のところを明らかにしてくれた。そういうドナさんへの賞賛としてとるべきでしょう。

「序章」を担当した児童心理学博士のローレンス・バーダック氏は「自閉症児の中にも、頭脳明晰な者もいればそうでない者もいる。陽気な者もいればむっつりと気難しい者もいる。さらに、茶目っけのある者、従順で素直な者と、要するに他のあらゆる集団と同様にさまざまな人間がいるのだ。そのふるまいにしても、視点を変えれば、周囲の環境が彼らにとっておかしくなった時に起こす正常な反応と見ることもできる。いやむしろ、そのおかしさに平気でいられるわれわれの方が、本当は鈍感なのかもしれない。また、自閉症の症状は別として、自閉症児にも情緒的に不安定な者と比較的よく適応している者とがおり、これも一般の人間の場合とまったく同じなのである。」（19頁）と述べている。この時代によくぞここまで踏み込んでくれたと嬉しくなる文章です。

そして翻訳をし、日本語のタイトルもつけた河野万里子さんは、「訳者あとがき」で、１９９３年にアメリカで出された論文を取り上げ、こう触れています。「自閉症の人は、情緒的な接触の手が届かないというほどではないが、『心理学的または生理学的研究によれば、その内的世界は豊かとは言えず、その心の中は生物学的な障害のせいで普通の人とは非常に異なったものになっている』というのだ。多くの場合は、そうであるのかもしれない。それにドナの世界も、確かに普通の人とは少し違ったものだったといえるだろう。だが彼女の世界は、私たちの心を揺さぶるほどに豊かだ。」（４８５頁）

つまり、この三名は、ドナ・ウィリアムズさんとドナさんの文章を、かつての自閉症のイメージを払しょくする存在として捉えているのです。「かつての自閉症は過去のものですよ。こんなにも心の中で思いが複雑に交錯し、豊かであるなど、多数派の人たちと何ら変わらないと気づいてほしい」。

私にはそう訴えかけるために、この『（外から決めつけられる）自閉症だったわたしへ』というタイトルだったのではないかと推察しました。ドナさんの語る内側の世界が、外から見ていた多くの人から見た世界と違っていたことを、翻訳をした河野万里子さんは、見抜いておられたのだと信じています。

7章　定型発達スペクトラムが抱える「見えにくさ」を巡って——期待と投げかけ

高木光太郎

1　理解できるが気づけない

大内さんが自閉スペクトラム当事者の視点から描くエピソードを読むと、語り口の軽妙さにも助けられて、「当事者はそういう風に考えて行動しているのか」と、すんなり理解できることが多かったように思います。隠し絵の中のもう一つの絵柄のありかを教えてもらって、突然パッと見えたときのような気分になりました。

たとえば1章冒頭の「ビーズ暖簾」のエピソード。

大内少年が「忍者ハットリくん」に触発されて、ビーズ暖簾の耐荷重を考慮したうえで全体重を預け、暖簾を破壊、あえなく落下するまでの思考と行為の流れは、私にも似たような経験があるのでよく分かります。「素晴らしい閃き」に突き動かされて破滅的な行動をとりがちな小学2年生男子の「あるある」的展開です。ちなみに私の場合、やはり2年生くらいのときに、校庭にある鉄棒の垂直の支柱の正面に立ち、その場で突如前回りを試みて支柱に額を痛打、学校を早退しました。鉄棒が全部友達に使われていた状況を前にして、「ここ使える！」と「閃いた」結果です。

　何かをやらかしてしまった後、叱責する大人に対して「とりあえず黙っておく」という対処をするのも、子どもならよくあることかと思います。ただ私の場合、黙っていると言っても、怒られると頭が真っ白になって固まってしまうので、大内少年のように別のことを考えて嵐が過ぎるのを待つというわけではありませんでした。ただ状況をさらにやっかいにしないために余計な動きはしない、という点では似ている感じがして、この説明もほぼ違和感なく理解することができました。

　一方、お母さんに「もうテレビでも見とき」と言われた後に笑い声を上げた大内少年の思考と行動は、子どもの頃の私とはかなり違うように思えました。それでも「怒られて落ち込んでいると思わせない」という理由で、わざと笑い声を上げるという筋道がまったく理解できないというわけではありません。説明があれば、自分の思考や行動のスタイルとは一致しないものの、お母さんへの配慮の一つのあり方として理解することはできました。

　このように少なくとも「ビーズ暖簾」のエピソードに関して言えば、大内さんの説明を読み、それを自分の場合と重ね合わせることで、隠し絵の絵柄、すなわち大内少年の思考と行動の構図がだいたい理解でき、ある程度納得できたわけです。しかし、一つ引っ掛かりが残ります。説明があればすぐ理解できるのに、なぜ自力で気づけないのかという点です。「ビーズ暖簾」のエピソード前半は、お母さんの視点で描かれています。最初にそれを読んでいるとき、私は大内さんが説明したような思考と行動の筋道を思い描くことはありませんでした。前半を読んでいるときの私からの出来事の見えは、大内さんが描くお母さんの見えとほとんど重なっていたように思います。ビーズ暖簾に突然ぶら下がったときには「何故?!」と思い、散らばったビーズを前に黙って立つ大内少年の様子を「そりゃ静かにしてるよね」と受け止めました。テレビの前に戻って大内少年が笑い声を上げた部分については、「え?! そこで笑う? え?」と反応したように思います。

大内少年の思考と行動の筋道が、極端に複雑あるいは想像困難なほど荒唐無稽であったなら、それが見えなくても不思議ではありません。しかし、上で述べたように、それらは多くの部分で私自身の体験と重ね合わせることのできる、むしろ、すんなりと理解できるものでした。笑い声を上げた部分についても、思考の筋道はシンプルで、言われてみれば有り得るものとして納得できたわけです。このようにむしろ「容易に」理解できたとも言える大内少年の思考と行動の道筋ですが、なぜ改めて説明してもらわないと気づけなかったのでしょうか。以下では、私を含む定型発達スペクトラムの人々が、自閉スペクトラムの人に対して抱えていると思われる、このような思考と行動の筋道の「見えなさ」について少し考えてみたいと思います。

2 「当たり前」のすり替え

大内さんのエピソードを、定型発達スペクトラムの側の「見えにくさ」という視点で捉え直そうと考えたとき、最初に思い浮かんだのは文化心理学者のマイケル・コールとシルヴィア・スクリブナーが西アフリカのリベリアで実施した古典的な調査でした[1]。とても面白い研究なので少し紹介させてください。
リベリアでコールとスクリブナーが調査対象としたのはクペレ族と呼ばれる人々で、当時は学校教育を受けていない大人も多くいました。調査では彼らの思考のあり方を明らかにするための様々な実験が行われました。それは、たとえば次のような簡単な推論の問題を解いてもらう課題でした。

フルモかヤクパロのどちらかがイチゴ酒を飲むと、村長が腹を立てます。フルモはイチゴ酒を飲んでいません。ヤクパロはイチゴ酒を飲んでいます。では、村長は腹を立てますか?

この問題文を読んだ人の大半が、おそらく、すぐに「村長は腹を立てる」と正解できたと思います。しかし、クペレの大人のこの種の問題に対する正答率はなんと33%にとどまりました。この結果は、学校教育を受けていないクペレの人々の多くが、論理的に物事を考える十分な力を持っていないことを示しているのでしょうか。しかし、クペレの人々が「間違える」プロセスを丁寧に見直すと、別の捉え方が浮かび上がってきます。ある村人がこの問題に答えたときの様子をみてみましょう。

実験者：フルモかヤクパロのどちらかがイチゴ酒を飲むと、村長が腹を立てます。フルモはイチゴ酒を飲んでいません。ヤクパロはイチゴ酒を飲んでいます。では、村長は腹を立てますか?
村人：二人に腹を立てる者などおらん。
実験者：（質問を繰り返す）

村人：村長はその日は腹を立てていなかった。
実験者：村長は腹を立てていなかったのですか。その理由は何ですか？
村人：理由は彼がフルモを好きではないからだ。
実験者：彼はフルモを好きではないのですか。理由を続けてください。
村人：理由はフルモが酒を飲むと迷惑をかけるからだ。それが、彼がイチゴ酒を飲むと村長が腹を立てる理由だ。しかし、時々ヤクパロがイチゴ酒を飲んでも、彼はまわりの人に迷惑をかけない。彼は横になって寝るだけだ。そんなわけで、まわりの人は彼には腹を立てないのだ。でも、イチゴ酒を飲んでけんかをふっかけてまわる人間は――村長はこの村のそんな人間は好きになれないのだ。

（邦訳書[1]235－236頁）

この村人は「二人に腹を立てる者などおらん」「村長はその日は腹を立てていなかった」と答えていますので、テストの答えとしては「誤答」になってしまいます。しかし、何か違和感が残らないでしょうか。たとえば「二人に腹を立てる者などおらん」という言い方は、村人が村長以外の複数の人々を想定しているようにも読めます。「村長はその日は腹を立てていなかった」というのは、ある特定の日の出来事として問題文を読んでいるように受け取ることもできそうです。この他にも、村人の説明の最後には「村長はこの村のそんな人間は好きになれないのだ」と、特定の村とその村の村長を想定したような語り方がみられます。

どうやらこの村人は、問題文を論理的な思考の力をテストするために作られた架空の記述ではなく、実際に自分が知っている人や状況を描いたものとして読み解き、解答しているようです。そう考えると、村人の説明が架空の状況に対する間違った推論ではなく、この人の知る村の現実的な状況に対する正しい推論であることが分かります。フルモも、ヤクパロも、村長も、この村人が知っている実在の人物で、フルモは酒癖が悪く、ヤクパロはそうでなく、村長は酒癖が悪い人を嫌っていたとします。この場合、ヤクパロがいちご酒を飲んでいても村長が怒らないというのは、実在の人物たちの特徴を前提とした、まったく適切な推論です。「理由はフルモが酒を飲むと迷惑をかけるからだ。」以降の説明も、推論の正しさを理由づけるものとして読むことができます。

このように「イチゴ酒」問題に解答した村人は、前提から正しく結論を導き出すことができるという意味で、十分な推論能力を備えていました。にもかかわらず「誤答」となったのは、問題文の解釈が出題者と食い違っていたからだと考えられます。出題者は問題文を架空の状況の説明と考えていましたが、村人は実際の村の状況を想定し、それを問題の理解と推論の前提としていました。

では、村人は十分な推論能力があったものの、問題文を「正しく」読むことができなかったため「間違った」のでしょうか。これも違うように思われます。「イチゴ酒」問題を「正しく」理解するためには、登場する人物や説明されている出来事が現実世界と一切関係のないただの記号であり、読み取るべきは各記号間の論理的な関係だけであることを知っている必要があります。しかし、よく考えてみれば、これはかなり偏った特殊な文の理解の仕方です。幼いときから学校で文章題を数え切れないほど解いてきており、その他の場所でも日常的に似たような問題文（たとえば運転免許の試験や各種のクイズなど）に多く接している私たちは、当たり前のようにフルモもヤクパロも村長もイチゴ酒も全部ただの記号に過ぎないと理解します。しかし、これは現実世界と切り離して問題を解くという「学校的な」実践が深く浸透している我々の文化に特有の経験の積み重ねがあって初めて可能となるものです。そのような経験の積み重ねをせずに生きてきたクペレの大人たちに、そのような理解を突然求めるのは無茶としか言いようがありません。ちなみにクペレの人々でも学校教育の経験がある人の正答率はずっと高かったとのことです。

「イチゴ酒」問題でクペレの人々の「誤答」を生み出したのは、推論や読解能力の低さではなく、問題文が求めることの特異さと、そのことに気づかない出題者側の文化的な立ち位置（学校教育が浸透している独特な社会に自分が生きていること）の無自覚さであったと言えるでしょう。出題者たちは「私たちにとっては当たり前」を「誰にとっても当たり前」にすり替えて問題を作成してしまい、その結果、クペレの人々が現実的な生活世界を足場にして示している推論の力を「見えなく」していたわけです。

「ビーズ暖簾」のエピソード前半を最初に読んだ時に、大内少年の思考と行動の道筋が私に見えなかったことにも、このような「私たちにとっては」から「誰にとっても」への視点のすり替えが関係していたように思われます。暖簾を壊してしまってからの出来事の展開について言えば、私の場合、「やらかした人は反省し神妙な態度をとるものだ」ということを「誰にとっても当たり前」として読んでいました。それゆえ散らばったビーズの前で黙って立っている大内少年の態度について「反省・神妙」以外の背景を考えることはなく、テレビの前に戻ったあとで急に笑い出したことを「反省のない」「不適切な態度」と疑問なく捉えたのではないかと思います。

3　姿勢の場

「やらかした人は反省し神妙な態度をとる」ことを「当たり前」と捉えていた私の暗黙の理解は、たとえば「人はいつか必ず死ぬ」とか「夜は暗くなる」といったことを「当たり前」だと考えることとは異なるタイプの認識だと思われます。大内少年がテレビの前に戻り笑い声を上げた際のお母さんの反応をみてみましょう。笑い声を聞いたお母さんは、「何を笑いよんの！」と声を上げ、思わず大内少年の頬を叩いてしまいました。ここでお母さんは、「やらかした人は反省し神妙な態度をとる」という「当たり前」に反する大内少年の行動を目の当たりにして、強い情動的な反応を示したものと思われます。一方、「人はいつか必ず死ぬ」という常識に反する態度、たとえば「自分の親はずっと死なないような気がしていた」とつぶやく人を見て「何を言っている、人は必ず死ぬものだ！」と声を荒げる人や、白夜の話を聞いて「あり得ない！　夜は暗いものでしょ！」と怒り出す人はほとんどいないと思われます。どうやら私たちは、特定の状況で相手が「当然そのように振る舞うこと」を強く期待しており（あるいはそれ以外の行動はあり得ないと強く信じており）、それと異なる他者の行動を目の当たりにすると、情動を伴う強い拒否反応を示すようです。

社会学者のハロルド・ガーフィンケルは、このように他者の行為に向けられた期待ないしは信念を「背後期待」と呼びました。[2] ガーフィンケルは学生たちに、背後期待をわざと裏切るような行為をして、その際の相手の反応を記録して報告せよという課題を出しました。たとえばある学生は「どうだい？」と挨拶してきた友人に、「まあまあだよ」などと普通に応答せず、「何がどうなんだい？　身体か、金か、勉強か、それとも気分のことか…？」と質問の意味の明確化を求める返事を繰り返しました。この対応に友人は当惑し真っ赤になって怒りだします。

ガーフィンケルのこの迷惑な実験が示しているのは、私たちが日常生活においてコミュニケーションをとる相手に「当たり前」の対応を強く期待していること、普通はその期待が裏切られることはなく、その結果、期待された「当たり前」の対応が「当たり前」であるという感覚が強化されるということ、そして「当たり前」の対応が得られなかったとき、人は当惑し、時として強い情動的な反応を示すということでした。私たちが他者に期待する「当たり前」は、「人はいつか必ず死ぬ」や「夜は暗くなる」といった常識のように自然の原理に裏打ちされたものではありません。「調子はどう？」と聞かれたとき「まあまあだよ」「いいよ」と答えるのが「当たり前」なのは、たまたまこれまで自分が出会ってきた人たちが、そのような対応をしてきただけのことであり、これ以上の根拠はありません。あくまでもここまでの経験の範囲にとどまる「私にとっての当たり前」に過ぎないのです。しかし私たちは、それをあたかも「誰にとっても当たり前」であるかのように信じ込み、相手がそのような振る舞いをするものと勝手に期待し、それが裏切られると感情を乱されてしまいます。相手も期待をわざわざ裏切って相手を困惑させたり、怒らせたりする必要は普通ありませんので、たいてい期待どおりの対応をします。こうして期待する側と対応する側が相互に支え合って、「当たり前」を裏切らない「普通の」コミュニケーションの流れが繰り返し生み出されるわけです。

このように私たちは多くの場合、コミュニケーションを開始する手前ですでに相手が当然こう対応するだろうという期待の姿勢をほぼ固めています。もちろん超能力者ではありませんので、実際に相手が話す内容を一語一句正確に予測するわけではなく、「このような状況であれば普通は〜」「このような関係であれば普通は〜」という枠に相手の対応が収まるものと想定しているということになります。

コミュニケーションの手前で行われるこうした期待の姿勢づくりは、ほぼ自動的なもので、自分がとっている姿勢が意識されることも滅多にありません。期待が裏切られたときも、自分の姿勢に目が向けられることは滅多になく、むしろ相手の態度が不適切なものとして浮かび上がってきて、情動的な反応が引き起こされてしまいます。コミュニケーションに参加している人たちは、互いの姿勢が食い違ってトラブルにならないように、無意識のうちに微妙な調整を行っています。たとえば教育実習の国語の授業で、私語をしていた女子生徒を「黙らせる」ために、大内さんが彼女を指名し「何かあるんやろ？　発表して」と問い詰めるエピソードがありました。大内さん自身はこの対応を「怒りではない攻撃性」と説明していましたが、おそらく教室にいた生徒たちは「先生が怒っている」と捉え、それに対応する姿勢（怒られている当事者の姿勢と傍観者の姿勢）を皆が取り、（大内さんを除く）教室全体がその姿勢で統一されたものと想像されます。こうしてコミュニケーションの参加者の姿勢が相互に重なりあうことで、その場に「姿勢の網の目」とでも呼べるようなものが生み出されます。俗に言う「場の空気」です。この教育実習のエピソードでは、「怒っている先生」に向かって生徒たちが重ね合わせた姿勢が、実際には「怒りではない攻撃性」に基づいていた大内さん自身の思考と行為の脈絡を「見えない」ものにしていたと考えられます。コミュニケーションにおいてマジョリティとなることが多い定型発達スペクトラムの人々がつくりだす、「私たちにとっての当たり前」を期待する個々の姿勢と、それらが重なることで生み出される「姿勢の場」が、自閉スペクトラムの人々の思考を「見えにくく」していたわけです。

4 投げかけと応答

このように定型発達スペクトラムの人々は、コミュニケーションの手前で期待の姿勢を固め、またお互いにそれがズレないように調整しながら姿勢の網の目を編み上げ、コミュニケーションのなかに安定した「当たり前」の世界をつくり出そうとする傾向が強くあるようです。「当たり前」という「繭」を共同作業で作りあげ、その中で一緒に暮らすという感じです。一方、大内さんは繭を作る共同作業に加わらず、繭の中で暮らすこともせず、自身を基点にしてその都度、相手と直接向き合うことを選んでいるように思えます。その向き合い方がたまたま定型発達スペクトラムの人々の期待の姿勢と噛み合えば、相手は大内さんも一緒に繭の中にいると勘違いをして、見かけ上円滑なコミュニケーションが生まれます。そうでなければ何かトラブルが発生し、相手の情動的な反応が引き出されることになります。たとえば教育実習での一連の出来事をめぐる次のような説明は、このような大内さんのスタイルをよく示しているように思われます。

指導教員の先生にせよ、その学生にせよ、ある種の期待を込めて大内にバトンを渡したわけです。その期待に気づいたうえでそれに反する態度をとった大内に裏切られています。私にとって必要なのは信用を失ったそのときに、その信用を回復することでした。そういう目的のためにとった態度で自分を見せることと、その態度で自分の予定外のところで期待された自分を見せることとは全くの別問題です。私は私が描いた自己物語を生きられればいいだけで、相手の望む物語の登場人物になるつもりなど毛頭ありません。

こうした自身を基点とした相手との関わりのスタイルが、どこまで自閉スペクトラムの人々に共通で、どこまで大内さん個人の個性を反映したものなのかは定かでありませんが、大内さんのエピソードを読んで一つ言えるのは、このスタイルが他者との関わりを拒絶する「自己中心主義」「孤立主義」ではないということです。数々のエピソードのなかで、私が一番好きで美しいと思ったのは、言葉の発達が遅れていると思われる子どもと大内さんが「お散歩」に出掛け、ドラッグストアの駐車場の横を通り過ぎるときに、手を2回握りあってから、大内さんが走り出し、その子が後を追って駆け出した場面でした。ここでは何かを期待して相手に働きかけ、相手もそれに合わせて対応する関係ではなく、よりシンプルにお互いの行為が反響しあう別のタイプの関係が生まれていたように思えました。言語的なコミュニケーションではなく、音楽的な「掛け合い」のような関係と言えばよいでしょうか。自分は自分のフレーズやリズムを奏でますが、それに相手がどう応答してくるかは分からない。そうして飛び出してきた相手の応答を受けてまた自分がフレーズやリズムを繰り出す。この反復がうねりを生み出し場をつくりあげていく。「期待と対応」によってお互いの姿勢を固め一緒に繭化していく「コミュニケーション」ではなく、「投げかけと応答（call and response）」によって「いま・ここ」の場にうねりを生み出す「演奏」を通して相手に開かれていく関係です。この意味で大内さんのスタイルは「自己中心主義」「孤立主義」ではまったくなく、むしろよりラディカルに相手に自分を開くものと言えるかもしれません。数々のエピソードのうち私にとって最も謎めいていた『じゃあ』トイレ行ってくる?」の話も、この視点でうまく理解することができそうですが、説明が長くなりそうなので止めておきましょう。

【文献】

［1］コール、マイケル・スクリブナー、シルヴィア／若井邦夫（訳）『文化と思考――認知心理学的考察』サイエンス社　１９８２［Cole, Michael & Scribner, Sylvia *Culture and thought: A psychological introduction.* Wiley, 1974.］
［2］ガーフィンケル、ハロルド「日常活動の基盤――当たり前を見る」サーサス、ジョージ・ガーフィンケル、ハロルド・サックス、ハーヴェイ・シェグロフ、エマニュエル／北澤裕・西阪仰（訳）『日常性の解剖学――知と会話』新版　第2章（31－92頁）マルジュ社　１９９５

コラム　当事者本を読む4

星野仁彦・さかもと未明『まさか発達障害だったなんて――「困った人」と呼ばれつづけて』PHP新書　2014

大内雅登

漫画家、作家、歌手…様々な肩書を持つさかもと未明さんが著者のひとりです。テレビ出演もされたとのことで、お顔が浮かぶ方もおられるかもしれません。そのさかもとさんに、ADHDとAS（アスペルガー症候群）の診断をされたのが、共著者の星野仁彦先生です。本書は、第1章をさかもとさんが書き、第2章を星野先生が書き…と交互に繰り返して、第10章の星野先生の文章のあとに、終章としてのさかもとさんの文章、そして星野先生の「おわりに」というあとがきに似た文章で締めくくられます。

この本はどのような作られ方をしたのだろうか？　まず、そういう疑問が浮かぶ本です。交互に章を受け持っているので、打ち合わせたり、読み合わせたりしているだろうに、と思うのですが、さかもとさんの記述に対して、星野先生の記述がかみ合わないのです。

例えば、さかもとさんの子どもの頃の記憶が書かれている部分からいくつか抜き出します。「お母さんが私のことを、近所の子供たちが遊び場にしている公園に引っ張っていき、年長の子にお願いする。子供たちは私の顔を見ると、『あーあ』という顔をして、互いに目くばせをしたりする。お母さんがいなくなったあと、子供たちは『缶蹴り』を始める。私も仲間に入れてもらって、ちょっと嬉しくなって走り出す。でも、足が遅いからすぐに捕まってしまう。」（13頁）、「数えながらわかっていた。

目を開けたとき、もう公園にはだれもいないだろう。みんな目くばせをして、違うところに走っていくつもりなのだ。公園には私一人が取り残される。」（14頁）、「私は一人でお絵描きしたり、お庭の木の葉っぱの形を観察したり、お花の匂いを嗅いだり、蜜をすったりしていたいだけ。」（15頁）、「そりゃあみんなと仲良くできるなら、私だってみんなと楽しく遊びたい。でも、遊びの輪のなかに入っても、楽しいことなんてまずなかった。」（同頁）

この辺りは、とても胸が痛くなります。お母さんの働きかけによって遊びの中に入れてもらうこと。そして、一緒に遊べることに喜びを感じるも、すぐに仲間外れにされてしまうこと。一人遊びがしたいと思うけど、それはほかの子どもから歓迎されないからであることなどが書かれています。

星野先生は、この第1章の記述を受けて、第2章でこう展開しています。「まず、さかもとさんは『人友人と遊んでも楽しくなく、いつも一人遊びばかりしている子でした。」（35頁）、「ASの場合は『人と親しくなりたい』という欲求自体が希薄なのです。孤立しても平気で、だからずっと一人遊びをしているわけです」（36頁）。つまり、仲間外れにされてつらかった話は脇に置いておいて、一人でお絵描きしたり、植物を見ていたりしたいという部分がクローズアップされているのです。無理やり遊びに入っていくことでかえってつらい思いをするぐらいなら、一人でいたいと思っていることと、もともと一人がいいと思っていることとは同じではありません。

こういう食い違いは本書のいたるところで見ることができます。第1章と第2章だから食い違っているのではなく、終章とあとがきでもそうした食い違いが見られます。さかもとさんは「幸いにして、仕事は次々と舞い込んだ。」（２４９頁）、「ゴールデンタイムの番組からも出演依頼がきた。俗な意味での『成功』を私はつかんだような気になれた。」（同頁）、「（両親から）『よく頑張ったね』と言ってもらえると思った。」（同頁）、「ここまで頑張っても、親は何も言わなかった。私は親に『自慢の娘』だとか『よくやった』とか言われたことがない。それだけは、いまでも涙が出るくらいにつらいこと。」（254頁）という告白をしています。一見して社会的に成功をしているように見えても、家族から認められないことが心からつらいと話しています。つまり、その成功は他者から見た成功であって、当事者にとってみれば、幸せにつながる成功ではないのです。だからさかもとさんは「俗な意味での」なんて言葉を足しているのでしょう。

それを受けて、星野先生は「おわりに」にて、こう書いています。「今回、さかもと未明さんが自分の発達障害とこれまでの人生について告白したことにはすばらしい意義があります。社会的に高い評価を受けている人が発達障害についてオープンに語ることで、世間の偏見を打ち破るきっかけになればと切に願います。」（285頁）、「さかもとさんが『親子でも、どうにも気が合わないことはある。どうにもならない家族はある』という気づきにいたったことは、とても重要です。大人の発達障害にある人は、いつまでも親子関係の分離ができないのが特徴なのです。」（同頁）、「そうした人たちに私からアドバイスしたいことは、『親を気にするな』ということ。」（同頁）

社会的な成功を俗な意味での成功と表現したことには触れずに、その社会的な成功者が語ることに意味があるんだとするのは、私好みの表現ではありませんでした。

社会的な成功が喜びではなく、その成功によってさかもとさんのご両親が、さかもとさんを認めることに喜びがある。さかもとさんは、そう語っていたのですが、「親を気にしない」ことに気づけたのが大切で、そうなっていない当事者も「親を気にしない」ようになってくださいね、とまとめています。もちろん、これは家族が支えになっていない場合を前提としていて、あらゆる家庭に向けた言葉ではありません。しかし、私は、当事者であるさかもとさんの望む「友だちとの遊び」「家族からの承認」を、特性上一人がいいでしょ、とか、家族から分離できないことが発達障がい者の問題だよね、と括ることに賛同できないでいました。

さかもとさんがこれまでの人生を振り返り、内側から湧きおこる苦しさを生々しく描いているのに対して、星野先生の語り口があまりにも外側からの特性理解にとどまり続けることに違和感を持ちながら読みました。当事者と周辺者には、こうした食い違いがあり、そのズレにお互いの生きにくさが表れてくると言えば、その通りです。そうした側面を伝えたくて私自身この本で自分を語っているところもあります。

しかし、私にはさかもとさんと星野先生が食い違っているようには思えないのです。星野先生から渡されたコンサータという薬を飲んだ描写があります。「コンサータを飲んで十五分もしないうちに、急に気持ちが上向き、体もラクになっ」たと、さかもとさんは書いています（11頁）。私の知る限り、コンサータという薬は15分で効き始めるものではありません。ついでに言えば、気持ちが上向くなどという効果もありません。では、これは何が起きているかというと、いわゆるプラセボ効果だと思えます。薬剤の専門家でもないのに出過ぎたことを考えてみますと、さかもとさんの心や体に起きたいい結果は、薬によるものではなく、すでに星野先生との診断時のやりとりで得られていたのではないかと考えられます。

プラセボ効果とか、プラシーボ効果というのは、本来薬効成分が入っていない薬を飲んでも人によっては薬の効果が出るという現象をさす言葉です。自己暗示や自然治癒など原因に関する説はたくさんありますが、私は、これが「親身になって話を聞いてくれた」星野先生のその態度自体に意味があったのではないかと考えました。星野先生の文章の中に「気がつくと、対話はすでに二時間にも及んでいました。」(91頁)などという部分があります。一般的な診察時間やカウンセリング時間から考えても、比較にならないくらい長い気がします。この長い聞き取り時間を、「診察」とも「カウンセリング」とも言わず、「対話」と表現をされています。私は、ここにおふたりの信頼関係の基盤があると感じました。星野先生は、それまでさかもとさんの周辺にいた人よりも深く理解をされていたと考える方が自然です。そういう理解者に出会えた時点で、気持ちが上向きになっていたと言えそうです。

では、なぜ本書ではさかもとさんの大切にしていることと、星野先生の解説とが見事に食い違うのかも考えてみます。実は、本書の最後のページに星野先生はこう書いています。「かくいう私も発達障害であり、しかも、とんでもない機能不全家族のなかで育ちました」(286頁)。なんと、この本は発達障がい者であるさかもとさんの当事者本ではなくて、さかもとさんと星野先生おふたりの当事者本なのです。そして、苦しんだ経験のある星野先生は「大人の発達障害に苦しむ方々には、『親は親、子は子』と考えて、絡み合った親子関係をいったん断ち切ってみることが救いとなる場合があると、誤解を恐れずに強く申し上げておきたい」(同頁)と考えておられたわけです。

啐啄同時(そったくどうじ)とか、啐啄同機(そったくどうき・さいたくどうき)という言葉があります。生れ出るヒナが卵の内側から、誕生を待つ親鳥が卵の外側から同時に殻をつつくことで無事にふ化することを指す禅の言葉です。この言葉はタイミングの妙を表すのに使いますが、私は、当事者について内から語るさかもとさんと、外から語る星野先生との出会いの妙で生まれたのがこの本だと思えてなりません。さかもとさんは誰かと遊びたかったかもしれないけど、そうじゃない発達障がいの子に無理やり子どもをあてがうことのないように配慮しての書き方だったのかもしれないとも思えてきました。

困りごとが多くそれを語る当事者と、その困りごとを主治医として受け止めるスタンスの差ごと味わうことで、他の本にない唯一性を感じればいいのだと思います。

8章 対話者のディスコミュニケーションをどう考えるか——「図地分節」の共有とそのずれ

浜田寿美男

1 語り手と読み手は同じ「図地分節」の下にあって理解し合うということ

大内さんの文章を読みながら、この違和感はどこから来るんだろうか、と繰り返し考えました。そのなかで気づいたことの一つは、場の「図地分節」の共有とそのずれということです。

たとえば、1章の冒頭で、大内さんは「母との思い出」と題してお母さんの話からはじめています。お母さんは「料理をすることが大好き」で、彼女にとっては「食事の支度は人生の主軸に据えられていた」のですが、でも、その「料理以上に大切なもの」として一人息子の大内さんの存在があったと言います。私は「なるほど」と思いながら次を読むと、その大内さんが幼少の頃「体が弱く、保育所時代など預けた日と入院している日のどちらが多いか分からないような有様で」、「高熱を出したり、けいれんを起こしたりした日には食事を作る気力も生まれないことが多かった」と言うんですね。そこで私は「そうなんだ!」とうなづきます（冒頭からここまでを「A文節」とします）。だけど、これにつづけて「小2となった今ではそこまで心配する状態に陥ることはなくなったが、それでも熱を頻繁に出しては学校を休むことがあり、今も気苦労は絶えなかった」と語られているのを見たとき（ここを「B文節」とします）、私は「えっ、大内さんって、いま小2？」と思ってしまいます。もちろん、そんなことはないはずです。

ここで何が起こっているかをあらためて考えてみます。大内さんの文章を冒頭から読み始めたとき、読み手である私は、大内さんがお母さんの話を「いま」の視点から、つまりこれを語り出した2022年○月○日の視点から振り返って語っているのだと思って、読み手として「なるほど」とか「そうなんだ」とうなづきながら、A文節の終わりのところまでを読みます。ところが、B文節になって大内さんが「小2となった今では」と語り出すと、私は「えっ、〝今〟っていつ？」となって、話の流れから放り出された気分になります。

そのうえでB文節につづいて次の段落になると、「さて、その日は土曜日で夕方から夕食の支度を始めた」となって、「ああ、これは大内さんが小2のときの話なんだと気づく。そうしてようやく私も、この「今」をリセットして、大内さんの話の流れに入りなおすという具合になります。

あらためて考えてみれば、読み手の私は、冒頭のA文節を読み始めた時点で、大内さんの語りの視点が「2022年○月○日のいま」にあるものと思い込んでいたのですが、B文節に入ったところで、その視点が「小2のころ」の「今」に移っていたのです。いや、ひょっとして大内さんのなかではA文節の冒頭から、語りの視点がすでに「小2のころ」の「今」にあったのかもしれません。いずれにせよ、そこでは語り手である大内さんと読み手である私とのあいだに視点の「ずれ」があったわけです。

同じ語りの場にいて、そこで語り手と読み手とが視点をちゃんと重ねていないと、その視点から見える場の「図地分節」がうまく重ならず、理解に「ずれ」が生じてしまって、そこに違和感を覚えたり、あるいは場合によってそれがたがいの深刻な「誤解」にもつながる。そういうことなのかもしれません。

これは、言ってみれば、文章作法の問題にすぎないのかもしれません。じっさい、多くの人は文章を読んだり書いたりするなかで、文章の作法をなんとなく憶えていくのであって、どちらが間違っているという問題ではないのでしょう。ただ、いずれにしても、語りの場で語り手と読み手、あるいは語り手と聞き手とがたがいの視点を重ね、そこにほぼ同一の図地分節が浮かび上がってこなければ、理解し合うことは困難です。それは「ルビンの盃」を見て、一人は「盃」の話をし、もう一人は「向かい合った二人の顔」の話をして、たがいにうまく通じ合えないねと思っているようなものです。

2　教育実習で「犠牲」になった女の子の話

同じ場にいる者どうし、たがいの図地分節が大きく食い違う場面が、大内さんの「物語り」にはいくつもあります。なかには微笑ましいものもあるのですが、ときにギョッとするものがあります。とくに大学時代の教育実習の体験は、大内さん自身が「本当にメチャクチャなものでした」と語っているとおり、私にとってもひどく気味悪いものでした。

国語の時間に生徒たちに音読をさせるということで、読めない漢字は飛ばすように指示して、その飛ばした部分を後に板書して読みを確認するというやり方で授業を進めたようなのですが、これ自体は一つのやり方として別に問題はないように思います。大内さん自身が言われるように「読めなかった漢字をわざわざ大きく黒板に書かれるわけで」「恥をかかされているという認識を持つ生徒も出てくるかもしれませんが、そもそも全体の前で音読させられるわけですから、そこで「読めない」となれば、それで十分に「恥かしい」ことで、その「恥」を避けたいと思えば、あらかじめ調べておけばいい話です。

問題は、2回目の授業で音読を同様のかたちでやろうとしたとき、隣りどうしで私語する女子生徒を見つけて、自分の「やり方に対する批判なのか、自分が当たったときのために読めない文字を教わっているのか、はたまた全くそういうこととは無関係なおしゃべりなのか」は分からなかったけれども、前回の授業の「やり方が全員に受け入れられていないことだけはわかっているので」、「その子を黙らせる」ことにしたという話です。そのために私語をしていた子の名を呼んで「何かあるんやろ?発表して」と声をかけ、その子が「何でもないです」と言って、隣の子に注意されちゃったという感じで声もなく笑ったのに対して、「何でもないわけないやん。授業中に話しているんだから、大事な話やろ」ほら立ってみんなに聞こえるように言いな」と追い打ちをかけて、その子が「いいです」と言っても、さらには「すみませんでした」と謝っても、それでも「いやいや謝らんでええんよ。こっちは大事な意見を聞きたいんやから。ほら、みんなの前で言いな」と迫って、女の子を立ち往生させてしまう。最後に、教科書を押さえていた女の子の手の力が抜けてページが変わるのを見て、「これ以上はこの場にさえいられないかもしれない」と判断して、そこで許すという話です。

大内さん自身がこのことを自覚的にやっていることは、この話をするなかで「こっちはこっちで怒っているわけではありません」とか、「話し始めた最初のひとりを吊るし上げれば自分の授業が安泰であるという計算でやっていますので、クラス全員が震え上がらなければ意味がありません」とか、あるいは簡単に譲らない自分のことを「すごいですね、まだ譲りません」とか、最後には「許すのが遅いって思う人の方が多いことでしょう」とか書いていますから、はっきりしています。

そのうえで私が違和感を覚えてしまうのは、とくに生徒の側に教師に逆らうような雰囲気があるわけでも、まして授業ができないほど生徒たちが荒れているわけでもないのに、「授業が安泰である」ことを求めて、計算づくで一人の女子生徒を「犠牲」にするというそのやり方です。先の「図地分節」ということで言えば、生徒が私語するのは、その生徒どうしのあいだではたがいに交わす言葉が「図」となってやりとりがなされるのですが、それが小声でなされているということは、本来のその授業場面では表向き「図」になっては困ることが分かっているからで、その意味で生徒たちは授業場面での公けの「図地分節」を受け入れたうえで、そのなかにあって、そこからそっと脱け出すかたちで私的な「図地分節」をそこに忍び込ませているわけです。私語というのはもともとそういうものです。

ところが、大内先生はその私的な「図」を「大事な話やろ」と言って公けの「図」にするよう求める。そうした「図地分節」ずらしを自分から仕掛けて、それによって生徒たちを「黙らせ」、制圧しようとしていることになりますから、それは言わば自覚的な嫌がらせだと言われても仕方がないように思います。

それに授業の場面で教師と生徒とが同じ場にいて、そこでの公的な「図地分節」を共有していたとしても、その場を支配しているのは「教える」立場にいる教師であり、生徒の側はその教師の支配を受け入れて「学ぶ」立場にいるわけで、同じ「図地分節」の場にあっても、その構図はまったく対極にあります。つまり、その関係はけっして対等ではなく、共有されているはずのその場の「図地分節」全体をコントロールしているのはあくまで教師の側なのです。そう考えれば、大内先生は授業を安泰なものにするために、この構図に悪乗りするかたちで女子生徒を責め、「犠牲」にしたとも言えます。私などはそのことにひどく違和感を覚えてしまうのですが、どうでしょうか。

「教える－学ぶ」という関係は、同じ「図地分節」を共有していながら、とかく支配の構図にはまりやすいものです。教師がこの支配の構図に乗っかって制圧的・威圧的な行動をとってしまったとき、ときに生徒の側がこの「図地分節」をはずして、その場の支配の構図から逃れようとすることがあります。いわゆる学級崩壊はそうした「図地分節」はずしの典型で、それによって支配の構図からあえて逃れようとするものだと言っていいように思います。大内さんはこの女子生徒の例の延長上で塾講師時代の話を持ち出して、ある塾生に対して同じような詰め寄り方をしたのに対して、その塾生から「俺、先生のそういうとこ嫌いやわ。なんて返事したらいいかわからん」と言われ、大笑いして「そりゃそうやな。こっちやって答えや着地点があってやっているわけやないもん」と種明かしして終わったというエピソードを語っていますが、この塾生の場合は、支配の構図に逆らって「嫌いやわ」と言い、そのことによって対等性を主張し、それを確保したのだとも言えます。

3　同じ「図地分節」を強いられて、虚偽の自白にはまり込む例

授業場面でのこのエピソードを読みながら、私がつい考えてしまったのは、取調べの場で取調官と被疑者とが向き合う場面です。何らかの犯罪事件が起こって、捜査の結果、ある被疑者が疑われて逮捕され、取調べを受けるとき、取調官と被疑者とのあいだにどのような関係の構図が生まれるのかを考えてみます。

まず、最初に確認しておきたいことは、逮捕された被疑者が実際に問題の事件を起こした真犯人であれ、あるいは無実の人であれ、よほど重度の障害を持たないかぎり、取調べにおいて「訊く‐答える」という関係が成り立って、その場の「図地分節」が外形的には共有されるということです。ただし、もちろん真犯人であるか無実の人であるかによって「図地」の内実は明らかに違ってきます。

じっさい、たとえば真犯人が自白して素直に自分の犯行体験を語っている場合ならば、当の犯行行為をテーマ（図）にして、取調官が問いを投げかけ、被疑者がその問いに答えるのですから、その場の「図地分節」にずれはまったくありません。また、真犯人が逮捕されてなお否認している場合でも、そこでは取調官が「おまえがやっただろう」と問い、被疑者が「私はやっていません」と答えるというかたちで対立が起こりますが、両者が同じ犯行行為をテーマ（図）にしているというかぎりで、その場の「図地分節」の外形にずれはありません。ただし、一方が逮捕し取り調べる立場にあり、他方

が逮捕されて取り調べられる立場にあるというかたちで、関係の構図は圧倒的に非対等です。そのため取調官の側が被疑者との対等な関係をあえて保とうとしないかぎり、被疑者が否認で頑張り通すのは容易でありません。

問題は、取調べの場に引き出された被疑者が、現実には問題の犯行行為を行っていない無実の人である場合です。無実であれば、被疑者は逮捕後も否認するのが一般です。しかし、被疑者が否認しても取調官はそれで簡単にあきらめることはなく、支配－被支配の構図の下に、否認する被疑者に繰返し自白を求めます。そこで取調官は被疑者に対して「やったはずだ」として訊き、被疑者の方は「けっしてやっていない」として答えるのですが、そこでも同じ犯行行為を問題にしているという意味では、その場のテーマ（図）は共通だと言っておかしくはありません。もちろん、その「図」の内容が、一方は「やったはずの犯行」であるのに対して、他方は「やってない犯行」だということで、まったく対立しています。「図地分節」の外形を共有しながら、その内実をめぐって完全に対立し、しかも一方が他方の身柄まで押さえているという圧倒的に非対等な、いわば権力的支配の構図にあるのです。

そして、被疑者がこうした権力的支配の構図の下にさらされつづければ、たとえ無実であっても自白に落ちてしまうことがあります。「やっていないのなら、堂々と胸を張って無実を主張すればいい」などと、よく言われますが、それが簡単ではありません。もちろん黙秘権というものがあって、取調官は取調べにあたってこの権利を被疑者に伝えなければならないことになってはいますが、被疑者が「黙秘します」と主張しても、そこで取調べが終わるわけではありません。法の上にはどこにも書かれていないのですが、実務では被疑者に「取調べ受忍義務」があるかのように言われていて、事実上、被疑者は取調べを拒否できないわけで、問題の「図地分節」から離れることができません。つまり、問題の犯行行為をテーマ（図）として、取調官からあれこれ尋問されるという「図地分節」を強要されて、その場から降りることができないのです。

そうした場にさらされれば、無実の被疑者が、いくら弁明しても取調官には分かってもらえない状況がつづいて、やがてどうしようもない無力感を味わいはじめ、これがいつまでつづくのかが見えなくなって、やがて先の見通しを失う。そうなれば、もう虚偽の自白に陥るしかありません。そうして被疑者が「私がやりました」と認めれば、次に取調官は「じゃあ、どうやったのか」と問う。被疑者が無実であれば、やっていない犯行が語られるはずがない。しかし、その時点ではもはや「わかりません」と言えない。そう言えば、否認段階の厳しい無力感にふたたびさらされてしまうからです。結果として、自白に落ちた無実の被疑者が「もし自分が犯人ならばどうやったか」と考えて、想像で犯行を語るしかない。ただ、想像で語れば、当然、取調べ側の把握している捜査情報と食い違う自白が出てきます。すると取調官は「そうか？」と首を傾げ、「よく考えろ」と言う。そこで被疑者は自分の想像が「間違ったんだ」と思って、「じゃあ、こうです」と違うことを答える。それがまたしても捜査情報と異なっていれば、取調官がふたたび「えっ、そうか？」と言うので、被疑者はまた間違ったと思って、違うことを言う。そういうことを繰り返しているうちに、やがて捜査情報におおよそ矛盾なく合致する答えが出て、それが供述調書に録取されていく。そういう具合に事は進行するのです。

そうして虚偽の自白がおおよそ完成すれば、取調官は無実の被疑者をすっかり「真の犯人として扱い」、他方の無実の被疑者も取調官の思い込みに合わせて「犯人を演じる」ほかないことになります。被疑者が問題の犯行をやったはずだということで、取調官が確信を持ってその「図地分節」を強いるなかで、こういう奇妙な関係の構図が出来上がってしまう。「図地分節」の外形は同じで、しかし、その内実が取調官と被疑者とで完全にすれ違ってしまうのです。

4 「図地分節」を強いることと外すこと

人はどのような場にいても、その場の中心テーマとなる「図」とそれ以外の「地」とをおのずと分節させて、それぞれの体験世界を生きています。刑事事件の被疑者は、実際にはその事件について無実であれば、罪を問われる以前の段階では、当然ながら、犯罪行為が話題としてちらりと頭をよぎることはあっても、それが中心的な「図」となることはないのですが、疑われて取調室に引き入れられれば、この犯罪行為をテーマとして問い詰められ、取調官の描いた「図地分節」を言わば強いられ、繰り返し追及を受けて、最後にはその取調官の「図地分節」を受け入れざるをえないところにまで追い詰められる。無実の人の虚偽自白はそうした構図の下に生まれるのです。

大内さんが教育実習時のエピソードとして語った先の話は、その意味で言えば、女子生徒が隣の生徒と私的に「図地分節」を交わし合っていた場面で、これをあえて公的な「図地分節」の側に引き寄せて発表するように迫るというもので、それが教師ｰ生徒という権力関係の下で行われたものでなければ、ただの冗談として許容されるかもしれませんが、実習生とは言っても、担当教員の同席する場でそのようなことが行われてしまえば、この「図地分節」外しが生徒を戸惑わせ、一種の脅しになってしまいます。大内さんがそのことを知っていてあえてこのようにしたと語っていますが、私などは、そこに違和感を覚えてしまいます。

これに関連して、私は最近関与したある殺人事件の裁判のことを思い出します。この事件は、学校から帰宅したばかりの女児が何者かに首を絞められ刃物で胸や腹を刺されて殺されたという無残な事件でした。警察は大々的に捜査を進めましたが容疑者が上がらず、事件から十数年後になって、女児たちへの暴力行為の前科のある男性を収監中の刑務所で繰り返し取調べ、半年余りたって容疑者として逮捕し、身柄を警察に移して追及を重ね、自白をさせて、裁判に持ち込んだのです。

犯人と疑われた男性は、知的な障害はないもののかなり重い発達障がいがあって、刑務所での取調べでは、最初全面的に否認していたのですが、やがて学校帰りの被害者の後ろをつけて、被害者宅に上がり込んで、首を絞めたところまでを認め、ただし刃物で刺したという部分は否認するという奇妙な一部自白＝一部否認に落ち、これを半年以上つづけることになります。しかし、取調官の目から見れば（あるいは周囲の誰が見ても）、被害者の後ろをつけて自宅に上がり込み、首を絞めたと認めれば、もうその直後に刃物で刺し殺したとなる以外にない状況でした。ところが、彼はこの殺人部分のみを否認しつづけ、半年余りのちに、いよいよ殺人で逮捕となって身柄を警察に移されたところで、慌てふためいて、結局、最後に殺人も認めざるをえなくなってしまいます。ただ、この自白も数日つづいただけで、弁護人の説得で否認に転じ、その後、殺人も自分がやったかのような自白を数回繰り返したうえで、最後に裁判では否認で通しています。

彼は殺人の疑いで取調べを受けたとき、女児に対する「尾行－自宅侵入－首絞め」という部分のみを認めて、「殺人」はほかの人がやった疑いがあるという弁明で、取調官の「図地分節」を外して、自分なりの「図地分節」を主張したことになりますが、しかし、この「図地分節」外しは、定型発達者の目には明らかに奇妙なもので、これで抵抗しきれる見込みはまずありません。彼はこの奇妙な弁明を半年以上もつづけたのです。結局、彼は殺人容疑で逮捕された後に、殺人を軸に置いた取調官らの「図地分節」に飲み込まれて全面自白したのですが、それにしても、取調官たちがこの男性の奇妙な抵抗を半年以上見過ごしていたのは不思議です。おそらくその背景には、捜査側に十分な証拠がなくて、彼が犯人であるとの確信を持ちきれなかったということがあったのではないかと思われます。

おわりに

はてさて、同じ場にいても、その場の「図地分節」がたがいにずれてしまえば、そこにディスコミュニケーションが生じます。他方で、同じ場にいる者どうしが対等な関係にないとき、権力的な立場にある者が自分の「図地分節」を相手に強いて、相手の世界に強引に介入すれば、結果として相手の世界が大きく変節して、奇妙な行き違いが生じてしまい、それでいて自分の方はそのことに気づかない、そんなことも生じてしまう。

人どうしの関係はとかくややこしいものです。このややこしさをたがいに確認できるだけの理論的な枠組みが必要ではないかとつくづく思います。

コラム　当事者本を読む5

大内雅登

柳家花緑『僕が手にいれた発達障害という止まり木』幻冬舎 2020

落語家の柳家花緑（かろく）さんが、ご自身の識字障がいについて綴った本です。識字障がいとは、知的には課題がないものの、読み書きに困難さがある障がいを指しています。小さいときの苦労話や、取り組んできた工夫などがあちこちに散りばめられていて、それを読むだけでも何かを学ばされる本です。

例えば、ある日『芝浜』という古典落語を披露したあとに、サインを求められた花緑さんは「今日の演目の『芝浜』と書き入れてほしい」というような注文をつけられます。字を思い浮かべようとすると、先に「浜」の字が思い出され、とりあえずそれを色紙に書くと、次に頭に浮かんだのが「松」の字。結局「浜松やりました」という文字を書き入れてしまったというエピソードなんですが、こういう思い出す過程を多数派が知ることは、あまりないのではないかと思います。

読むときの例では、『友人』という文字を見て、「友」の字には「とも」と「ユウ」の読み方があるけれども、「とも」と読んでしまうので『友人』に「ユウジン」ではなく「ともだち」とルビを振ってしまうことなども紹介されています。

こういう内側の感覚が共有されることは、支援をする側にとってとても大きな意味を持ちます。この場合だと、音から字をスムーズに思い出すことが難しく、しかも思い出したい順にもなっていないことや、字の形から複数の音を思い出しにくいということが紹介されているわけです。ともすれば、読み書きの障がいについて紹介する本では、字が揺れたり回ったりして見える、ゆがんで見えるなどの見え方の特異性などが強調されるのですが、本書ではそういう描写はありません。それもそのはず、花緑さん自身「よく字が一部だけ大きくなるとか、回る、書こうとすると左右裏返しになって鏡文字みたいになるという話も聞きますが、それはないんです」(42頁)と語っています。2012年に文科省が全国の公立小中学校で約5万人を対象に調査をしたデータでは、「知的発達に遅れはないものの学習面で著しい困難を示す児童生徒の割合」が4・5%という数字が示されています。厳密に医者が診断をした学習障がい者の割合ではないのですが、日本における学習障がい児の発現率の割合として一番近いものだと考えます。文科省の判断では、「読み書きの困難さ」「書きの困難さ」「計算の困難さ」「推量の困難さ」を持つ子どもたちが学習障がいを持つことになります。軽率なことは言えませんが、この全国で4・5%の中に含まれる「読み書きの障がい」を持つ子どもたちの中でも、字が回って見えるなどのパターンを示す子どもはそう多くないように予想します。というのも、母集団は全然違いますが、私が今勤めている事業所では15・4%のお子さんに学習障がいの診断がついているのですが、字が回ったりゆがんだりするお子さんはいないのです。確かに字が正しく見えないお子さんは世に存在するのだと思いますが、読み書きに苦労する人全員にそうした症状が共通しているわけではないことを、花緑さんは教えてくれます。そう言えば、私も、大内雅登の「雅」の字が誤って思い出されて「大内形登」なんてテストで書いたことがあったなぁと思い出されます。あるときには、「へぇ～、アンタの名前はオオウチ『ケイト』かぁ」なんて先生に嫌味を言われました。

花緑さんは、本名を小林九といい、小学校時代のあだ名は「バカな小林くん」だったことを書き綴ってくださいました。友だちからバカにされるだけではなく、先生からも強く叱られ、またその叱られている姿を見て友だちが笑うという思い出は、読んでいても胸が痛くなりました。胸は痛くはなりますが、「よく学校に行ったもんだ」と感心はしません。どこか冷めた気持ちで、そういうもんだよなぁと納得をする方が勝ってしまいます。花緑さんと私は5歳ちがいです。私も同じような学校生活だったなぁと重なる部分が大きいのでしょうね。今の先生と比べると、昔の先生の方がくっきりと多数派の味方だったように思います。

本書では、花緑さんがどういった工夫をされているのか、どうして読み書きのスムーズさが増したのかなどが紹介されています。「難しいのは、どこまでが自分の性格で、どこまでが発達障害による特性か、ということです。性格であれば、客観的に自分を見つめて、反省すべき点は素直に反省し、軌道修正しなくてはいけないと思ってい」（185-186頁）ることが綴られています。この感覚も私ととても似ています。似ている感覚をもつ私が、花緑さんではなく自戒の意味で感じることは、そうした修正ができることもまた、発達障がい者の中では恵まれていることに入るのではないだろうかということです。何に恵まれているのかを、ひとつところに定めることは難しいのですが、この感覚を認めてしまうと「調整が図れていない人は反省しない人」という構図を認めてしまうことになるように思うのです。花緑さん自身「なかには、やさしさから『花緑さんは障害ではないですよね』と言ってくださる方もいます。でもそのやさしさは、実は僕にとっては、ちょっぴり酷です。なぜかというと、それは『障害がないんだから、できないのは、あなたの努力が足りなかったんだ』ということの裏返しにも思えるからです」（175頁）と語っているところからすると、きっと「そういうつもりではなかった」「生き方の信条を語っただけだ」とおっしゃってくださるように思うのです。他の当事者本に関する感想では、できるだけ書き手の批判をしないように心がけていますが、なんだか花緑さんに対しては、こういう書き方を許してくださるように思えて生意気なことを書きました。

どうして許してもらえるような気がしたかと言いますと、花緑さんは対話的な理解を試みる方なんです。きっと私の真意を汲んでくださるのではないかという甘えはそこからきています。

お弟子さんのひとりが同じような失敗ばかりするそうです。その方は花飛（かっとび）という落語家さんですが、花緑さんがつい小言を重ねると泣いてしまうそうです。怒られて泣く弟子はそういないので、不思議に思った花緑さんは奥様に相談をします。すると奥様は「一度、本人に聞いてみたら？」そこで次にボロボロに泣いたとき、聞いてみました。「おまえのその涙は、なんの涙なの？」（144頁）この勝手な憶測をしない奥様も素敵ですが、なるほどと思い実行に移した花緑さんもまた素敵です。こういう対話的な理解を試みる姿勢は、本書の構成にも表れています。

ご自身の体験談の合間に、発達障がいについての専門的知識を医者との対談で探っています。その後も章の間ごとに、ご自身を育てる苦労話をお母様との対談、発達障がいの多様さについてお弟子の花飛さんとの対談、そして花緑さんの奥様と花飛さんの奥様を交えた鼎談が差し込まれています。つい先日、我が家を訪れた母に私も「僕を育てるのに、どんな苦労をしたの?」と聞きたくなったばかりなんですが、花緑さんもまたお母様との対談のタイトルに「お母さん、僕を育てるのは大変でしたか?」とつけています。おふたりの対談部分を読んでも、そういう言葉は出てこないのですが、ここでもやはり心の中に閉じ込めている思いは同じで、花緑さんと私は似ているかもしれないなぁという思いを持ちました。

この専門家の視点から、周辺者、そして同じように発達に課題がある人と、最後にその周辺者という対話の構成はお見事だと感服しました。教科書的な理解と、我が子を育てながら深めた理解とが対照的です。同じ発達障がいを抱えるものでも、その特性の現れ方によって理解できないところがあり、それでもそれぞれの配偶者にはそれぞれの取扱説明書のようなものが蓄積されていく話もまた対照的です。なんだか、障がいの知識や、障がいの有無よりも、理解しようとして関わった経験の方が当事者に迫れることが示されているようで嬉しくなるのです。

少し話は変わりますが、皆さんはこの本の紹介をお読みになってある疑問は湧きませんでしたか?私は書店で「教科書が読めなかったけど落語家やっています(笑)」という帯を見たときにひとつの疑問が湧いてきました。それは「どうやって本を書いたのだろう?」という疑問です。

もちろん、今は音声入力も珍しくありませんし、代筆してもらうこともできるでしょう。ただ、花緑さんが「30歳のとき、初めての本『僕が、落語を変える。』も出版。字が読めず、書くのが苦手だった僕が、本を!」(137頁)と書いているので、きっとご自身の力でお書きになったのだと想像します。先ほど、私の勤めている事業所の利用者のうち約15%ものお子さんが学習障がいだとお伝えしました。これは、おそらく一般的な事業所よりも大きめの割合だと思います。学校の先生方の肌感覚ではありますが、学習に困っているお子さんが4・5％という調査結果と比べて3倍もの数字というところから、そう想像します。そして、なぜこんなに学習障がい児が多く利用するか考えてみますと、私自身がやはり花緑さんと感覚が似ているからだと思うのです。読み書きに課題があるお子さんには、読ませたり書かせたりしないことはひとつのセオリーです。障がいなんだから、治らないと考えれば、それは納得する考え方です。しかし、私は、例えば花緑さんのようなパターンだと、思い出すことの流暢さが増せば読みがスムーズになると考えます。自分の名前の漢字を間違えるような私が、国語の教員免許を取るなんて、そのセオリーからは外れていますよね。私も花緑さんも同じような克服方法で読み書きを手に入れたのかもしれません。安易にそれをここで紹介しないのは、先ほど申し上げた発達の課題と努力の課題を混同されては困るお子さんが出てくるからです。

ともあれ、この本の根底には、できないとされているところをできるようにした当事者の誇りのようなものがあります。私は、字が書けないというお子さんには往々にして保護者様に「じゃあ、5分ほどください」なんて言って、5分後には自分の名前を漢字で書けるようにサポートする秘技を持っています。いや、一時的なもので、翌週には精度はちゃんと落ちてはいるんですけども、ともかく書けるようになるお子さんがほとんどです。ときにはその子が「あ、これ私の名前だ！」と驚き、ときには保護者様が涙ぐみます。学習障がい児の割合が高い理由がおわかりになると思います。私にはそれができるから…というよりも、それを置いておきましょうという選択肢がないから集まってこられるのだと思います。それだけ学習の問題は端に置いておかれると悲しい問題なのだと言えるでしょう。

最後に、花緑さんがとても大切な視点を書き記してくださっていますので、そのご紹介をいたします。それは「自分の特性ゆえに、過去に人に誤解を与えてしまったことがあると思います。ご迷惑をおかけした人も、たくさんいるはずです。」（185頁）という視点です。ご自身の軌道修正が図れる花緑さんだから書けることかもしれません。先のお母様との対談タイトルとも通じる感覚です。発達障がい者が受け入れられにくい理由は、単に理解が難しいということだけではなく、多数派が実害を被ることがあるというところは無視してはいけません。花緑さんは当事者の立場から、そのメッセージを上手に発信してくださっているように思えました。

9章 座談――コメントを受けて改めて当事者視点を踏まえた自閉症理解と支援を考える

大内雅登
山本登志哉
渡辺忠温

1 やまだコメントについて――語りが語りを生む共同生成

山本　大内さんの三つの章を5人の研究者の方に読んでいただき、それぞれの視点から貴重なコメントをいただきました。ここでは改めてそれらのコメントを読んで感じられたこと、考えられたことについてまず大内さんにお話しいただき、それをきっかけに渡辺さんと私を加えて3人で議論をしてみたいと思います。

まず最初はやまださんから頂いた「語りが語りを生む共同生成」について、大内さん、お読みになってどんなことを思われたでしょう？

大内　まずは、5人の先生方に、私の拙文に対してご意見をくださったことに対する感謝を申し上げたいです。ありがとうございます。

やまだ先生は、大学を出たての頃の「自分勝手な子」という率直な感想を告白してくださいました。

不適切なことばとして謝罪をされながらの表現ですが、45歳になる私は、やはり「自分勝手」という自分の評価をもっており、やまだ先生や多くの多数派の人たちの感覚はその通りと思えます。

この自分勝手というのは何かというと、他者と合意や同意が得られていない言動を指す言葉のように思いました。やまだ先生が自閉症児の世界の一端をご自身と共にご覧になった気持ちを抱かれたことと、それでも子どもたちに確かめてみることができなかったことは、合意や同意の形成の難しさを典型的に表しておられるように感じます。支援者が「自分はこの子のことをわかっているのだろうか」と悩む原因がここにあり、そこには支援者が「自分勝手」な解釈をしているのではないかという不安の中で働いている現状があります。多数派と少数派の異文化間では常に「自分勝手」な問題がつきまといます。

その「自分勝手」の壁を破るために私は「訊く力」が必要と感じ、やまだ先生も「聴く力」に加えて「語りの共同生成」が必要だと示唆してくださいました。こうした対話に基づく関係性の創造は、私が考えていた対話による関係調整のその先をお示しくださったように感じています。

どうしても異文化である自閉系の語りは、相手に「他人ごとではなくなる」呼び水になる力に乏しく、「他人ごと」で終わってしまうきらいがあります。ズレているから仕方がない、感情を高ぶらせるから刺激してはならない、そうした諦観に基づくおざなりな対応をされている自閉症児のいかに多いことか。しかし、私から見ておざなりな対応をされている子どもたちが、なんとも楽しそうに会話に興じているのも事実です。それぐらい否定されずにただただ「聞かれる」経験に乏しいまま子どもたちが施設外の日々を過ごしていることを、私は「自分勝手」に悲しみを抱きながら眺め、療育に当たっていました。

ですから、やまだ先生がご自身の私的な体験談をお話しになって、他の方の語りが生まれたように、私の体験をお読みくださり、やまだ先生のコメント文章が生まれたこの構図は一つの希望でした。自閉系の語りもやはり、誰かの語りを生むことが明らかになったわけですから。

「そうだ、この子たちの声はきちんと届くのだ！」と、どこか悲観的に療育現場を見ていた私に大きな力をお与えくださったように感じました。

渡辺 「『聴く力』に加えて『語りの共同生成』が必要」については、私も、やまだ先生のコメントを拝見しながら、私たちのやっている逆ＳＳＴなどの活動にプラスアルファできる部分や別の視点から考えられる部分について、先生からヒントをいただいているような気がしました。
たとえば、逆ＳＳＴを越えて、さらに双方向的で対話的な関係を築いていくことが最終的な目標、とまでは考えていたんですが、そこでは、少なくとも私の中では、たとえば共通のテーマや問題についてお互いの考えを述べ合う、といったイメージに狭く考えていたところがあったかもしれません。コメントの中でやまだ先生がご自身の体験を語られている時、その内容は大内さんの話に触発されながら、また同じ自閉症のお子さんに対する支援といったリンクを保ちながら、でもやっぱり大内さんの体験とは別の「やまだ先生の」体験なんですよね。それによって、またひとつ別のもの語りがつながりながら展開されて広がっていく感じがしました。これはまたこれで、私が「自分勝手に」想定していたものとは別の対話的関係の気がします。で、このやまだ先生と大内さんのやりとりを見ていても、それはとても楽しそうな対話的関係に思えるんですよね。

山本　私は改めてやまださんのコメントを拝見して、私がこの本で考えたかったことをラングネス、フランクとかリクールとかを引き合いに出しながらすごくわかりやすくことばにしていただいた感じがして、ちょっと感動的でした。しかもやまださん自身が若い頃に療育支援の現場で出会った「自閉症児との出会い」とそこでの「誠実な驚き」を足場に、その自然な展開として語られているので、私にはすごく実感を伴って響いてくるんですね。

やまださんは自閉の子の意味の分かんない「変なこだわり」と見られてしまうような振る舞い方についても、「わけがわかんない」で切り捨ててしまわずに、「この子はそこで何を見ようとしているんだろう」というふうに、その子の世界を理解しようとされていて、そうすることで、自分とは違う「その子」の世界が少しずつ見えてくるようなことを書かれていますけど、療育支援で一番大事なことってそういうことじゃないかと思うんです。

でも事例研修をやっていると、どうしても型にはまった「切り捨て」のことばでその子が語られる例がしばしばあって、そこをどうやったら柔らかくできるかよく悩むんです。

なぜそうなるかというと、結局その人自身が自分のもの語り世界の中でだけその子を見てしまっていて、そこに「閉じこもって」その子の世界に触れようとしていないからだと思うんです。だとすれば「自閉」してるのは一体どっちなの？　ということにもなりますよね。「自閉症」って「お互いに自閉し合う症状」と言った方がいいのかも。（笑）

もちろん支援スタッフの方はみなさん子どものために「善意」でやってるんだけど、その「善意」が子どもにとってほんとに子どもの世界の中で「善意」になっているかどうかをやっぱり改めて考えていかないといけないんだろうなと。その時「語りの共同生成」の話が重要になると思いました。他者の語りが自分に新しい語りの世界を生んでいくということでしょう? そうするとお互いに自閉した小さな世界の殻がほどけてきて、新しいもの語りの世界が広がって、お互いに豊かになっていく。そういうやまださんの話が渡辺さんにも大内さんにも伝わっていくのだとすると、この議論は定型と自閉をつなぐ、共有された世界を生む可能性を持っているんでしょうか? 大内さんはどう感じられます?

大内　私が申し上げたやまだ先生の文章の感想のようなものは、ほぼそのままやまだ先生にもメールでお伝えさせていただきました。とてもありがたいことに、そのメッセージにもやまだ先生はご返答くださったのです。

渡辺先生のおっしゃった「やまだ先生と大内さんのやりとり」というのは、こういう一連の流れを指しているんですね。そして、私の胸の内を見透かしたように「楽しそう」と評されました。

山本先生のおっしゃる「定型と自閉をつなぐ共有された世界」というのとはズレるのですが、やまだ先生と私との間に渡辺先生は共有された世界を見た、ということになるのかもしれません。

さて、山本先生の話されたところにまっすぐに向き合いますと、私にも定型と自閉をつなぐ共有された世界を生む可能性を感じられます。

山本先生のおっしゃることは、心情としての善意と結果としての善意との差異が鍵のように思えました。例えば、私が高校生の頃、風邪で熱を出した母に対して「とっとと上行って寝ろ」なんて乱暴な声かけをしたことがあったんです。母がさみしそうに階段を上った後に、父が「お前、どうせ言うなら優しく言えよ」と私に言ったんですね。これは明らかに言い方に対する注意なのですが、私にとっては理解をされたという瞬間にほかならなくて、とても嬉しかったのを覚えています。病気なんだから家のことはいいから安静にしていてほしいという私の真意をわかってくれた上でのアドバイスなんですね。そして、それがとても嬉しかったということは、常には真意を汲んでもらえず、その言動の非常識さに焦点を当てられ、非難されていたことをご推察いただければ嬉しいです。事実、言われた母はさみしそうに上がっていったわけですし。

自閉系の人たちにとって思いが注目されず、言動に焦点が当たるという構図は、この例で言えば、私は心情的には善意を向けているけれども、結果としては母にとっての善意にはなっていないということです。山本先生のおっしゃる支援者の善意と、自閉系の子どもにとっての善意とのズレと全く同じ構図ですよね。

支援者の善意はどこか子どもにとっては独善的で伝わらないものであることと、自閉系の善意が多数派の人達にとっては独善的で伝わらないものであることが同じであるとしても、私のこの高校生時のエピソードを聞いた方がどう思われるかによっては光があると考えます。

もしも、私の話を聞いた方が、私の父が察したのと同じように、真意は母を思う気持ち、いわゆる心配の感情なんだよなぁと思っていただけるならば、ある解説的な語りで自閉の善意を独善としてとらえない、つまり、一人では理解するのが難しい世界に理解が追いついたということになると思うのです。理解が追いつくと言うことは、理解できないものに対して理解できるように調整ができたということです。そして、さらに仮説を重ねるならば、自閉と定型の間でそうした理解の調整が図れるということは、同じ構図で支援者と利用者である子どもとの間でも調整の可能性があるということになるはずです。

やまだ先生のおっしゃるところの「もの語り」と、私で言うところの「自己物語」と、そして逆SSTにおける語り手の出題と解説は、定型と自閉をつなぐ世界を作っていけるものだと思えます。

山本　大内さんも確実にその可能性を感じられるということでうれしいですね。それで、渡辺さんが「私が（逆SSTで）「自分勝手に」想定していたものとは別の対話的関係」と言われたことはもしかすると結構重要なポイントのような気もしたんですが、その辺りもう少し教えていただくことができますか？

渡辺　逆SSTは、マイノリティである発達障がい当事者が一方的に定型的な考え方や行動を理解し、それに合わせることを求められることが多い状況を前提として、じゃあ逆に定型側が当事者側を一方的に理解しなければならない状況も必要ですね、ということでそのような場をあえて作る試みなわけですよね。当然、そこで終わってしまっては立場が逆転しているだけで、片方がもう片方に合わせることを強いられる構造は同じなわけです。私が、逆SSTを越えて、という時、それは、お互いが相手を理解しようとする経験を積むことで、従属的ではない、バランスのとれた対話的関係が築けるようになる、ということを理想として想定しています。

ただ、困ったことに、私の想像力が乏しいんですね、たぶん（笑）。そもそもしっかりと具体的に考えていなかったのかもしれないのですが、そこで理想のかたちとしてなんとなく考えていたのは、たぶん、対等な関係で、お互いに嫌な気持ちにならずに、コミュニケーションやつきあいができる、といったものだったと思います。でも、たぶん、逆SSTなどを通じて、当事者と定型との関係が変わってきた時に、実現できるもの、そうなった時のコミュニケーションのあり方は、もう少し豊かなもののような気がするんです。やまだ先生も、それから他の先生がたも、大内さんのもの語りから広がって、それぞれの先生がたのもの語りが始まっていて、これは、定型であろうとなかろうと、なるほど、面白いな、味わい深いな、と思いながら読んでいける。山本先生のことばで言えば「新しいもの語りの世界が広がって、お互いに豊かになって」いってますよね。

それから、大内さんが先ほど言われていた「言い方」の奥にあるもの、といったことについての理解がもう少し深まれば、たとえば定型の友人からは得られないアドバイスや視点、慰め方を当事者の方から得られるということも多くなってくるのではないでしょうか。そうすると、お互いに心の傷をなめ合うような、愚痴を言い合うのに最適な関係になるのかもしれませんし。これも私が想定しきれていなかった「別の対話的関係」のひとつかもしれません。

2　綾屋コメントについて――何かが届いた感覚

山本　「傷をなめ合う」とか「愚痴を言い合う」とか、定型＝自閉関係では今まであまり聞いたことのない新鮮なことばが出てきましたが、では次に綾屋さんからのコメントについて、大内さん、いかがですか？

大内　それぞれの先生に、簡単なお礼のメールを返していたのですが、綾屋先生へのお返事にはなかなか取り掛かれませんでした。正確には、おしまいまで書いては消すということを繰り返していたんですね。さすがにお時間が経ちすぎるのも失礼だと思い、観念してお送りしましたが、実際には送りたくなかったのです。

こう書くと、お礼を言いたくなさそうですが、そういうことではありません。書き終えるのが惜しくなったのです。

私は当事者の集まりというものに大きな期待を持たずに40を超えました。しばらく前まで職場に発達に課題がある方がおられまして、その方は常々「自分だけではない」という思いが持てることに意味があるとお話しくださっていました。そういうものかなぁと思いつつ当事者の集まりの様子を聞くのですが、なんだかしっくりこないのです。失礼を承知で言えば、なんだか世をすねる話をするようなみじめな会に思えてならなかったのです。愚痴を言うとか、傷をなめ合う価値が私にとっては高くなく、その意味では渡辺先生のご提案に乗りかねるわけですね。

ところが、綾屋先生からのコメント文章を拝読したときに、すでにお送りした原稿をもっとしっかり書いておけばよかったとの思いが立ち上ったのです。そう、もっと綾屋先生に自分を語りたい気持ちが出てきたのです。

ご寄稿くださったことへのお礼のお返事もそうなんです。お礼の言葉をお送りすると、そこで「つながり」が断たれるような心持ちが湧き、書いては消し、書いては消ししながら、まだ書き終えていないので、まだつながれるんだという勝手な思いで数日過ごさせていただいたんですね。

世の中には、ゲームをクリアしない人が多くいるそうです。そしてその内の何割かはゲームを終えてその世界から脱してしまうことを回避するためにクリアをしないでいるとか。私はお返事を出さないでこの関係性から脱してしまわないように頑張っていたわけです。

この私の変容に、綾屋先生の文章の力を大きく感じました。こういうことを職場の同僚は言っていたのだろうかと理解の入り口に立ったような気持ちです。今なら、渡辺先生の言うつながりがわかるかもしれません。

何かが届いた感覚。これが私のとても大きな印象です。

山本　「何かが届いた感覚」というところ、言語化が難しいところなんでしょうけど、あえて喩えたりしていえばどんな感じなんでしょう？　すごく興味があります。

大内　そうですね…。とても言語化しにくいので、感覚の羅列となるのですが。わかってもらえた実感。自分でも言語化できなかったところの言語化。より自分の内面を知れた喜び。そういう感覚ですね。

綾屋先生に届き、ひるがえって自分の内面に届いた感じでしょうか。相手にわかってもらったことで、自分を知れたという外にも中にも届いた感じがしました。

山本　逆に渡辺さんは綾屋さんのコメントを読まれて「自分の内面に届いた」という感覚ってあったりしたんでしょうか?

渡辺　たとえばコミュニケーションのズレの前にある身体的な違いの話など、今回に限らず、綾屋先生のこれまで書かれたものや講演の時のお話など、内容はその時々で違うかもしれませんが、そういったところでこれまでもメッセージとして受け取ってきたような気はします。そしてたぶんそれは大内さんから受け取ってきたものと大きくは違ってないのだろうと思いました。もちろん、私がそれを十分に受け止められているか、と言われれば、十分に受け止められていない可能性もあるとは思っています。

個人的に興味深かったのは、大内さんと綾屋先生の間の違いで、たとえばズレを小さくするための方法とか、このようにわかりやすく言語化していただけると、理解しやすいと思いましたし、そのことが、お二人共に書かれていた、カテゴリー化された理解のあり方を崩してくれる力になるのではないか、とも思いました。そういったところも「届いた」ところの一つでしょうか。でも、そういう違いがありつつも共感しあえる部分がある、というのも伝わってきます。お二人にとっては、その共通の部分の方が中心になるのかもしれませんが。

大内さん、この綾屋先生との違いについては、どうですか？

大内　綾屋先生と私との、ズレを小さくするための方法の違いとして例示されたものに「解像度」がありました。綾屋先生はこの解像度という言葉は多数へ説明するのに適したワードであるとし、かたや私は、そういうのは専門用語に逃げているだけだとしています。

これは、自己認識としてのズレではなく、他者へ語るときのズレなんでしょうね。私は療育者として、発達に課題のある子どもの保護者様にお話をします。保護者様の中には、発達障がいについて専門家顔負けの知識を持たれている方もおられれば、まったく何もわからないという方もおられます。特に後者の方たちへ説明差し上げるには専門的なワードは煙に巻くことにもなりかねなくて、最適解となりにくいのです。

綾屋先生のお立場や考えを代弁することは難しいのですが、当事者研究などを通じて、すでにある困り感を浮きだたせるため、つまり、存在しない扱いのものを存在させるためには名称が必要になるのではないかと推察します。つまり、綾屋先生にとっては、まず当事者ご自身が他者に存在を伝えるためには専門性の高さは問題ではなく、言葉の存在が必要なのだと考えました。この辺り、「違うのになぁ」と言われればすぐに引っ込める推察ですけども。

私がもっと書いておけば、と考えた部分のひとつに身体的なアプローチがあります。私は2章で、インスタントラーメンが大好きな話をお伝えしました。そして、それを食べるとお腹を壊すこともお伝えしました。ある条件がそろったものを食べたときにお腹を壊すというのは心因的ではないと言えそうです。自閉系の人たちの腸内細菌の数や種類の違いなどにも触れましたが、そもそも身体的な違いに対するアプローチへのまなざしの重さが綾屋先生と世間では違うように思います。そのまんま、綾屋先生と私との違いもそこにあると学ばせていただきました。

さらにダイレクトに、届くという感覚の違いについて触れてみますと、発話における自己理解の効果のようなものが大分違いますよね。

多数派のあるふたりが話をするとき、その話の中身は、そのふたりによって変化します。話しているうちに盛り上がるとか、話がそれるというのは元々話そうとしていることから変化したと言えるでしょう。ところが、私はこう話すと、相手はこう反応するから、と決めつけているんですね。つまり、話が盛り上がったりそれたりしません。自分のレールを走っていくわけです。綾屋先生のおっしゃるところの「現実の他者の言動を無視したり、他者を自分の予期通りに動かそうとしたりする方法」になるわけです。そういう性質の強い私が綾屋先生とのつながりで、自分を知るに至るというのはどういうことかというと、自分の予想を超えたところにたどり着いたことを意味しています。これは、多数派が相手の反応に応じて語る内容や自身を更新していくことに似ていて、綾屋先生の言う「自分の予期を更新するという方法」に自分の立ち位置が近いものになったということでしょう。

多数派が話すことで自分を更新していく経験は、私の中にはまだ乏しくて、当事者研究をされている綾屋先生との差が、天性のものとは別に後天的に違いとして表れているかもしれないと感じました。やまだ先生の「もの語り」の共有という部分で、私は自己物語を共有せずに押しつけてきたのだと理解しています。

余談になりますが、綾屋先生の『ソーシャル・マジョリティ研究[1]』を拝読すると、綾屋先生はご自身の問題を社会に返せるものと、自分自身の問題に分け、その上で、自分自身の問題は仲間と共に解決するという方法を示されています。こうした自助努力に偏らないスタンスというのが、私との決定的な違いでしょうね。

山本　綾屋さんが書かれている問題とか、大内さんが今言われたこととか、私が今すごく考えたいことにつながりました。どういうことかというと、「頭で理解すること」と「身体で理解すること」のズレの問題です。

渡辺さんが「大内さんから受け取ってきたものと大きくは違ってないのだろうと思いました。」と言われましたし、私も大内さんからたくさんのものを受け取っているんですけど、でもやっぱり私の場合は「頭で理解する」レベルが中心なんです。理屈で理解するというか。だから、「身体の理解」になっていない感じがして、やっぱり表面的にしかわかっていないといつも思います。

この感じは異文化理解でもしばしば起こるので、「異質さを持ったもの同士の相互理解」ではかなり普遍的なことだと思うんですが、ただ異文化理解の時の方が、深掘りをしていくことで「感覚的にもわかる」ところにたどりつきやすい感じもしてます。自閉＝定型のズレはそこよりもっと深い感じがする。

そうだからこそ、綾屋さんのことばでは「自分の身体のサインや言動が周囲の人々に受け取ってもらえない状態」ということにつながると思うけど、自閉系の方が定型のいうことが「ぴんと来ない」ことが多く、仕方ないから頭で分析して考えて、感覚的な理解はあきらめてパターンで対応するテクニックを磨くしかなくなるんだと思います。同じように私も自閉的な振る舞いが感覚的にぴんと来にくいので、とりあえず頭で考えるしかなくなるんでしょう。

だけど、大内さんと綾屋さんの間にはそもそももっと身体レベルで響き合っているものがあるように感じます。もう出会いの瞬間からお互いの身体が響き合ってる感じがするし（笑）。大内さんの言葉で言えば「綾屋先生とのつながりで、自分を知るに至るというのはどういうことかというと、自分の予想を超えたところにたどり着いたこと」と言われていることで、「予想」という、自分なりに言葉にできる範囲を綾屋さんとの出会いで超えちゃうわけですよね。でもそれは自分の「外」にたどり着くのじゃなくて、ただ自分が意識していなかった自分がそこで発見されるわけでしょう。

ここ、とても大きな問題だと思うんで、よろしければまた改めて考えてみることにして、次に高田さんのコメントについて、大内さんがどんなふうに読まれたかを教えていただけませんか。

3　高田コメントについて――微視的に丁寧に見ることの重要性

大内　少数派である自閉系の方々が「お前はわかっていない」というメッセージを繰り返し突きつけられるという高田先生のご推察がありましたが、その通りではないかと思います。

支援現場にいても、その思いはつのるばかりでして、支援者の質問にふざけて間違ったことを言おうものなら、「状況がわからない」とか「正解がわからない」とかいう評価を下される子どもたちをたくさん見てきました。

その意味では、高田先生が、チンパンジーが食べ物を取らずに、外に出たいという合図を送ったときに、飼育員がそのチンパンジーを間違っていると断ぜずに、その意を汲んだ話を展開してくださったことはとても勇気づけられるものでした。言うことを聞かせるために共有できる指示をしているのではなく、わかり合うために指示を共有しているのですね。この例を挙げてくださったところだけ拝見しても、稚拙な私の文の意を十二分に汲んでくださったと嬉しくなりました。

さらに、今回に限らず逆ＳＳＴに対してあたたかいまなざしを向けてくださって、このことに関してもまた嬉しくなりました。

高田先生がおっしゃるところの証明の手続きを私が正しく理解できたかどうかはわかりません。そのような曖昧な状態であることを前提に感じたことを申し上げますと、相互行為の中で発話の意味が

「提案」「交渉」「構成」できる前段階で、その意に染まない形でのコミュニケーションの打ち切りを経験することもまた自閉系の苦しみだと考えました。

仮に通りがかりに事故現場に立ちあってしまったとき（文脈一）、定型が「大丈夫かなぁ」と心配をする（行為一）のを受け（文脈二）、「あいつバカだな」と自閉系が言った（行為二）とします。この行為二が「自分はそういうことにならないように気をつけているぞ」という知っているとかわかっているぞという自分についての語りの枕の役割で話していたとして、果たしてそれは相手にそう伝わるかというときっと伝わりません。つまり、この行為二が、相手の「どうしてそう思うの？」のような行為三を呼び起こす文脈三になると信じていたのに、「そんなこと言ったらいかん！」というような話に流れていくわけですね。自分の持っていきたい話になるように提案も交渉もできていないわけです。それでも相手の言いたいことはわかるつもりなので、心とは裏腹に相互行為としての会話は繋がっていきます。コミュニケーションのズレを片方にだけ押しつけてはならないのですが、多数派の人たちは、チンパンジーの飼育員よろしく「思った反応と違うけど意味があるんだろうなぁ」とはなかなかなってくださらないのが難しいところだなぁと感じました。

山本　すみません、いま「この行為二が…」といわれたあたり、ちょっと頭がこんがらがってしまったんですが、もう一度教えていただけます？　大事なところなんだろうと思うので。

大内　「はじめに」でも山本先生が触れてくださったのですが、大内一流の表現が理解を困難にするというところですね。大内一流としたのは、自閉系だからこの表現を取りやすいという書き方、話し方ではないんです。もちろん、大きく括れば自閉系なので話し言葉を用いたらいいのに、一般的には多用されにくい熟語を好んだり、特定の書籍やアニメからの引用を好んだりするということでは共通しているとは思います。

そうですね、「この行為二が『自分はそういうことにならないように気をつけているぞ』という知っているとかわかっているぞという自分についての語りの枕の役割で話していたとして、」という部分が大内文法になるので、紐解いてみます。

『自分はそういうことにならないように気をつけているぞ』というのは、事故現場を見て、事故を起こしたドライバーなどの当事者に注目をしていると思ってください。ですから「そういうこと」と言うのは、「事故を起こすような行為」を指しています。言い換えますと『自分は事故に気をつけているぞ』と言っているわけです。短くてわかりやすいなぁ、と私自身思いますが、これ以上でもこれ以下でもありません。

さらに、「知っているとかわかっているぞ」に関しては、表記の問題があります。ここに限らず私の書き方として、類義語が並ぶ表現が多用されています。これは、知るとわかるの意味の違いが気になり、どちらか一方では不十分だと感じてしまう心持ちが隠されています。多数派にとっては、言葉の差異は問題ではなく、ニュアンスや使いどころが気になることが多いでしょうから、実のところ片方ですむようにも思います。

そうしますと、ここまではやはり「僕は事故を起こさないように気をつけている」だけで十分伝わるわけです。

では「語りの枕の役割で話していたとして、」というのは何かというと、「僕はわかっていると話が展開すると考えていたとして」ということです。枕は話の前置きという意味です。この意味は山本先生もご存知だと思いますが、自分は事故に気をつけている話を展開しようとして、それにつながるように前置きとして事故を起こした人を見て「バカだな」と言ったところ、その他人を見下した言葉に反応が向けられ、真意を伝えられないことが多いと話しているわけです。

どうでしょうか、これでスッキリと伝わったでしょうか？

山本　うーん、わかったようなわかんないような。ちょっとわかる手掛かりができたかもと思うし、もしかして3章に書かれていた漫才のはなしとかが関係するのかと思うのですが、まだ頭がぐるぐるしてます。（笑）

私の理解力のなさの問題かもしれないいんですが、渡辺さんはどうです？

渡辺　全体の理解にはあまり影響しないかもしれないのですが、「何を」「知っているとかわかっているぞ」なのかという部分を正確に理解できているかどうか、自信がないです。「自分はそういう事故を起こさないように気をつけないといけないこと」を「知っているとかわかっている」という風に理解して聞いていたのですが、誤解してますか？　あと、私も、3章の「相方がいない話」を思い出しながら聞いていました。つまり相方からの「どうしてそう思うの？」が抜けてしまうために、事故に遭った人に対して攻撃しているような意味になってしまう、という風に理解してます。ここも、大内さん、この理解で大丈夫ですか？

大内　そうですね、このくだりは高田先生のお話をおうかがいして、飼育員はチンパンジーの理解ができるのに、多数派は少数派の理解をしてくれないんです、という拗ねた発言です。その意味では、渡辺さんのおっしゃっておられるように全体の理解には影響しないと思いますし、そこまでわかりにくいなら撤回したほうがいいのかな？　と考えました。

この、伝わらないなら引っ込めるってのは、私だけではなく、多くの人に共通している感覚かもしれません。そして、多数派か少数派かという関係で、自閉系の方が多く取りやすい姿勢だと思っています。

話を戻しまして、私のこの事故を見ての話は、おふたりのお感じになっているとおり、私の想定する反応があれば相手に伝わるまで展開できる話なんですね。ところが、言葉足らずみたいになって止まってしまう。相手は、私が話したいことの何分の一も話していないことには気づかず、その物言いに反応してしまいます。

ただ、3章を書いた時点では気づいていなかったんですけども、こうした物言いに反応している人は「傷ついている」んですよね。ですから、仮にその物言いの奥に話したいことがあるとわかって、最後まで聞いてくれたとしても、楽しい会話が展開されるかと言うとそうではないのだと思います。

山本　つまり、事故を見て、それを見ていた定型が「大丈夫かな」と心配しているときに、自閉系が「あいつバカだな」と言った場合、定型としてはそれは「相手のことを心配して援助せずに、逆に非難して切り捨てるような冷たい言葉」として受け取りやすいんだと思うんですが、しかし実際は「あいつバカだな」の意味は援助に行く前の単なるひとつのステップとして、「私はそんなことはしない。自分はわかっている」ことを確認しているだけだ、という意味でしょうか？

もしそうだとすると、一般的には定型なら事故を見て仮に「なんて馬鹿なことをやったんだ」ということが頭によぎったとしても（よぎらないことも多そうですが）、それは口に出さずに、まずは「どう援助すべきなのか」に意識を向けて、周囲の人に「どうしよう」といった相談をするとか「救急車呼んでください」と依頼するか、具体的な対処法を模索すべきという話に進む傾向が強いと思うのですが、そこで自閉の場合はまず自分自身がそういうときどうであるか、という自分に注意が向いて、自分はそういうことはしない、ということを確認してそれを言葉に出し、そのうえで「どう援助するか」というところに話が行く。どちらも結局援助するところに行くんだけど、その前に「自分自身を確認する」みたいな部分が表現されるかどうかの違いがあって、そこで定型の「まず相手の状態について確認する」形にならないということなのかなあ。

仮にそういうことだとすると、なぜ自閉の人が「まず自分自身を確認してそれを言葉に出す」ことを重視するのか、というところは自閉理解というか、自閉と定型の注目ポイントのズレや言語化の意味のズレについてかなり重要なポイントになりそうな気がしてきました。これ、療育現場でもよく自閉系の子が「人の気持ちを考えない」「人を傷つけるようなことを言う」と問題視されるところにつながるものですよね。でもそう言われてもその子は何を非難されているのかがぴんと来ないことが多く、逆に定型の方はなぜぴんと来ないかがわからなかったりするわけですが。

大内　私だけではなく、おふたりともに共通して持っている感覚として、自閉系が他者を思いやらないという言説は怪しいというものがありますよね。そうではなく、質の違いではないか、見えにくいのではないか、というところですね。

また想像力に限界があるなどで、相手のことを思いやるに至らない部分があるという思考の範囲という量の問題だとする考え方もありますが、このうちのいくつかは、私が申し上げた言葉の使い方や展開の仕方の「マズさ」という質の問題が食い込んでいるように思います。

自己理解を口にするという手法に関しては、「ホラ、私ってブランド好きじゃない？」と自分の性質を疑問形のようなイントネーションで話題の頭に持ってくる方を思い出すとわかりやすいように考えています。心理学がご専門のおふたりが、このような語り口をどのように受け止められておられるのか少し興味があるところですが、私は内外に対する自分の定義だと思っています。こういう自分でありたいという自分に対する宣言は「理想」という言葉に置き換えられるかもしれません。また、こういう自分で見てほしいという相手に対する宣言は「理想」に含まれるのでしょうが、「願望」とか「承認」とかになるかもしれません。ともあれ、そうした語りをひとつ入れると聞き手は「あなたがどんな人かは知らなかったけれども、ブランド好きなのね」という了解が成り立つように思います。もちろん、この宣言が聞き手にとって快か不快かはわかりかねますが。

こういう自分の理想と、相手のまなざしへの願望を私は「自己物語」と呼んでいます。山本先生のおっしゃる「まず自分自身を確認してそれを言葉に出す」というところにほかなりません。その中で、少しだけ補足させていただきますと、大内は「言葉」に限らず「言動」になるんでしょうね。

さらには、おっしゃるところの最後の部分に繋がりますが、自分で自分を規定するための言動なので、相手から非難されるという構図がピンとこない可能性は高いですね。そもそもあなたに向けた言葉ではありませんよ、ということが少なくないので、まさに青天の霹靂です。でも、相手は自分が非難された気がしているはずでして、相手からしても青天の霹靂。無意味な悪天候下で過ごさなくてはならない不思議なやりとりが双方の目の前に広がっている気がします。

山本　うん、だいぶ頭の中がいろいろ整理されてきた感じがしています。これ、さらに考えていきたい大事な部分になりそうです。

改めてここで高田さんのコメントに戻ってみて、どうでしょう、渡辺さんから高田さんのコメントについて、どんなことを感じられたか、教えていただけます?

渡辺　相互行為に注目して、微視的に丁寧に見ていくことで、障がいについて見えてくるものや考えさせられることは多いな、ということを、高田先生のコメントから改めて思いました。逆に言えば、これまで「社会性の問題」とか「コミュニケーションの障がい」とか、大きな言葉でひとくくりにして、理解したつもりになってきたために、そうした細かい分析にあまりつながらなかったという面もあるのかな、と思ったりもします。

相互行為に限らず、私たちも、よく「当事者視点の療育・支援」ということを強調して、支援する側からの押し付けではなく、当事者の目線にたって支援を考えていきましょう、ということを言うのですが、その際にやはりまず大事なのは、そのお子さん、そのひとの言動を丁寧に見ていくこと、しっかり観察していくことだと思うんですね。あるお子さんが、どんなものに視線を向けることが多いか、同じ行動を繰り返しているように見える中にも、微妙な行動の違いがないか、その違いがその子にとって持っている意味とは何か、などをじっくり考えていくことは、その人、そのお子さんを理解していく上で大事なことであり、同時にそれを通じてなにかひらめいた時には、支援も楽しくなると思うんです。大内さんも言われていた、チンパンジーと飼育員の話は、飼育員さんがちゃんとそこで口を触って階段をつかむことの意味をとらえようとする姿は、その点においても、子どもの行動の意味を受け止めようとする支援員さんの姿にも重なります。

それから、相互行為の中でどのように「障がい」あるいは「障がい者とそうでない人」の線引きやイメージが生じてくるのか、について、つまり「障がい」のイメージの発生過程を考えることができるというのも、これからどういう風に共生的な関係を具体的につくっていくか、ということを考えるうえで有用な気がします。たとえば、コメントの中では、剣道の振りかぶりの話が例として取り上げられていましたが、なんで先生が「面を打った後に竹刀をあげろ」とひと言いえないのか、という当然生じてくる疑問についても、単に「先生が悪い」だけではなく、大内さんとのやりとりがどこでどうかみ合わなかったためにそのひと言が出てこないのか、など、より具体的にわかるようになるのかもしれません。

山本　渡辺さんが言われているように、事例研修をやっていると、外から与えられた言葉や概念の中に子どもを押し込めるのではなくて、子ども自身をしっかり見るところから常に出発し直すことがほんとに大事なんだと私も強く感じています。

そのように「見つめ直す」というときに、どういうスタンスが大事なのかと考えたときに、高田さんの「私たちは、専門的な知よりも前からあった感覚、今まさに生きている人々の生活の文脈や人生の統合性を見失っているのではないでしょうか？」という言葉がある意味で全てを言い表しているように感じますし、高田さんの相互行為論の視点はまさにそこに迫ろうとする試みの一つなんだと思えるんですね。

それは人が「意味の世界をどうやって共有するのか」という根本問題に迫るものと思うんですが、もうひとつ、「お互いにズレた意味の世界をどう調整するか」という問題について相互行為論的にはどういう迫り方があり得るのか、ということについて、またぜひ教えてほしいなと思いました。

これについては語りだすと終わらないので、改めてということで、大内さん、次は高木さんのコメントについてよろしくお願いします。

4 高木コメントについて――「期待と対応」ではない「投げかけと応答」

大内　実は、高木先生には他の先生とは異なる思い入れがありました。山本先生と編まれた『ディスコミュニケーションの心理学』を拝読したことがありまして、私が送ってきたズレの日々の形式を明らかにしてくださるに違いないと期待をしていたのです。すると、そうした期待通りのズレの在り方について分析してくださっただけではなく、それを基にして、私の支援の在り方にも光をもたらしてくださいました。

高木先生は「当たり前」が崩れると強い情動的な反応が起こることと、しかしながら、その「当たり前」が他者の行為に関わらないものだと強い情動性が見られないことを「背後期待」という概念を紹介してお教えくださいました。なるほど、自閉系の人たちの言動が相手の困惑を呼び起こす原因は、ここにあったのか、と学ばせていただきました。

こうした自閉の思考の見えにくさを明らかにしてくださったことを嬉しく思うと同時に、そこで、私の頭に浮かんだのは、日々の支援で訪れる自閉系の子どもたちの姿でした。ある日、ある男の子が筆箱を開くと、1本鉛筆が足りません。その男の子は、大きな声で「ない！　ない！」と繰り返し、とうとう泣き出してしまいました。あるはずのものがないというトラブルに対して「ま、いっか」とでも吐き捨てられればそれでおしまいになる場面ですが、こうした自分の予想外のことに対する強い情動的な反応が起こることは発達障がい児においては珍しくありません。するると、他者の行為に向けられた期待が外れたときに激しい反応が起こるという考え方は、多数派に多くあてはまることで、少数派である自閉系の人たちにとっては、予想外であること自体が問題になるかもしれないと考えました。これは、そうした心理学的な仮説や定説が誤りということではなく、そうした枠組みからそもそも外れている姿として自閉系の人をくくり、新たな少数派に共通する心理学的な枠組みの必要性を論じる時期が来ているのではないかという感覚になったと思っていただければ嬉しいです。心理学の専門家でもなんでもない私ですが、既存の考え方で少数派を語ることに限界が来ているように感じていましたので、高木先生の文章で、さらにその思いが強くなりました。

療育的に見たとき、私の支援は多くの支援者のそれからかけ離れた、実にいい加減なものになっています。しかし、事業所において私をご指名くださる保護者様は少なくないのです。私のいい加減な支援にご賛同くださる保護者様はいったい何を求めておられるのだろうかと不思議に思っていました。そうしたところに、高木先生が「期待と対応」ではなく、「投げかけと応答」という視点をくださいました。支援者と利用者が「1」「2」と交互に対応するのではなく、相互が「1!」と反応しあうイメージを持ちましたが、なるほど自分がそんなことをしていたのか、というよりも、それっていいなぁと他人事のようにしみじみとしてしまいました。私の求める共生的な支援のひとつの理想だと感じました。私が私の支援に理想を見いだすとは変な話ですけどもね。

先ほどの、自閉系の心の在り方は、多数派の理論では括れないという仮説に基づくと、ともすれば自閉系と定型は断絶の道を歩むかもしれません。しかし、そこにどちらかの恣意的な誘導ではなく共生的な道の可能性があり、その可能性を自分の関わりが示していたのではないかと考えるとこれほど嬉しいことはありません。

なんだか、最後は手前味噌に終わってしまう不謹慎な感想ですが、どうかご容赦いただきたいと思います。


渡辺　間違っていたら指摘いただけたらと思うのですが、大内さんが今おっしゃった「期待」について、明確に「これは期待だ」という形で意識して考えていたわけではなくても、大内さんは、なんとなくそれに似たことを普段意識して考えられたり行動されたりしているのではないか、と思ったのですが。いかがでしょうか。

たとえば、コーヒーを飲む話が大内さんの文章の中に出てきますが、その時の「イメージを固定させる」という表現は、大内さんを理解するうえで欠かせないキーワードだと個人的には思っています。「イメージを固定」させるには「このようにふるまえばこのようにうけとってくれるだろう」とか、「相手から期待されている、確実に変な人に見られない行動はこれだろう」といったことを、何か考えられているのではないかと思うんです。コーヒーを飲むことが大人の塾講師として期待されている、とか、そういったことです。

ひとつは、繭を作っている人たちにはそれが自動的に無意識的に行えても、大内さんの場合には意識的なのではないかと思ったのと、もうひとつは、大内さんの場合、期待されているものがよくわからないところから模索して苦労して獲得された「これだったら大丈夫」なもののような気がして、その意味では期待に応えるための行動の選択肢の幅は狭くなるのかもしれない、とも思いました。いずれにしても、のほほんと生きていてそれが獲得できるような気がしなくて、適応努力の結果、という気はするのですが。

あと、感想ですが、高木先生の書かれているポイントのいくつかは、他の先生がたとも重なるところがあるように思いました。コミュニケーションにおける「期待」とそのズレの話は高田先生の相互行為プロセスの説明の中で「慣習」にあたるもののような気がしますし、「投げかけと応答」のところは、やまだ先生の「語りが語りを呼ぶ」話にも、どこかつながりがあるような気がしました。先生がたのコメントにはバリエーションがあるわけですが、その中にも共通した論点はありそうな気もします。

大内　今、渡辺さんがおっしゃっておられた「期待」は高木先生のおっしゃられるところの「期待と対応」の「期待」と同じであり、また大内の言うところの「自己物語」に込められた相手への「期待」ですね。

私の理解で語るので、せっかくの高木先生の文意をぶち壊してしまう可能性があるので、前もって謝罪しておきますね。すみません。まずは、渡辺先生は「期待」を意識していないことが多くの場合前提であるとされているように思いました。私もその通りだと思っているので、私なりにそれが妥当だと考えていることを示させていただきます。

例えば、プロ野球の試合を思い出してください。ある選手の打球を内野手が拾い1塁へ投げた。ボールは打者よりも十分早くファーストミットに収まったのに、塁審はセーフの宣告をしたとします。この場合、1塁手なり、守備側の選手や監督などが抗議をしますよね。あるルールに則って考えたときに、それはおかしいということが起きたわけです。ルールから期待できる「アウト」の判断が審判から得られなかったので、つまり期待を裏切られる対応がそこにあったので、情動的な行為…ここでは抗議に出た、ということになるはずです。

では、これと同じことが高校野球で起きたとしましょう。期待を裏切られる対応を審判がしたとしても、多くの場合選手はおろか、監督も抗議をしないでしょう。これは、ルールよりも大きな規範意識である「審判は絶対」のようなものが情動的な行動を押さえつけているわけです。選手や監督は自陣のベンチでは何を言っているかわかりませんが、ともあれ表立った言動にはならないのですね。さて、ある規範が自分の規範を超えた場合には往々にして表立った言動は見られず、陰口や心の中だけにしまっておくことは想像に難くありません。

最後に野球を覚えたての草野球選手で考えてみましょう。守備側がルールを十分に理解しておらず、またボールと選手の双方の動きをトータルで見られない程度の技能であった場合には、審判に対して抗議をすることはないと思われます。自分の規範に自信が持てない結果、誰かが先に下した判断に従おうとする動きだと思います。シーソーの原理で、やはり相手の規範が自分の規範を超えていると言えるわけですが、相対的な関係は変わらないけれども、自分の規範における絶対値は0に近いという違いがあると言えるでしょう。

野球から離れて社会行動で考えてみます。掃除の時間に遊んでいる子がいたときに注意をするのは、個人の規範を超えたルールというわかりやすい規範がそこに存在するからですね。では、用事などのせいで予定が押してしまい、掃除時間が短かったときにはどうなるでしょうか。掃除をする人たちの判断次第では「いつもよりも手短に、素早くやってしまおう」という意識が規範として立ち上るように考えられます。今の私にはともかく、多くの自閉系のお子さんにとっては難しい感覚かもしれません。これが渡辺さんのおっしゃる「自動的」、「無意識的」に作られる繭ですね。私もこういう繭は多数派の得意分野だろうと思います。そして、この繭を作っている人数の割合によっては、あるいは作っている人の自信の程度によっては、その繭が期待する対応を取っていない人が情動的な言葉を受けてしまうことはあるでしょう。先ほどのルールに照らした場合よりは、そうした結果の現れ方は不確定の要素が多いと思われます。

ただ、前の予定が押したからと言って、掃除のやり方をいつもと違うものにすることが常に最適解とは限りませんよね。つまり、自閉系の多くが取る「いつも通り」という行動も日々の日常における繭ではあるわけです。繭とは規範であり、必要に応じてルールを作るに至らせるものだとして、確かにその繭を自閉系の人たちは作りにくい思考をしがちです。臨機応変的な繭を作ることが容易な多数派と、繭を理解したり作ったりすることが苦手な少数派という対比的な構造がここにはありそうです。

しかし、この繭の恐ろしいところは、おっしゃる通り「無意識的」かつ「自動的」に作られるところなんですね。その意味では作る側も作られる側も「期待」なんてことは考えていないと言えるように思うのです。作る側は、自分たちの期待が裏切られて手前勝手に怒っているという認識はなく、期待を裏切った対応をした人を非常識とかいう括りで非難しますよね。単に多数派の期待に応えていないだけで、もっと大きな規範であるルール違反をしていない人たちが怒られるのは、怒る側がこの構造を正しく理解できていないからだと思います。

さて、では私はどういう「期待」の世界にいるのかと言うと、草野球の例に近いんですね。規範がないと言った方がいいかと思っていますし、多くの場面でそのように自分を語っています。

あるとき、海辺で見知らぬ男性から駅に送ってほしいと頼まれました。どこの駅でもいいと言われましたが、最終的にその人が要望したのは、隣の市の駅でした。私は、特に不満も持つこともなく、車にその男性を乗せ、言われた駅に向かいました。駅に着くと、今度は電車で家に帰りたいけども財布をなくしたと言われました。目的地は隣の隣の県です。そのとき、私の財布の中には、その駅までの電車賃を払う余裕があったので、切符を買い、その人に渡しました。

この男の人は寸借詐欺の類だろうと容易に想像はつきます。でも、明確に「〇〇へ行ってくれ」とか「〇〇円出してくれ」と言われれば、可能であればそのようにします。願わくは、これを読んだ方々が私の家にお金を借りに来ませんように。

この人が詐欺師だと決めつけてみましょう。この人がご自身の心に正直になると「切符を買ってくれたら、それを払い戻して金にする」とでも言っているように思います。そう言われたとしても、私は私の財布の中にお金があれば、それを差し出します。以前、コンビニで「おっさん金出せや」と来た若いお兄ちゃんは即座に私の大外刈りでひっくり返され、私に顔を踏まれていますから、「金の催促」＝「渡す」ではありません。困っていて、明確な要求をしてきた人には逆らえないんです。困っているんだけども、こういう風に助けてよ、と示されると、それが行動規範になるんですね。ですから、どんなに朝早くても、夜遅くても、仮に遠くても誰かが助けを求めるような言い方で呼べば、そこに出向きます。こういう自分の生き方を規範がない、と呼んでいます。よく山本先生が私のことを優しいと評価してくれることがあるんですけども、何のことはなく、断らないとか相手に任せているだけなんですね。

長い長い話も一旦終わりが見えてきました。規範がない生き方というのは、とても面倒くさいんです。規範があるという方が、ずばり人生で迷いにくいですよね。お金を絶対に拾うと決めている人と、絶対に拾わないと決めている人は符号が違うだけで絶対値は同じです。金額によって拾うかどうか考える人よりはずっと楽な生き方をしているように思います。すると私が楽な生き方をしようと考えると、規範意識をもたなければならないことになります。この場合には、「困った人を見捨てない」というようなものになります。

相手が詐欺師でも強盗でも、困っているなら助ける。どう助けるかと言えば、相手の明確な要求に従う。これが私が意識的に作り上げた約束事です。

私は、私の物語の作者として、大内雅登というキャラクターに個性を与えていきます。好きでもないブラックコーヒーを常飲するのもキャラ付けなんですね。ですから、渡辺さんがおっしゃる通り、多くの人が「無意識的」に「自動的」にどういう生き方をするのか、その生き方によって他者の反応をどう「期待」するのか、という部分において、意識的に手を加えていることになります。もちろん、そんなことを何十回、何百回と決めていっても無意識の「期待」を上回るとは思いにくいのですけども。これは、いかに規範がないと自認する私でも、やはりお箸でご飯を食べますし、お店ではお金を払います。人として、日本人として生きているので、文化的な縛りを全てなくしたり、それを上回るだけの自分ルールを作ったりするなんてのはないわけですね。

こと対人のルール、規範みたいなものを「適応努力」として作ったというのは、本当にその通りだと思いました。ただし、のほほんと生きているからできた、マンガのような生き方だと私自身認識していることは添えさせてください。

山本　渡辺さんが言われるように、みなさん別々にコメントしていただきながら、ほんとに話がつながっていると感じます。私のもうひとつの専門である供述分析の分野でも「客観」とか「実在」って何かは重要な問題ですが、一つは「複数の主観が重なり合うところ」に「主観を超えた実在」が立ち現われるのだと思います。ある意味ここで私たちの中に「新しい実在としての自閉＝定型関係」というものが立ち上がりつつあるのではと感じるんです。

私は高木さんの文章が好きで、その論理的な文章にも「美」を感じたりするんですけど、高木さんも大内さんの「数々のエピソードのなかで、私が一番好きで美しいと思ったのは…手を2回握りあってから、大内さんが走り出し、その子が後を追って駆け出した場面でした。」と書かれていて、なんか響き合ってる感じがします。

この響き合う身体みたいな話は「意味を共有する」という問題とすごく深い関係があって、たとえばアスペルガーで定型とつながれずに苦しんでいた人が、音楽を通してつながる体験で支えられることがあるように、「異質な者同士をつなぐ」上ですごく大事なというか、かなり本質的な問題だと思うので、さらに深めていきたいです。

それで次に浜田さんのコメントについて考えていきたいんですが、よろしいですか？

5　浜田コメントについて――違和感と受け入れがたさ

大内　浜田先生のご意見を拝読しながら、「そうそう、これこれ」という思いが湧き上がってきました。以前、山本先生が講義で私の言動について紹介をした際に、「なんて悪い奴だ」という声が出たらしいのです。私は、そういう声を何らかの場で大内にぶつけてみましょう！　とご提案したことがありましたね。具体的な案が私の頭の中になかったので、それっきりの話になってしまいましたが。そのとき、私が何を求めていたのかと言うと、浜田先生がおっしゃる「違和感」「気味悪い」という部分の表明なんです。

「こっちは、こっちで思いがあるんだから悪くとらないでよ」というスタンスで当事者が自分を語ることがあります。支援現場においては、そうした場合には、可能な限りこの当事者は守られなければなりません。きっと否定しない、受け入れるという受容的な姿勢が求められることが多いでしょう。ただ、それでは言いたいことを言うだけで対話になっていないわけです。当事者の声を世に出すに当たって、研究職の方にご意見をいただくというのは、まさにこの「言いっぱなし」の構図を崩すことにあると思うのです。私は、私自身が私を知るためには、自分に向けられた評価の構造を知りたいと思っています。山本先生の講義で非難の声をあげた方から直接ご意見をいただきたかったのも同じ理由からでした。

浜田先生が示してくださった図地分節のお話はとても納得いくものでした。そして、その重なりが上手くいかないときに理解のズレが起きることも自身の体験と照らしてもなるほどと感じさせていただきました。

渡辺　この女子生徒を立たせて何を話していたか言わせる話は、私は以前も大内さんがこれについて書かれたのを拝見したことがありました。しかし、その時も今回も、浜田先生のように女子生徒に対する「支配の構図」を正直感じ取っていなかった気がして、何も指摘してこなかったと思います。言われてみるとなるほど、と思います。浜田先生のコメントを読みながら、自らの感受性の低さに嫌になってくるんですね。ほんとに落ち込んでます。大内さんと接していても思うんですが、大内さんが100の濃度で生きていらっしゃるとしたら、本当に自分は1ぐらいの濃度でぼーっと生きている感じがしてしまいます。いろいろなことに気づいたりするのが本当に遅い。だから教育実習先の先生がたに対しても、「なんで大内さんに指摘しないの！」と言う気持ちには全くなれないのです。たぶん私がそこにいてもぼーっとして何も言わなかったかもしれないのですが、本当は言うべきだろうと思ってます。

一方で、でもなぁ、とも思うんです。大内さんに対する私の勝手なイメージは、普段表面には出されないかもしれないけれど、ナイーブで繊細なところがあって、そういう支配的な構図の支配する側に大内さん自身がなったとしたら、すごく嫌がりそうな感じがするんです。実際「この黙らせるというのは、アスペルガー系の人の多くがとる選択ではないでしょうか。あとは、教務力のない指導者もそうですね。（中略）両方にあてはまる私もその例にもれませんでした。」と書かれていて、当時は教務力がなかったのだ、ということで、決して大内さんも当時の大内さんの指導方法を良いとは思っていないのではないか、という「期待」が私の心のどこかにあるわけです。つまり、今の大内さんだったら別のやり方をされるんじゃないかと。

大内さんにそれはよくないんじゃないの、と言うべきだったという気持ちと、大内さん自身もそれはたぶんよくなかったと思っているのではないか、過去のことだからこうして話されているのではないか、だから別にあえて私が言わなくてもいい、という気持ちと、二つの間で私の心は揺れ動いているのですが、大内さん、そのあたりはどうでしょうか。

大内　今の私なら、大きな声を出すことなく授業をこなすことができるかもしれません。それは、怒っても仕方のないことがあることを知ったから、というのがあります。つまりご指摘の通り、私は私の手法のマズさを自覚しているということになります。

それはそれとして、私は渡辺先生が触れた「なんで大内さんに指摘しないのか！」はとても大きなポイントだと考えています。定型と自閉が通じ合えないことが多いのは認めるしかないと思います。そのとき定型は「あいつ何を考えているかわからない」という状態になっているんですよね。そして、それが「何も考えていない」とか「わかっていない」というところにスライドすると見下されたり、排斥されたりするんですね。では、「何を考えているのかわからない」けれども、先の例とは逆に「何か考えがあってやっている」と評された場合、さらには、その考えが一定以上の有効性を示してきた場合には、一目置かれ、止められる人がいなくなるわけです。

私の実習における漢字の読みの訂正方法は、他の先生方とは違うけれども、授業のスムーズさは損なわれないわけです。その意味では学生なりに優秀なアイデアとなります。こうしたものを示している間は、自閉だけども、差別的な対応を受けにくくなりますし、それどころか、誤った対応の正当性を認めてもらえるようになります。

渡辺先生が私を買ってくださっている部分も、優しさと言うか対人における思いやりのような点を見いだしてくださり、変な表現ですが、その思いやりという優秀さをもって少しかばってくださっている部分があるようには思います。これは、とても嬉しくてありがたいことですし、それと同時にだからこそ浜田先生のご指摘を待ち望んでいたというところになります。

山本　私が自閉系の方とある程度以上に深くつき合おうとするとぶつかるのがやっぱりこの問題なんです。

なんと言うか、自分が生きている中で大事だと感じている点でそれを正面から否定されるような（そう見えてしまう）物言いや振る舞いをされてしまう。そしてそれが自分にとっては揺るがせにできないと張り詰めている部分だったりすると、体が情動レベルで反応してしまうんです。その結果、主観的にはすごく傷つくんですね。怒りもわいてくるし。

ところが色々な経験を積み重ねることで、相手にはそういう意図はないと考えざるを得なくなる、という展開が繰り返し起こります。ただそれは感情的な理解ではなくて頭での理解です。そうすると、自閉の人の「意図理解や表現理解の障がい」という一見「客観的」にみえる説明にすがりたくなる。大内さんが言われている通りです。

ところが、大内さんにも沢山のことを教えていただくなかで、実は自分の方がそういう情動的な受け止め方をすることで、相手が強く傷ついているんだということをじわじわと実感せざるを得なくなるんですね。これは私にとってはそれまでの自分の感性を自己中心的なものとして否定せずにはおれないくらいにシビアな体験でもあります。

もちろん「お互い様だ」とは頭で思うので、それで自分が崩壊することはなく、ディスコミュニケーションの問題としてこの厳しいズレをどう乗り越えられるのかという課題に直面する形にはなるんですが。

ただ、誰もが同じ状況で私のような情動的反応になるとも言えなくて、そこは私の「特性（個性）」が効いている部分もあると最近かなり思えるんです。

渡辺さんは自分が問題を見過ごしやすいという風に思われてるけど、ある面ではそこは視点の違いの問題でもあると思えるんです。で、それぞれの視点の長所と短所がやっぱりあって、私からみると、渡辺さんのスタンスが柔らかい関係調整に結び付く面も感じるんです。だから仮に渡辺さんが「見過ごす」ことがなかったとしても、やっぱりそこでの展開には違いがあるはず、そんな風に思えます。そういう意味で自分自身の特性（個性）が抱えている限界との関係で、大事な問題としてその違いに注目することの重要性も感じています。

なんにしても浜田さんの問題提起には、異質さを抱えた者同士の関係調整を考える上で、とりわけ実践的に最もシビアで重要な指摘が行われているというのが私の理解なんですね。そこをどこまでこれから深めていけるのか。

大内　私は、障がい者との距離が近いほど無意識下の差別的な評価が増え、遠いほど思いやりの精神にあふれやすいと考えています。何か考えがあったとしても、怒りに似た言動をぶつけられれば嫌になりますし、職場で同じ失敗を繰り返されれば困ってしまいますから。そう考えると、私の文章にしっかりと身を投じてくださった浜田先生の視点は、遠くにおられながら近くにいるかのごとく、私の自閉的な課題を鋭く突いておられ、お見事だなぁと感じ入りました。私は、私が四六時中感じている自分の存在に関する罪悪感の元を切り取ってお示しくださったように感じています。

ところが、そうした視点をご覧になって、渡辺先生はそう感じないことを告白され、山本先生は傷つけられて、怒りも湧いたが、「お互い様」と考えざるを得ない今のご自身の自閉症観のようなものをお話しくださいました。私は、そのおふたりの感覚は、私とのつき合いを通した結果感じたものであるというスタンスを示してくださっています。

それをそのまま信じさせていただきますと、この本を手に取った方は、大内の何かを通して、困った自閉像の奥の何かに到達できると言い換えられるように思ったのです。

浜田先生の視点を優れたものとして見ていることを前提にですが、その視点とは違う視点や立場に立つために必要な経験とは何か、変な言い方をすれば、この本の使い方についておふたりからご意見をいただきたいと思いました。

山本　ちょっと表現が下手だったようですが、私自身は大内さんのエピソードについてはドキッとする感じはありましたが、それほど自分がそこで傷ついたり怒りが湧いたりはしていません。というのはたぶんこれまで大内さんのいろいろな話を聞いて、その「愚直なまでに」問題に正面から向き合う真摯な姿に、繰り返し感じ入っていたからだと思います。そのことで、ダイレクトな情動的な反応にある種のクッションが出来ているような気がします。ただ同時に、浜田さんがああいった形で受け止められることもやっぱり自分なりにある程度リアルにわかる感じはしているんですね。

といっても、浜田さんのいつもながらに鋭く問題に迫られる議論をちゃんと受け止めきれないままに、イソップ物語の蝙蝠みたいなずるいわかり方になっているのかもしれないですし、浜田さんとは少し角度の違うもうひとつの視点が自分の中に育ちつつあるのかもしれないし、そこはよくわかりません。それはこれ以降考えていくべき私自身の宿題のように感じています。

6　結論の共有ではなく豊かな議論の場の共有を

山本　いずれにせよ、この本の使い方についてということであれば、定型視点から膠着してしまっているようにも見える自閉＝定型関係の理解と対処の仕方について、実践的にも理論的にも新たに多様な視点から柔軟に模索し直すためのきっかけの一つとして使ってもらえるのが一番の望みです。もちろんこれは「解答」を呈示するものではなく、これからみんなで何を考えていくべきなのかの「問題点」をその模索の出発点として提示できれば大成功だと思っています。

渡辺　私も、この本からいろいろな面で次につながっていってほしいという気持ちがあります。同時に、まずはこの本、この本の中のエピソードや大内さんの考えを、存分に味わい、大内さんについて十分に不思議がっていただけたらいいなと思います。そこから自然とこれまでとは違った視点や多様な議論が生まれるのではないかと考えていますし、そうした議論や新たな物語を生むだけの質と量を大内さんの文章は持っていると思っています。

大内　おふたりとも、本当にありがとうございます。この本の意味みたいなものを改めてお示しいただけてとても嬉しく思いました。

療育現場において目の前の子どもたちの声よりも教科書的な理解が優先されることは少なくありません。一生懸命に何を言っているのかわからない子どもを前にしたとき、もっと聞いてみよう、とするよりも、「うん、こだわりだね」と括ってしまった方が楽なんですよね。障がい特性を見いだされた先人たちの功績はとても大きいのですが、それに頼り、当事者の声を聞かなくても支援らしきことができてしまうことを、とても悲しく感じていました。

今回、5名の研究者の方々に3章までをお読みいただき、ご意見をいただけました。どなたも私の文章を既存の理屈に無理やりはめ込もうとされず、ご自身の感じたことを、ご自身のお言葉で語ってくださいました。ご依頼差し上げておいて失礼ですが、皆さんのご意見の全てを理解できた自信はありません。ただ、その姿勢そのものを学ばせていただくことが何より肝要なのだと感じております。

改めまして、お礼を申し上げます。ご協力いただきました研究者の皆様、本当にありがとうございました。

山本　そうですね。大内さんにまとめていただいた感じになりましたが、私も今回、ほんとに大事な問題を共有する場ができたように感じてとても心強く思いました。

大事なのは議論し合える「場」の共有であって、単一の結論ではない、というのが私が「文化」という問題を検討する中でたどり着いた一つの考えなのですが、そこに参加できる人が多いほど、たくさんの視点がそこに関わってくるほど、その「場」は、あるいはその「文化」は豊かなのだと思います。

そういう意味で、これまでの「定型＝自閉」をめぐる議論の場から、さらに多くの柔軟な視点が交差できる場へと広がりがここでもできたのではないかと思いますし、ここからさらにいろいろ考えていきたいと思っています。みなさんどうもありがとうございました。

渡辺　今回、大内さんの文章と先生がたのコメントをもとに、こうしてやりとりできたことで、大内さんや当事者の方々の理解だけでなく、支援のあり方や将来的な対話的関係構築のあり方など、幅広く議論できたのは良かったと思います。充実した内容になり、私も楽しかったです。みなさま、ありがとうございました。

【文献】

［1］綾屋紗月（編著）『ソーシャル・マジョリティ研究——コミュニケーション学の共同創造（コ・プロダクション）』金子書房 2018

【注】なお、このやりとりは対面での話し合いではなく、ネット上でテキストでの発言を交換し、その後最低限必要な編集を加える形で行いました。主な編集点の一つは「呼称」についてで、「所長」「先生」「さん」など、いろいろな言い方がまじりあっていて、どの呼称を選ぶかがお互いの関係理解を表しており、文脈ごとのその調整の仕方についても各自のスタイルや、定型的な呼称スタイルに対する大内さんの距離の取り方が反映して興味深くもありましたが、ここでは「先生」「さん」のいずれかに統一して読みやすくさせていただきました。

コラム　当事者本を読む6

大内雅登

沖田×華『ぐるぐる毎日やらかしてます。発達障害漫画家は楽しく生きている⁉』ぶんか社　2019

沖田×華（おきた・ばっか）さんの『やらかしシリーズ』の7冊目です。沖田さんはＡＳＤ、ＡＤＨＤ、ＬＤの三つの診断を受けています。最近は、マンガ版の当事者本というジャンルは少しずつ珍しくなくなってきたように感じています。

さて、沖田さんの作品についてですが、最初にコマ割りについて少し触れさせてください。マンガは枠で区切られた絵の集合体です。その枠をどの順番で読むのかは、その枠の並べ方で決まります。この並べ方をコマ割りと言います。このコマ割りが理解できていないとマンガが読めないということになります。ざっくり言うとコマ割りとは、マンガにおける文法のひとつなんです。例えばストーリーマンガの文法では、下のように①から⑥の順に読みます。ストーリーマンガというのは、4コママンガとは異なるマンガです。話が多くのコマから成り立っています。次の図のように、読み間違いがないように①と④の間は、①と②の間よりも広く取ります。

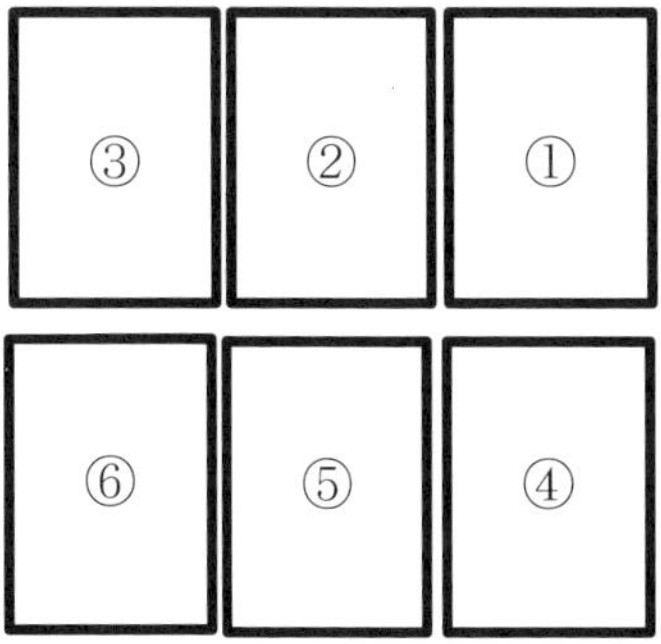

ところが、沖田さんは毎話の扉（各話の1ページ目）では次ページの図のように読ませるのです。一般的にこう読ませたいなら①と

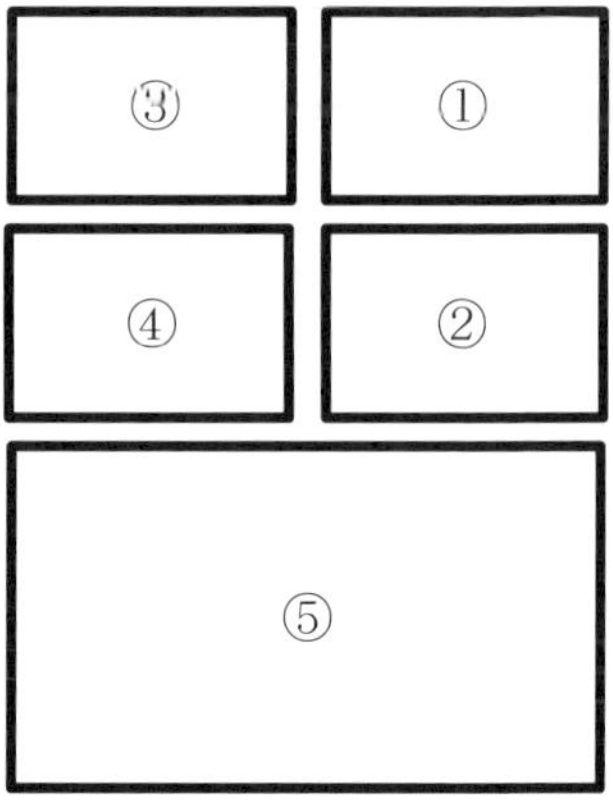

③の間を大きく取り、逆に①と②を狭くします。そして、このページで一番広く間を空けるのは②④と⑤の間ということになります。沖田さんはそういう間の取り方はせず、先ほど紹介した様なページと同じように間隔を割り当てています。

4コママンガの扉としては、この手法は珍しくありません。しかし、それは4コママンガの基本が縦読みだからなんですね。沖田さんの場合は、ストーリーマンガの文法と4コママンガの文法が区別されずに盛り込まれているということができます。そして特筆すべきは、沖田さんご自身は、これが一般的な読み方とは異なることを自覚されているようで、こういう文法違反のページでは読む順番を数字で振っているのです。コマ割りもまた作品の個性です。私にとっては読みにくさではありますが、ここに沖田さんの何かが込められているのだと思います。

この本には、20ほどのテーマで括られた沖田さんの日常生活が綴られています。その中のひとつにある、映画の登場人物が髪を切ると、誰だかわからなくなって、盛り込まれていない話の筋を想像してまで帳尻を合わせるエピソードは、もっともっと深く掘り下げてほしいと思ってしまいました。Aという役の人が髪を切ると、Aさんではない人に思える。そこで、Aさんは描かれていないけれども、その組織ではクビになっていて、新たにBさんをメンバーとして迎え入れたと解釈するそうなんです。そういう解釈のズレを減らすために、定型の人と同じ解釈になるように映画を見直すのですが、沖田さんはそれをSSTと呼んでいます。この辺りの理解を深く聞きたくて仕方がないのです。

沖田さんの説明によると「定型の意見をしっかり聞き／自分の意見とすり合わせ／思考のズレを直していくのです」（107頁）、「これをSST（ソーシャルスキルトレーニング）といいます」（同）。そして、「A君と再び／映画を見て」（108頁）、「SSTを／してみること／にしました」（同）と続きます。これは、私の中のSST理解とは異なります。さらに、ここで登場するA君もまた発達障がい当事者でして、沖田さんの説明にあったような定型の意見をしっかりと聞く構図にはならないんです。

私は、専門的な支援知識を沖田さんに求めているのではなく、沖田さんの理解と、一般的なそれがズレていても、ご本人はその活動に意味があると受け止めておられ、そして至極真面目に当事者同士で映画を見直しているのです。頑張って映画を見直す姿と、頑張ってコマに数字を振る姿が重なり、沖田さんなりの自助努力がそこにあるのだと感じずにはいられません。沖田さんの理解で、沖田さんの内部で確立している世界は、他の人とは文法や定義が異なるのですが、マンガというわかりやすい手法なので、なんとなく相手に届いていきます。一見すると作者と読者がコミュニケーションをとっているように見えるのですが、本当のところはどこまで通じているのかわかりません。

いい言葉かどうかはわかりませんが、「左右盲」という言葉があります。左右がわからない人、あるいは左右の判断に時間を要する人を指す言葉です。沖田さんも左右が瞬間的にはわからず、苦労をされているようです。ご自身の右手の親指にできたイボを触ると右だとわかるので、「イボンヌ」という名前をつけて可愛がっていたという話は自助努力も極まった感があります。そのストーリー自身にご苦労などを感じることは難しくないのですが、沖田さんはその話のあと「その結果『左盲』になった」（112頁）と続けます。沖田さん曰く「あまりにも『右』を強く／意識しすぎて」（113頁）、『左側の感覚が極端に／うすくなってしまったんです」（同）とのことです。浅学な私はこの「左盲」という言葉を知りませんでした。ちなみに、左や右の半分が視野欠損により見えなくなることを「同名性半盲」ということは知っています。大雑把に言って左半分が見えなくなるのは「左同名半盲」です。自分の勉強不足を棚に上げて考えてみますと、沖田さんはこうした言葉を誤解して使われているように思えるのです。そして、そういう使い方をする沖田さんごと味わえばいいと強く思うのです。

右を意識しすぎて、左を意識できなくなりました。

にわかには信じがたいその告白は、当事者の事実にほかならないと考えます。文法が違うだの、定義が違うだの色々と不備のようにお伝えをしていますが、むしろ、そういうところが本書の魅力だと感じています。私は常々、どんな事柄でも当事者の真実はわかりにくいものだと思っています。どうしてケーキを食べたのかを問うたときに、「誰も食べないと思ったから」というわかりやすい答えよりは「いや、あったから」と答えられた方が事実だと思えます。前者の方が理屈が通っている分、納得をさせようとしているように思ってしまいます。逆に、友だちと2人いて2個しかないケーキを食べたとき、「あったから」なんて言われたら、思わず「人がふたりいて、ケーキがふたつあったら、ひとりひとつずつだとわかるだろ!?」みたいな説明をして問い詰めたくなると思うのです。この問い詰められる構図を避けるために人は一生懸命に事実と多少違っても何かを言いつのります。それが説明するということであり、説明責任こそが説明的文章の使命です。それはマンガでも変わりません。

　当事者本が増えるということは、あるいはマンガや動画などで当事者が自分を語る機会が増えるということは、ある種の専門性が保たれなくなることと同義だと思います。それはＳＳＴの定義が崩れていくのと同じく、普及することの宿命でもあります。私たちが取り組んでいる逆ＳＳＴも、当事者の言葉を第一に考えるスタンスから言えば専門性に欠ける認識が語られたとしても、それを優先するということになります。大事なのは、言葉の定義ではなく、当事者が何を感じ、何を伝えようとしているのかをつかむことです。私は、専門家である山本所長や渡辺主席研究員がいる（一財）発達支援研究所の一員として、あえてこの専門性には疑問を抱く当事者本について紹介したくなってしまいました。

　きっと、おふたりからも、大事なのは専門用語ではない、とご賛同いただけるような気がしています。

おわりに ── わたしたちが大内さんとともに越えていくべきもの

渡辺忠温

1 「当事者本」を越えて

本書のコラム「当事者本を読む」の中で、大内さんはさまざまな「当事者本」を読んだ感想を書かれています。そこでも紹介されているドナ・ウィリアムズさんをはじめ、テンプル・グランディンさん、あるいは日本では森口奈緒美さんといった自閉症スペクトラム当事者の方々の言葉が、書籍というかたちで世に出るようになったのは、１９８０年代から９０年代頃のことでした。当時、自閉症スペクトラム当事者の方の内的世界を外側からうかがうことしかできなかった人々は、それらの書籍の中にまとめられた当事者自身の言葉に触れて、その内面世界の豊かさに驚いた、と言われます[1]。それまでも自閉症スペクトラム当事者の言葉が語られたり文章化されることはあったのだろうと思いますが、その時代に現れた、いわゆる「当事者本」における自閉症者の内面世界を描写する密度や迫力は、それまでのものとは大きな違いがあり、そのことが次のように、当時の研究者・専門家たちをして「この人は本当に自閉症者なのか」という疑問すら抱くほどに驚かせたのだろうと思います。

ドナ・ウイリアムズの自伝が登場した最初、現在は高機能自閉症の臨床家として高名なある自閉症研究者が、「彼女は自閉症ではないのではないか」と、ある論文で述べていたのを思い出す。これは今日から見ると不思議なほど、当時はいわゆる専門家ですら、自閉症を狭く、固定的に捉えていた一つの証拠であろう。このドナ・ウイリアムズの自伝はそれまでの手記や回想とは比較にならないほど鮮やかに、自閉症の体験世界をわれわれに語ってくれた。[2]

本書はその目的からして当事者の精神世界や体験を描写する「当事者本」として編まれたものではないのですが、1章から3章で大内さんが書かれたご自身の過去の体験を、こうした先人たちの「当事者本」と同様の「驚き」を持って読まれた方も多いのではないでしょうか。幼いころの体験も含めた、かなり昔の出来事であるにもかかわらず、その出来事の経緯とその時の心理を大内さんが覚えていて、細かく描写されている点に驚かれる方もいらっしゃるかもしれません。また、定型発達的な視点では思いつかない、大内さんの発想・思考法や問題解決法に新鮮な驚きを感じられる方も多いと思います。大内さんが出来事や心理を言葉にされていく巧みな力に驚嘆された方も多いと思います。こうして、外側からはうかがうことのできない、また、外側から言動を見ているだけでは誤解が生じる可能性も高い、当事者である大内さんの内的世界を知ることが出来る点において、本書に収められた大内さんの文章は、さまざまな「当事者本」の系譜の中に加わった、新たな良質な「当事者本」と考えることもできると思います。しかし、本書の中で重ねられた大内さんの言葉には、何かもっと他の、そういう系譜とは異質な、私たちを惹き付ける多くのものが含まれているように思うのです。

2 「語りかける人」大内さん

大内さんの文章の独特な魅力のひとつ目は、我々がそれを読む時に、大内さんという人が語りかけている姿をしっかりと身近に感じるということではないかと思うのです。

大内さんの文章には、読む人を緊張させない、読み手をリラックスさせるような何かがあるように思えます。本書の中に書かれている事例や出来事の多くは、非常に深刻なものとしても受け取れるはずなのです。それなのに、なぜかその出来事の深刻さやその出来事に関わる人々の心情に引きずられ「過ぎず」に、比較的落ち着いた気持ちで読み進めることができる。このことは、我々読者が、大内さんの視点での見え方を受け取りつつ、同時に一歩引いて、コミュニケーションのズレが生じる構造などといったことにも考えをめぐらせることを可能にしていると思います。もちろん、これは意図的なものというよりも、1章のタイトルが「お気楽と迷惑の間」とつけられているように、そもそもの大内さんのそれらの出来事に対するご自身の認識自体に、ポジティブさといいますか、ある意味での「お気楽」な感じがあるのかもしれませんが（決して大内さんが脳天気な人だということではありません）。

普段の大内さんも、時折そこはかとないユーモアで私たちをリラックスさせてくれます。私は以前、東京の研究所の近くにあった、私が足繁く通っていたお弁当屋さんの店員さんと、香川から来たばかりの大内さんが、ほんのひとことふたこと言葉を交わしただけで、（「どちらから来られたんですか?」「香川です。お姉さんに会いに来たんです。」「あら！　まぁ！（笑）」といった感じで）打ち解けて談笑し始めた光景を見て唖然としたことがあります（私は店員さんとそれほど親しくなかったのに！　私は研究所の机に月間のメニュー表を置いているくらい通っていたのに！）。

また、私自身は、研究所のホームページに掲載されている大内さんの記事（たとえば、https://hatsuken.or.jp/series/?slist=okirakumeiwaku）も含めて、大内さんの書かれたものを読んでいる時に、大内さん自身が文章の向こう側に実際にいらっしゃるような気持ちになることさえあります。本書の中で、時折読者への問いかけや「〜ね」などの終助詞がちりばめられた文章を読む時、読者のみなさんの多くが、私と同じように、大内さんご自身がこの本のそばにいて、読む人ひとりひとりに語りかけているような感覚を持たれるのではないかと思います。

このように、大内さんの文章は、私たちにしっかりと向かい合って語りかけ、私たちもそれにしっかり考えて反応できるような、対話的な場づくりの要素を自然と持っているような気がするのです。

3　「ガイド」としての大内さん

また、大内さんの文章を読んでいる時、私はしばしば状況把握や状況整理の見事さのようなものを感じることがあるのです。2章や3章で大内さんが、支援や当事者のお子さんたちとの関わりについて語られる時、大内さんは理論から入られるよりも実際の子どもとの関わりの事例からボトムアップに大内さんなりのアプローチのポイントや観点をまとめられる、という書き方をされています。もちろん、大内さんのご自身の経験や考え方、支援経験の豊富さなどによって、そうした観点が練られ整理されてきたということはあるにしても、それを私たちにもわかりやすく整理して提示される点に、大内さんの当事者－定型間の関係構造のズレを理解することの支援者、関係調整の世界へのガイド役としての力を感じるのです。私が大内さんだったら、状況の中で混乱してしまって、とてもこんなに整理された形でその時の状況や自らの観点を書くことはできないように思います。

考えてみれば、普段の大内さんもそのような「ガイド役」を務められることが多いと思います。一般公開している、研究所主催の逆ＳＳＴイベントに参加された方は、何度も目の当たりにされていると思うのですが、回答者のみなさんや会場からいろいろな意見が出ている中で、大内さんのポイントを突いたコメントに一同ハッとさせられ、そこからみなさんが自分の考えを整理しやすくなってくることがあります。会議などでも議論の収拾がつかなくなっていたり混乱したりしている時に、大内さんがいらっしゃると、うまく議論の流れを整理して次の議論へとつなげるようなコメントをいただける時があります。

それは、特定の出来事に関わる人々が持つ、多様な視点間の見え方の整理においても見られるもので、本書においてさまざまな大内さんの経験が語られる際にもいかんなく発揮されていると思います。同時に、当然のように、そのような視点間の整理が行われる過程では、大内さんは頭のなかでさまざまな他者の視点の間を往還されているのだろうと思います。

たとえば、1章の冒頭で展開される、ビーズ暖簾にぶらさがって糸を切ってしまう大内少年のエピソードでは、まず大内さんのお母さんについての描写が行われ、そのあとで大内少年の行動や心理の描写が行われます。大内さん自身の言葉では、この対比的な書き方は「母の思いを想像して書いてみた前半の部分と、その状況で当時自分がどう思っていたかを説明した後半」ということになります。この対比が行われている間、大内さんは、まるで小説家が小説の登場人物の心理や行動を描写するように、一貫してお母さんと大内さん自身から一歩外側に出た立ち位置から状況を描写しているように見えます。他者であるお母さんの描写がそのようなものになるのは当然ですが、大内さん（大内少年）ご自身についても同様です。このように、描写する主体としての大内さんの立ち位置は、固定されていて変わらないのですが、書かれている内容から推測すれば、おそらくその描写を行っている間に、大内さんはお母さんのその時の気持ちに思いを馳せ、また子どもの頃の大内さん自身の気持ちも想起し、それらの過去の出来事を現在の視点から眺める今の大内さんにもなり、といった具合に目まぐるしく視点を変えていっているように思われるのです。

大内さんご自身が意識的・明示的に複数の人物の間の対比を行われているものでは無いにしても、たとえば、1章2の「市役所に書類を提出するのが苦手」というエピソードの中には、大内さん自身、定型発達者、「当事者の方」という二つの視点が含まれているように見えます。このように、頻繁な視点の移動・視点の往還は、本書のほとんどのエピソードにも含まれているものだと思います。

「視点間の移動・往還」という場合に、「自己物語の確立」の話や2章5にある、その「相手にこう思わせたい」と考える内容については、実際に相手がそれでどう思うかについての検討があまりなくて、自分の思い込み度がものすごく大きいんです。

と語られていることから想像すれば、他者が持つ視点についての定型的な想像の仕方と、大内さんのやり方には違いがあるようにも思えるのですが、それが大内さんの「思い込み」であるか否か、あるいはその想像した内容が「正しい」かどうか、といったことよりも、そこで大内さんなりのやり方で、多様な視点の想像が行われ、関係調整に向けての視点間の整理が行われていること自体に大きな意義があると思いますし、またその説明がわかりやすく書かれていることは、1章から3章の非常に魅力的なところだと思います。

4 「向こう側」へ行ってみる必要性と船頭・大内さん

しかし、大内さんが一見軽々とこなされているように見える、この他者視点の想像や視点間の往還というのは、実は容易なことではない、と思うのです。それは、「自閉症スペクトラム当事者は他者の心の読み取りに困難を抱える」といったありふれた偏見からではなく、当事者であろうとそうでなかろうと他者の心の読み取りというものは総じて難しいもので、定型発達者同士でも時には他者の視点に立つこと自体が行われず、さらに定型発達者が当事者の心の読み取りを行う際にも、当事者が定型発達者の心の読み取りに困難を抱えるのと同様の困難を抱えているということです。[3]

本書の中では、対話的に読者に語りかけ、さまざまな視点間を往還しながら複雑な人間関係をわかりやすく説明されているように見える大内さんも、「私自身、私の言葉が誰かに届いたと思えない日々を送っているんです。」（コラム「当事者本を読む1」153頁）、「これが解像度などの言葉を使って私が定型の方たちに理解してもらうことを諦めていく構図です。」（1章2 59頁）といった言葉を見る時、普段の人間関係において、そうした周囲の人々の無理解によって、傷ついたり落ち込んだりする経験を重ねられていることは容易に想像できます。

一方で、そのような困難なものだからこそ、本書の中で大内さんが私たちに語りかけるように見える姿、複数の視点間を往還する姿が、一層魅力的に見えるようにも思うのです。高田先生や高木先生もコメントの中で指摘されているように、「自己物語の確立」という、一見自己中心的にも見える周囲の無理解に対する大内さんなりの調整のしかたですら、決して自己の内部に閉じられたものではなく、むしろ他者と関わってきた、あるいはこれから他者と関わっていくためのひとつの方法に思えますし、そこから大内さんの他者に開かれた基本的な姿勢を感じるのです。

1996年に出版された自閉症スペクトラム当事者の手記である『変光星』の解説で、ドナ・ウィリアムズさんの著作の翻訳者としても知られる河野万里子さんは、著者である森口奈緒美さんの、中学高校時代の周囲の誤解を「文化の違い」として見る視点を紹介したうえで、以下のように読者に訴えかけています。

自閉症の人たちにとって、私たちは「異文化」なのだ。ならば私たちにも、自閉症の人たちを「異文化」の人たちとして見つめるまなざしが必要なのではないだろうか。自閉症の人たちに、私たちの側の社会や文化に順応しろと要求したり、強制したり、はたまた除外したりするのではなく、柔軟に総合的に共感しながら行動できるはずの私たちの方こそが、「異文化」を理解し、尊重し、共生への道を探る努力の輪を広げなくてはならないのではないだろうか。[4]

「文化」についての考え方にさまざまなものがあるとしても、当事者と定型発達者間に生じる問題を文化的背景の異なる者同士の対応の問題としてとらえ、共生の道を探るという点は、本書の観点とも共通する部分があると思います。同時に、河野さんのこの一文は、20年近くの時間が経ち、発達障がいについての知識が以前より普及した今日でも、私たちが本当に取り組まなければならない問題は何も変わっていないという、いら立ちや脱力感さえ覚えるような事実を突き付けていると思います。

多少荒っぽい比喩になることをお許しいただけるなら、当事者の文化圏と定型発達者の文化圏があり、その間に大きな川が流れて隔てられているとして、森口さんの本の出版から20年、当事者の方々は、本書2章5でSSTを例に述べられているように、また本書の中で大内さんが実際に示してくれているように、定型発達者側の岸に何度も跳躍を試みられてきたのだと思います。その一方で、定型発達者は、こちら側の岸からただ眺めているだけで、時折うまくこちら側の岸に渡って来られた当事者の方の言葉から向こう岸の状況を想像しているだけだったのだと思います。向こう岸を過剰に美化するものであれ、過剰にけなすようなものであれ、それが、いかに誤解を生じさせるものであるか、自文化中心的な視点によるものであるかということは、かつて現地に入りこんでフィールドワークをすることをせず、伝聞資料に基づいて他地域の「文化」を想像していた西欧の研究者たちが、「安楽椅子の人類学者」として批判されたこととも似ていると思います[5]。

本書の中で大内さんは、その「向こう側の岸」だと思っているものに跳び込むことに誘い、そのためのアドバイスやガイドをしていただいているように思えます。言わば川を渡る船頭さんのようなものです。河野さんの時代から20年間、結局変化してこなかった状況から、さらに時代を一歩先に進めるためには、本書の中で、大内さんという優秀な船頭さんを得て、私たちは実際に「向こう岸」に跳び込んでみる準備をしていく必要があると思うのです。

5　当事者の方の世界に定型発達者が跳び込むためのひとつの方法――逆ＳＳＴの提案

とはいえ、当事者の方もさまざまな人がいて、当事者の方と関わる状況もまたさまざまなものが考えられます。そんな時、大内さんという船頭さんが実際にそばにいてくだされば心強いのかもしれませんが、いかんせん大内さんはこの世にひとりしかいらっしゃいません。自分たちで川を渡れるようになっていかなければならないのですが、しかし大内さんのガイドブックだけでは心細くなります。自信や技術をつけるための練習方法のひとつとして、「こちら側」から川を跳び越えて向かう状況を仮想的に体験するのが、私たちが提案している「逆ＳＳＴ（ＳＳＴ‐Ｒ：Social Skill Training -

Reversed)」という試みです。

大内さんも非常勤研究員を務めていただいている一般財団法人発達支援研究所では、「逆SST」という一種のトレーニング方法を提案してきました。「逆SST」がどのようなものなのか、ということについては、すでに「序章」で山本先生が、2章でも大内さんがそれぞれ解説されているので、おおよそおわかりになるかと思います。重なってしまうところがあるのですが、念のためここでも説明しておくと、当事者の方に語り手になっていただき、多くの場合、「普段なかなか理解されにくい自らの言動」について、背景となるエピソードも含めて語っていただき、最後に「なぜそのような行動をとったのか?」といった問題を出していただきます。続いて、回答者(多くの場合非・当事者になりますが、他の当事者の方に回答者に入っていただくこともあります)からの質問とそれに対する語り手からの回答など、双方でやりとりしながら回答者が答えを考え、最終的に回答者が「正解だろう」と考える答えを回答します。その後、語り手に正解と答え合わせ(語り手にとって回答者の回答が近いと感じるかどうかなど)と解説を発表していただき、さらに回答者の回答や語り手の正解をめぐって話し合い、語り手や語り手が出された問題についての理解をみんなで深めていきます。(逆SSTについての情報は、次のURLもご参照ください。https://hatsuken.or.jp/sstrinfo/)

こうした逆SSTという方法の背景には、2章5で大内さんが丁寧に説明されているように、少数派である当事者が、多数派である定型発達者のやり方や考え方を一方的に押し付けられる現状があります。それに対して、逆SSTの場では、現実の場では少数派である当事者の方の側が「正解」(=自分自身の言動についての当事者自身の言葉での説明)を握っています。つまり、現実の社会では多数派であるはずの非当事者・定型側は、当事者の気持ちを推測し、「正解」を当てにいく立場になるわけです。当事者の方をお招きしてお話をうかがうことで当事者の考え方について知る機会というのは、最近増えてきていると思います。しかし、そこでは本書の中で大内さんが言われているような定型的な理解の構造からくる押し付け的な解釈、当事者から見れば「そうではないんだけど、言っても理解してもらえないからあきらめてそれに同意しておくか」といった諦めにもつながるような、定型的解釈で済まされてしまう可能性があります。それに対して、逆SSTでは定型側の解釈（=回答やその後の理解）は、常に当事者の視点で評価されます。その意味でも、定型側は「当事者側に合わせていく」必要があります。

この逆SSTの場で絶対的に正しいものとして扱われる「正解」は、あくまでもその「語り手」個人の言動についての「正解」であり、「発達障がい当事者」一般に普遍的に当てはまるものではない、という点には注意が必要です。つまり、大内さんが出した問題や正解について、大内さんがそのように考え行動するからといって、他の当事者の方も全く同じ考えで同じ行動をとるとは限らないということです。それでもなお、逆SSTの積み重ねの中から異なる当事者間の共通性のようなものが浮かび上がってくることがあります。2章5でKさんと大内さんの違いが説明されていたり、綾屋先生のコメントやそれを受けての鼎談の中で大内さんと綾屋先生の共通な部分と違う部分が語られているのを読まれると、逆SSTを積み重ねることで見えてくる、当事者の方々の間での違いと当事者間の共通性の、両面について想像していただけるのではないかと思います。

また、逆SSTの場では、多数派－少数派の立場を現実の状況とは逆転させた状況を仮想的に作っているのですが、当事者の方が絶対的な力を持ち、非当事者がそれに従うような関係が理想だと考えているわけでもありません。私たちが現実の社会の中での理想と考えているのは、どちらか一方に権力が偏ることなく（つまり一方が他方に特定の行動や考えを強制するような関係ではなく）、「対話的相互理解・関係調整」が行えるような人間関係であり、逆ＳＳＴはあくまでもそこに到達するためのひとつのステップに過ぎない、という点も重要だと思います。実際のところ、語り手の方が、そうした一方的な関係を望まれたことも、これまでのところありません。

本文で大内さんも紹介されているように、研究所主催で、実際に逆ＳＳＴを実施する「逆ＳＳＴをやってみよう！」というタイトルのイベントを開催してきましたし、大内さんが事業所で行われた逆ＳＳＴのほかに、大学やセミナーなどでも何度か実施してきました。イベントについて言えば、大内さんの他にも、立命館大学に在学され、高校時代から情報共有によって発達支援をサポートするアプリ「Focus on」を開発されてきた森本陽加里さんにも語り手になっていただき、これまでに6回のイベントを行いました。お二人の語り手ともに、経験や気持ちを言語化していく能力の高さやそれを問題として出題する能力の高さだけでなく、会場での参加者とのやりとり、毎回のやりとりの中でのポイントを把握する力など、お二人のそうした力と、回答者の皆さんの熱心さに助けられてイベントを続けてこられたと思います。

思えば、逆ＳＳＴのスタートもまた大内さんのひとことから始まったのでした。ある日の午後、研究所では新しく当事者視点を取り入れたイベントの企画会議をしていました。大内さんがふと、「当事者にとって自分の気持ちを当ててもらえるような経験って快感だと思うんですよね」ということを言われました。何事も深く考える能力に欠けている私は、「これって定型発達の人にとってのトレーニングとして使えないですかね？」と思いつきで言いました。これが定型発達者トレーニングの方法としての逆ＳＳＴの始まりです。その後、逆ＳＳＴを具体的にどのように進めていくかについて大内さん、山本先生、私の三人で考えていくことになったのですが、その始まりにおいて、当事者の視点でのイベントを考えられないか、という私たち三人の目的が明確であったということは前提としてあるにしても、語りかける人、対話を志向する人としての大内さん、さまざまな視点をとる大内さん（ここではご本人のことも他の当事者のことも考えられていたのだと思っています）、そして状況を分析し言語化するのに秀でた大内さん、という大内さんの個性が必要不可欠のものであったと思っています。

本書の1章から3章までに挙げられる事例とその説明は、大内さんから出題される数々の逆ＳＳＴととらえることもできると思います。実際に大内さんから逆ＳＳＴ的に問いかけの形で書かれている場合もありますが、そうでなくても、読者のみなさんの多くが、本書を読み進めながら、大内さんの気持ちやそこで登場する当事者の人々の心理、出来事が起こった原因をなんとなく推測し、大内さんから示された正解や解説を見て、時にはあまりにも自分の回答と正解がかけ離れていて驚くといった経験をされたのではないでしょうか。

「はじめに」で山本先生も書かれていますが、かくいう私も毎回正解にたどり着くのが難しく、最近になってやっと一度正解に近いと語り手の方から言われた時には、ひそかに喜びを噛み締めたものです。

6　跳び越えた先に見えてくる「困難」

こうして、実際に逆SSTを通じて仮想的に逆の立場に身を置いてみると、単に「理解し、尊重し、共生への道を探る努力」をしていくことが重要だ、という「気構え」だけではどうにもならないのだということを痛感させられます。実際、逆SSTの回答者になってみると、いくら質問しても答えらしきものが頭に浮かんでこないこともありますし、正解を聞いてもすんなり理解できない、いや、そこで理解できたと思っても、語り手の方の話を聞いてみると「半解」にすぎなかった、と気づくこともあります。本書の中でも、そうした「半解」を「理解」としてしまう定型発達的な「カテゴリー的な」理解のあり方や、私たちが「当たり前」と思い込んでいるものが、理解や当事者的な視点の理解を阻害することが述べられていますが、この点は逆SSTにおいても同様のことが頻繁に起こります。おそらく、文化的なものであれ、障がいのようなものであれ、背景を異にする者同士の関係調整をスムーズに行っていくために、これから私たちが学んでいかなければいけないこと、獲得していくべき調整のコツのようなものは多いのだと思いますが、ここでは、その中で、逆SSTを行っていくうえで、現時点で重要だと感じているものをいくつか挙げてみます。

(1) 見えないものの中に見るべきものを探してみることの大事さ

定型的な眼から見れば、大内さんによって語られる、多くの出来事の説明は、当事者－定型間での同じ出来事の意味の受け取り方の違いということももちろん多いのですが、定型側の主観では、そもそもその当事者的な観点・ポイントに「気づかない」「見えていない」ということも多いのではないかと思います。たとえば、1章1に挙げられた下級生にドッジボールで強い球をぶつけてしまう例では、大人たちのさまざまな解釈が挙げられていますが、そこにすっぽり抜けているのは、「この子自身も何が起こったのかわからない」という可能性、そのような発想だと思います。コメントをいただいた先生方の多くも、大内さんの事例を引きながら、その点について言及されていると思います。大内さんは本書の中で、そうした「気づかない」「見えない」ものに対して私たちの眼を「ガイド」してくれているわけです。

ところが、定型的な思い込み、勝手なカテゴリー的理解も含めて、頭ではわかっていても、いざ逆SSTの問題を解く段になると、自分に「見えない」部分があるということに気づかない、あるいは、気づいていても、自分の思考のどこに「見えない」部分や思い込みがあって正解に近づけずにいるのかがわからないわけです。本書でもそうした時に相手に「訊く」ことの重要性が述べられているわけですが、逆SSTの中でも、当然大内さんによるつきっきりのガイドはないので、質問をしながら回答を考える過程で、それらを自分で探っていく必要が出てきます。別の言い方をすれば、逆SSTに慣れてくると、回答を考えている間、自分が見えているところに注意を向けるのではなく、むしろ「見えないもの」の方にじっと目をこらして「何か見えないか?」と探っているような状態になることも多いわけです。

当然、本書の中の大内さんのガイド・アドバイスや、過去の大内さん以外の方の逆SSTの経験・知識、実際に当事者の方に接した経験はそうした時に参考になると思います。しかし、それでも、特に、目指すべき目標が大内さんの「正解」ではなく、目の前のほかの当事者の方の「正解」である場合には、回答を考えている間ずっと、「自分に思い込みはないのだろうか」「固定観念に縛られているのではないか」と自問自答を繰り返すことになります。

ただ、こうして見えなくてもそこに何かあるのではないか、と探してみることは、それ自体が当事者理解のための重要な訓練だと思うのです。たしかに、こんなまどろっこしい過程を経て「正解」を当事者の方に発表していただくのではなく、最初から正解を訊けばいい、という考え方もあるのかもしれませんが、定型的な思考法をとる人々にとって大事なのは、「正解」を知識として知ることではなく、そのまどろっこしさの中で、おそらく当事者の方々が、定型的な文化に適応するために試行錯誤で見つけてきたのと同じように、自分なり、あるいは、自分たちなりの「見えないものを見る」ための方法を編み出していくことだと思うのです。

(2) 質問を工夫することの大事さ

そうした、定型なりに「見えないものを見る」ための方法のひとつが、質問していくことだと思います。大内さんも、多くの人が気にならないところが気になる。そもそも自分は気になっていないところを気にしている人の言葉は受け取りにくいものですから、伝わらないのも無理ありません。「左の大内の字は、大内じゃない気がするなぁ」と言われても、「これは大内って読んだらいいじゃん」って返す人がほとんどです。「あ、ガタガタしていて変な感じがする?」「どうして大内という気がしないの?」とは付き合ってもらえないわけです。（1章2 p.59）

と書かれていて、質問していくことが突破口のひとつであることを示唆されていると思います。しかし、質問をどのように行うのかということも、やってみると意外と難しいと思うのです。

かつて言語学者の金田一京助先生がアイヌの言葉を調査していて、アイヌ語の語彙を効率よく調べるために、「何?」という質問をアイヌ語でどのように言うのかが知りたくなったそうです。ふと思いついて、あえて紙にめちゃくちゃな線をぐるぐる書きにしてアイヌの子どもたちに見せ、子どもたちが「ヘマタ!」と叫んだのを聞いて、なるほどアイヌ語で「何?＝ヘマタ」なのだな、とわかり、そこからは、いろんなものを指さして「ヘマタ」と言うことで、言葉の調査が進んだそうです[6]。

支援者の方を対象に逆SSTの研修を行う際に（本書1章2の中で大内さんも紹介されている研修です）、感想として「どのような質問をすれば正解にたどり着けるのか知りたい（そしてそれを日々の支援に生かしたい）」と書かれたこともあり、どんな当事者の方に対しても通じる、というような質問形式や質問のポイントがあればいいのに、という気持ちは私もわかるのですが、当事者の方も出題される内容もさまざまなので、実際に当事者の心を理解するための鉄板の「ヘマタ」はなかなか見つかりそうもありません。ただ、個人的には「正解」を得ようとあくせくするよりも、逆SSTを通じて、語り手の方を理解していくほうが面白いと考えていて、その語り手の方の「正解」について、いろんな角度から質問を投げかけていくうちにその人の背景がわかってくることのほうが楽しいし、意外と「正解」につながることもあると思っています。

質問の難しさ、というのは、そのような正解にたどり着くための質問が難しいという点だけではありません。私が逆SSTを経験していてもっと難しいと感じるのは、「知りたいから質問する」という素朴な動機で（つまり悪意なく、傷つけようという意図なく）質問したとしても、その質問のし方によっては、語り手の気持ちを非常に傷つけてしまう可能性があるということです。たとえば、語り手が語ったエピソードの中のある行動（正解には直接結びつかないもの）について、「ここの部分はどうしてこういうことをしたんですか？」と聞く場合に、詰問口調で質問すれば、当然のようになんだか語り手の方は責められているような気持ちになると思います。

正解の説明や回答だけでなく、質問や正解発表後のやりとりも含めて、当事者－定型間のコミュニケーションの調整のための訓練なのだと考えれば、当事者の気持ちを考えながら質問していくことも重要だと思います。

（3）積み重ねの大事さ

大内さんが事業所で逆SSTを行った際のコメントで、私が「藪の中で小さなものを探している」という状態から「箱の中から探す」程度になっていくという譬えをしたと紹介されています（2章

2)。私は、立場上幸運なことに、何度も大内さんや森本さんたちに逆ＳＳＴを解く機会を与えていただいていて、以前よりも解くときの手がかりや回答の候補が増えた、という感覚はたしかにあります。以前ほど、「どこから考えていいのかわからない」状態ではなくなったということです。しかしながら、他方では、語り手の方に正解を聞くまでは、正解しているかどうかについては全く自信がない、という感覚も相変わらずあります。

当初は、語り手としては大内さんのみという状態で始まった逆ＳＳＴでしたが、その後、語り手となっていただける方も増え、そうした中で森本さんや他の出題者の方の問題を解いていると、ふと「大内さんのときにこんな感じだったから、ひょっとしたら森本さんにも同じところがあるのかもしれない」と思って質問をする時も出てきます。もちろん、逆ＳＳＴは「発達障がい者」の正解ではなく、「その語り手」の正解を目指すものであって、森本さんは大内さんではないわけですから、森本さんの問題を考えている時に、大内さんの時の逆ＳＳＴの経験が完全に参考になるわけではないのですが、それでも「ひょっとしたら森本さんも何か感覚上の困難を原因として考えられているのではないだろうか」といったポイントの絞り方は可能になります。

このように、逆ＳＳＴの「正解」にたどりつくために逆ＳＳＴの積み重ねが力になる、という面はあると思うのですが、さらに大事なこととして、逆ＳＳＴを初めて行う時点ではわからなかった、その人の傾向や人となりのようなものが次第に見えてくる、という点も重要だと思います。たとえば職場の同僚といった関係の、逆ＳＳＴを行う以前から知っている人であっても、普段はなかなかじっくり聞いたことはないけれど、逆ＳＳＴの場なので、あえて聞いてみると、意外とそれまで知らなかったその人の一面が見えてくる、ということもあると思います。

大学の講義の中で、大内さんの逆ＳＳＴの問題を実施しています。二年ぐらいいろいろな授業で大内さんの出されたいくつかの問題を実施していると、「以前逆ＳＳＴを体験したことがあります」という学生も出てきます。そうすると、問題を考えていくときの考え方自体が違ってきます。語り手は以前の問題と同じ人だ、と伝えると、質問の時に、「この方の場合には、やっぱり他の人のことが気になる可能性があると思うんですね。だから質問としては～」というように、「発達障がいだから」「アスペルガー症候群の方だから」といった、カテゴリーの中に無理やり大内さんを押し込めて理解していく発想自体が消えていき、大内さんらしい正解という観点から回答を考えるようになった学生もいました。

これらの困難さもありつつ、逆ＳＳＴを行っていく過程では、もちろん、当事者の方々について「不思議がれる」ことの楽しさや理解できた（と思い込んでいるだけの場合もありますが）楽しさ、コミュニケーションをとることの楽しさもあります。それらの楽しさは、当事者の方々の世界に跳び込んでみて初めて味わえる楽しみだと思うのです。

7　「理解」を越えて

一方で、本書は、他者との共生的な関係をつくるうえで、逆ＳＳＴのような言語的な「理解」だけが唯一の手段ではない、ということも教えてくれています。

2章1で、行動の制限が難しく、言葉の遅れが見られるお子さんと大内さんが、お互いに手をギュッギュッと握り合うことでコミュニケーションのチャンネルを開く描写があります。また、同章2「まわりの人との関わりが苦手そうな子の支援」の中では、大内さんは、消しゴムの動きに合わせて体を動かし、それによってお子さんとのコミュニケーションのチャンネルを開いているように見えます。この話は、私は別のところでもうかがったことがあるのですが、消しゴムの動きに合わせて大内さんがボヨンボヨンと縦に揺れている姿を想像すると、自分がそのお子さんだったとしても思わずくすっとしてしまうだろうな、と思います。

これらのエピソードについて、大内さんは、コミュニケーションのチャンネルが言語に限らないということを本書で（そして普段も）強調されています。この点が、特に2章を中心に語られていることは重要だと思うのですが、実際、発達支援の現場でも、言語的なコミュニケーションを求めるあまりに、結果的に子どもと支援者の関係が築けない、コミュニケーションの支援も進まないというのは、よくあることだと思うのです。

当事者視点をどのように学んでいくか、ということで逆SSTはスタートしたわけですが、発達支援の場合と同様に、当事者－定型間の関係構築、他者との関係構築のための調整方法を実践的に学ぶ方法は、そうした言語を通じたもの以外にも（もちろん、語り合いのような、別の言語的なコミュニケーションの取り方も含めて）考えられるのだろうと思います。本書の中でも、特にその点に今後の発展性を感じました。

最後に、本書は、自閉－定型間のコミュニケーションのあり方を「語りなおす」ことだけではなく、さまざまな人々がともに生きる社会に生じる葛藤とそれらの人々がともに生きていくうえでのコミュニケーションの現状を改めて考え直す際のヒントも与えてくれているように思えます。本書が、そうしたとかく住みにくい人の世を、くつろげて住みよくするためのひとつのきっかけになることを願ってやみません。

【文献】

[1] 内山登紀夫「変光星の衝撃」森口奈緒美『変光星――自閉の少女に見えていた世界』花風社 325-328頁、2004

[2] 杉山登志郎「森口奈緒美と変光星」森口奈緒美『変光星――自閉の少女に見えていた世界』花風社 330頁、2004

[3] 例えば、Brewer, R., Biotti, F., Catmur, C., Press, C., Happé, F., Cook, R., & Bird, G. Can neurotypical individuals read autistic facial expressions? Atypical production of emotional facial expressions in autism spectrum disorders. *Autism Research, 9*(2), 262-271, 2016.
Edey, R., Cook, J., Brewer, R., Johnson, M. H., Bird, G., & Press, C. Interaction takes two: Typical adults exhibit mind-blindness towards those with autism spectrum disorder. *Journal of Abnormal Psychology, 125*(7), 879, 2016.

[4] 河野万里子「解説」森口奈緒美『変光星――自閉の少女に見えていた世界』花風社 316頁、2004

[5] マリノフスキー・B「未開心理における神話」マリノフスキー／宮武公夫・高橋巌根（訳）『呪術・科学・宗教・神話』人文書院 199-200頁、1997（Malinowski, B. *Myth in Primitive Psychology.* London: Norton, 1926.）

[6] 金田一京助「片言をいうまで」『金田一京助全集14』三省堂 16頁、1993

高田 明（たかだ　あきら）【6章】
京都大学アジア・アフリカ地域研究研究科教授。専門は人類学・相互行為論。主な著作に、*Hunters among farmers: The !Xun of Ekoka*（University of Namibia Press）、『狩猟採集社会の子育て論――クン・サンの子どもの社会化と養育行動』（京都大学学術出版会）、『相互行為の人類学――「心」と「文化」が出会う場所』（新曜社）がある。

高木光太郎（たかぎ　こうたろう）【7章】
青山学院大学社会情報学部教授。専門は法心理学（供述信用性評価）・認知科学（想起への生態心理学的、社会文化的アプローチ）。主な著作に、『証言の心理学――記憶を信じる、記憶を疑う』（中公新書）、"Approaches to testimony: Two current views and beyond".（分担執筆：*Handbook of Culture and Memory*. Oxford University Press）、「出来事の「未知化」としての想起」（『人工知能』）がある。

浜田寿美男（はまだ　すみお）【8章】
奈良女子大学名誉教授。専門は発達心理学・法心理学（供述分析）。主な著作に、『「私」とは何か――ことばと身体の出会い』（講談社）、『自白の心理学』（岩波新書）、『虚偽自白を読み解く』（岩波新書）、『心理学をめぐる私の時代史』（ミネルヴァ書房）がある。

＊渡辺忠温（わたなべ　ただはる）【9章、おわりに】
発達支援研究所主席研究員、東京理科大学・青山学院大学非常勤講師。専門は発達心理学・教育心理学・文化心理学。主な著作に、『発達障がい児支援がワンランクアップする315の工夫――児発・放デイの現場で実践されている子ども視点の対応策』（共編著：合同出版）、『良質な質的研究のための、かなり挑発的でとても実践的な本――有益な問い、効果的なデータ収集と分析、研究で重要なこと』（訳書：新曜社）がある。

執筆者紹介（執筆順　＊は編者）

＊山本登志哉（やまもと　としや）【序章、9章】
発達支援研究所所長、みんなの大学校教授。専門は発達心理学・法心理学。主な著作に、『生み出された物語 ── 目撃証言・記憶の変容・冤罪に心理学はどこまで迫れるか』（編著：北大路書房）、『ディスコミュニケーションの心理学 ── ズレを生きる私たち』（共編著：東京大学出版会）、『子どもとお金 ── おこづかいの文化発達心理学』（共編著：東京大学出版会）、『文化とは何か、どこにあるのか ── 対立と共生をめぐる心理学』（新曜社）がある。

＊大内雅登（おおうち　まさと）【1章、2章、3章、コラム1～6、9章】
こどもサポート教室児童指導員、発達支援研究所非常勤研究員。主な著作に、『発達障がい児支援がワンランクアップする315の工夫 ── 児発・放デイの現場で実践されている子ども視点の対応策』（分担執筆：合同出版）、「説明・解釈から調整・共生へ ── 対話的相互理解実践にむけた自閉症をめぐる現象学・当事者視点の理論的検討」（分担執筆：『質的心理学研究』）がある。

やまだようこ（山田洋子）【4章】
京都大学名誉教授、立命館大学OIC総合研究機構上席研究員。専門は生涯発達心理学・もの語り（ナラティヴ）心理学・文化心理学。主な著作に『やまだようこ著作集 全10巻』（新曜社）、『人生を物語る ── 生成のライフストーリー』（編著：ミネルヴァ書房）、『この世とあの世のイメージ ── 描画のフォーク心理学』（編著：新曜社）、『質的心理学ハンドブック』（共編著：新曜社）がある。

綾屋紗月（あやや　さつき）【5章】
東京大学先端科学技術研究センター特任講師。専門は当事者研究・共同創造。主な著作に、『発達障害当事者研究 ── ゆっくりていねいにつながりたい』（共著：医学書院）、『つながりの作法 ── 同じでもなく違うでもなく』（共著：NHK出版）、『ソーシャル・マジョリティ研究 ── コミュニケーション学の共同創造』（編著：金子書房）、『当事者研究の誕生』（準備中：東京大学出版会）がある。

新曜社
自閉症を語りなおす
当事者・支援者・研究者の対話

初版第1刷発行　2023年5月20日

編　著　大内雅登・山本登志哉・渡辺忠温
発行者　塩浦　暲
発行所　株式会社　新曜社
〒101-0051　東京都千代田区神田神保町3-9
電話 03-3264-4973(代)　FAX 03-3239-2958
e-mail：info@shin-yo-sha.co.jp
URL：https://www.shin-yo-sha.co.jp/

組版所　長野印刷商工
印　刷　長野印刷商工
製　本　積信堂

ISBN978-4-7885-1815-5　C1011

新曜社の本

自閉症と感覚過敏
特有な世界はなぜ生まれ、どう支援すべきか？
熊谷高幸
四六判208頁
本体1800円

自閉症
「からだ」と「せかい」をつなぐ新しい理解と療育
藤居学（そらパパ）・神谷栄治
四六判240頁
本体1900円

相互行為の人類学
「心」と「文化」が出会う場所
高田明
A5判248頁
本体2800円

文化とは何か、どこにあるのか
対立と共生をめぐる心理学
山本登志哉
四六判216頁
本体2400円

「渦中」の心理学へ
往復書簡 心理学を語りなおす
浜田寿美男・伊藤哲司
四六判272頁
本体2400円

良質な質的研究のための、かなり挑発的でとても実践的な本
有益な問い、効果的なデータ収集と分析、研究で重要なこと
D・シルヴァーマン／渡辺忠温 訳
A5判240頁
本体2600円

〈責任〉の生成
中動態と当事者研究
國分功一郎・熊谷晋一郎
四六変型判432頁
本体2000円

発達障害の就労とキャリア発達
ライフステージをつなぐ支援
榎本容子・清野絵 編著
A5判208頁
本体3600円

＊表示価格は税を含みません。

やまだようこ著作集 全10巻　A5判上製・各巻250〜600頁

＊第1巻　ことばの前のことば――うたうコミュニケーション
＊第2巻　ことばのはじまり――意味と表象
＊第3巻　ものがたりの発生――私のめばえ
＊第4巻　質的モデル生成法――質的研究の理論と方法
＊第5巻　ナラティヴ研究――語りの共同生成
＊第6巻　私をつつむ母なるもの――多文化の「人と人の関係」イメージ
＊第7巻　人生心理学――生涯発達のモデル
＊第8巻　喪失の語り――生成のライフストーリー
第9巻　ビジュアル・ナラティヴ――時空を超えるイメージ
＊第10巻　世代をむすぶ――生成と継承

＊は既刊